I0211557

ENGELS

WOORDENSCHAT

NEDERLANDS
ENGELS

De meest bruikbare woorden
Om uw woordenschat uit te breiden en
uw taalvaardigheid aan te scherpen

9000 woorden

Thematische woordenschat Nederlands-Amerikaans-Engels - 9000 woorden

Door Andrey Taranov

Woordenlijsten van T&P Books zijn bedoeld om u woorden van een vreemde taal te helpen leren, onthouden, en bestudering. Dit woordenboek is ingedeeld in thema's en behandelt alle belangrijk terreinen van het dagelijkse leven, bedrijven, wetenschap, cultuur, etc.

Het proces van het leren van woorden met behulp van de op thema's gebaseerde aanpak van T&P Books biedt u de volgende voordelen:

- Correct gegroepeerde informatie is bepalend voor succes bij opeenvolgende stadia van het leren van woorden
- De beschikbaarheid van woorden die van dezelfde stam zijn maakt het mogelijk om woordgroepen te onthouden (in plaats van losse woorden)
- Kleine groepen van woorden faciliteren het proces van het aanmaken van associatieve verbindingen, die nodig zijn bij het consolideren van de woordenschat
- Het niveau van talenkennis kan worden ingeschat door het aantal geleerde woorden

T&P Books Publishing
www.tpbooks.com

ISBN: 978-1-78492-264-1

Dit boek is ook beschikbaar in e-boek formaat.
Gelieve www.tpbooks.com te bezoeken of de belangrijkste online boekwinkels.

AMERIKAANS-ENGELSE WOORDENSCHAT
nieuwe woorden leren

T&P Books woordenlijsten zijn bedoeld om u te helpen vreemde woorden te leren, te onthouden, en te bestuderen. De woordenschat bevat meer dan 9000 veel gebruikte woorden die thematisch geordend zijn.

* De woordenlijst bevat de meest gebruikte woorden
* Aanbevolen als aanvulling bij welke taalcursus dan ook
* Voldoet aan de behoeften van de beginnende en gevorderde student in vreemde talen
* Geschikt voor dagelijks gebruik, bestudering en zelftestactiviteiten
* Maakt het mogelijk om uw woordenschat te evalueren

Bijzondere kenmerken van de woordenschat

* De woorden zijn gerangschikt naar hun betekenis, niet volgens alfabet
* De woorden worden weergegeven in drie kolommen om bestudering en zelftesten te vergemakkelijken
* Woorden in groepen worden verdeeld in kleine blokken om het leerproces te vergemakkelijken
* De woordenschat biedt een handige en eenvoudige beschrijving van elk buitenlands woord

De woordenschat bevat 256 onderwerpen zoals:

Basisconcepten, getallen, kleuren, maanden, seizoenen, meeteenheden, kleding en acces-soires, eten & voeding, restaurant, familieleden, verwanten, karakter, gevoelens, emoties, ziekten, stad, dorp, bezienswaardigheden, winkelen, geld, huis, thuis, kantoor, werken op kantoor, import & export, marketing, werk zoeken, sport, onderwijs, computer, internet, gereedschap, natuur, landen, nationaliteiten en meer ...

INHOUDSOPGAVE

UITSPRAAKGIDS

Letter	Engels voorbeeld	T&P fonetisch alfabet	Nederlands voorbeeld

Klinkers

a	age	[eɪ]	Azerbeidzjan
a	bag	[æ]	Nederlands Nedersaksisch - dät, Engels - cat
a	car	[ɑ:]	maart
a	care	[eə]	alinea
e	meat	[i:]	team, portier
e	pen	[e]	delen, spreken
e	verb	[ɜ]	als in urn
e	here	[ɪə]	België, Australië
i	life	[aj]	byte, majoor
i	sick	[ɪ]	iemand, die
i	girl	[ø]	neus, beu
i	fire	[ajə]	bajonet
o	rose	[əʊ]	snowboard
o	shop	[ɒ]	Fries - 'hanne'
o	sport	[ɔ:]	rood, knoop
o	ore	[ɔ:]	rood, knoop
u	to include	[u:]	fuut, uur
u	sun	[ʌ]	acht
u	church	[ɜ]	als in urn
u	pure	[ʊə]	werken, grondwet
y	to cry	[aj]	byte, majoor
y	system	[ɪ]	iemand, die
y	Lyre	[ajə]	bajonet
y	party	[ɪ]	iemand, die

Medeklinkers

b	bar	[b]	hebben
c	city	[s]	spreken, kosten
c	clay	[k]	kennen, kleur
d	day	[d]	Dank u, honderd
f	face	[f]	feestdag, informeren
g	geography	[dʒ]	jeans, jungle
g	glue	[g]	goal, tango
h	home	[h]	het, herhalen
j	joke	[dʒ]	jeans, jungle

Letter	Engels voorbeeld	T&P fonetisch alfabet	Nederlands voorbeeld
k	king	[k]	kennen, kleur
l	love	[l]	delen, luchter
m	milk	[m]	morgen, etmaal
n	nose	[n]	nemen, zonder
p	pencil	[p]	parallel, koper
q	queen	[k]	kennen, kleur
r	rose	[r]	roepen, breken
s	sleep	[s]	spreken, kosten
s	please	[z]	zeven, zesde
s	pleasure	[ʒ]	journalist, rouge
t	table	[t]	tomaat, taart
v	velvet	[v]	beloven, schrijven
w	winter	[w]	twee, willen
x	ox	[ks]	links, maximaal
x	exam	[gz]	[g] als in goal + [z]
z	azure	[ʒ]	journalist, rouge
z	zebra	[z]	zeven, zesde

Lettercombinaties

ch	China	[tʃ]	Tsjechië, cello
ch	chemistry	[k]	kennen, kleur
ch	machine	[ʃ]	shampoo, machine
sh	ship	[ʃ]	shampoo, machine
th	weather	[ð]	Stemhebbende dentaal, Engels - there
th	tooth	[θ]	Stemloze dentaal, Engels - thank you
ph	telephone	[f]	feestdag, informeren
ck	black	[k]	kennen, kleur
ng	ring	[ŋ]	optelling, jongeman
ng	English	[ŋ]	optelling, jongeman
wh	white	[w]	twee, willen
wh	whole	[h]	het, herhalen
wr	wrong	[r]	roepen, breken
gh	enough	[f]	feestdag, informeren
gh	sign	[n]	nemen, zonder
kn	knife	[n]	nemen, zonder
qu	question	[kv]	kwaliteit, Ecuador
tch	catch	[tʃ]	Tsjechië, cello
oo+k	book	[ʊ]	hoed, doe
oo+r	door	[ɔ:]	rood, knoop
ee	tree	[i:]	team, portier
ou	house	[aʊ]	blauw
ou+r	our	[aʊə]	blauwe
ay	today	[eɪ]	Azerbeidzjan
ey	they	[eɪ]	Azerbeidzjan

AFKORTINGEN
gebruikt in de woordenschat

Nederlandse afkortingen

mann.	-	mannelijk
vrouw.	-	vrouwelijk
mv.	-	meervoud
on.ww.	-	onovergankelijk werkwoord
ov.ww.	-	overgankelijk werkwoord
bn	-	bijvoeglijk naamwoord
bw	-	bijwoord
abn	-	als bijvoeglijk naamwoord
bijv.	-	bijvoorbeeld
enz.	-	enzovoort
wisk.	-	wiskunde
enk.	-	enkelvoud
ov.	-	over
mil.	-	militair
vn	-	voornaamwoord
telb.	-	telbaar
form.	-	formele taal
ontelb.	-	ontelbaar
inform.	-	informele taal
vw	-	voegwoord
vz	-	voorzetsel
ww	-	werkwoord

Nederlandse artikelen

de	-	gemeenschappelijk geslacht
het	-	onzijdig
de/het	-	onzijdig, gemeenschappelijk geslacht

Engelse afkortingen

v aux	-	hulp werkwoord
vi	-	onovergankelijk werkwoord
vi, vt	-	onovergankelijk, overgankelijk werkwoord
vt	-	overgankelijk werkwoord

BASISBEGRIPPEN

Basisbegrippen Deel 1

1. Voornaamwoorden

ik	I, me	[aɪ], [miː]
jij, je	you	[juː]
hij	he	[hiː]
zij, ze	she	[ʃiː]
het	it	[ɪt]
wij, we	we	[wiː]
jullie	you	[juː]
zij, ze	they	[ðeɪ]

2. Begroetingen. Begroetingen. Afscheid

Hallo! Dag!	Hello!	[həˈləʊ]
Hallo!	Hello!	[həˈləʊ]
Goedemorgen!	Good morning!	[gʊd ˈmɔːnɪŋ]
Goedemiddag!	Good afternoon!	[gʊd ˌɑːftəˈnuːn]
Goedenavond!	Good evening!	[gʊd ˈiːvnɪŋ]
gedag zeggen (groeten)	to say hello	[tə seɪ həˈləʊ]
Hoi!	Hi!	[haɪ]
groeten (het)	greeting	[ˈgriːtɪŋ]
verwelkomen (ww)	to greet (vt)	[tə griːt]
Hoe gaat het?	How are you?	[ˌhaʊ ə ˈjuː]
Is er nog nieuws?	What's new?	[ˌwɒts ˈnjuː]
Dag! Tot ziens!	Bye-Bye! Goodbye!	[baɪ-baɪ], [gʊdˈbaɪ]
Tot snel! Tot ziens!	See you soon!	[ˈsiː ju ˌsuːn]
afscheid nemen (ww)	to say goodbye	[tə seɪ gʊdˈbaɪ]
Tot kijk!	So long!	[ˌsəʊ ˈlɒn]
Dank u!	Thank you!	[ˈθæŋk juː]
Dank u wel!	Thank you very much!	[ˈθæŋk ju ˈveri mʌtʃ]
Graag gedaan	You're welcome.	[juɑ ˈwelkəm]
Geen dank!	Don't mention it!	[ˌdəʊnt ˈmenʃən ɪt]
Excuseer me, ...	Excuse me, ...	[ɪkˈskjuːz miː]
excuseren (verontschuldigen)	to excuse (vt)	[tə ɪkˈskjuːz]
zich verontschuldigen	to apologize (vi)	[tə əˈpɒlədʒaɪz]
Mijn excuses.	My apologies.	[maɪ əˈpɒlədʒɪz]

Het spijt me!	I'm sorry!	[aɪm 'sɒrɪ]
Maakt niet uit!	It's okay!	[ɪts ˌəʊ'keɪ]
alsjeblieft	please	[pli:z]

Vergeet het niet!	Don't forget!	[ˌdəʊnt fə'get]
Natuurlijk!	Certainly!	['sɜ:tənlɪ]
Natuurlijk niet!	Of course not!	[əv ˌkɔ:s 'nɒt]
Akkoord!	Okay!	[ˌəʊ'keɪ]
Zo is het genoeg!	That's enough!	[ðæts ɪ'nʌf]

3. Hoe aan te spreken

meneer	mister, sir	['mɪstə], [sɜ:]
mevrouw	ma'am	[mæm]
juffrouw	miss	[mɪs]
jongeman	young man	[jʌŋ mæn]
jongen	young man	[jʌŋ mæn]
meisje	miss	[mɪs]

4. Kardinale getallen. Deel 1

nul	zero	['zɪərəʊ]
een	one	[wʌn]
twee	two	[tu:]
drie	three	[θri:]
vier	four	[fɔ:(r)]

vijf	five	[faɪv]
zes	six	[sɪks]
zeven	seven	['sevən]
acht	eight	[eɪt]
negen	nine	[naɪn]

tien	ten	[ten]
elf	eleven	[ɪ'levən]
twaalf	twelve	[twelv]
dertien	thirteen	[ˌθɜ:'ti:n]
veertien	fourteen	[ˌfɔ:'ti:n]

vijftien	fifteen	[fɪf'ti:n]
zestien	sixteen	[sɪks'ti:n]
zeventien	seventeen	[ˌsevən'ti:n]
achttien	eighteen	[ˌeɪ'ti:n]
negentien	nineteen	[ˌnaɪn'ti:n]

twintig	twenty	['twentɪ]
eenentwintig	twenty-one	['twentɪ ˌwʌn]
tweeëntwintig	twenty-two	['twentɪ ˌtu:]
drieëntwintig	twenty-three	['twentɪ ˌθri:]

| dertig | thirty | ['θɜ:tɪ] |
| eenendertig | thirty-one | ['θɜ:tɪ ˌwʌn] |

| tweeëndertig | thirty-two | ['θɜ:tɪ ˌtu:] |
| drieëndertig | thirty-three | ['θɜ:tɪ ˌθri:] |

veertig	forty	['fɔ:tɪ]
eenenveertig	forty-one	['fɔ:tɪˌwʌn]
tweeënveertig	forty-two	['fɔ:tɪˌtu:]
drieënveertig	forty-three	['fɔ:tɪˌθri:]

vijftig	fifty	['fɪftɪ]
eenenvijftig	fifty-one	['fɪftɪ ˌwʌn]
tweeënvijftig	fifty-two	['fɪftɪ ˌtu:]
drieënvijftig	fifty-three	['fɪftɪ ˌθri:]

zestig	sixty	['sɪkstɪ]
eenenzestig	sixty-one	['sɪkstɪ ˌwʌn]
tweeënzestig	sixty-two	['sɪkstɪ ˌtu:]
drieënzestig	sixty-three	['sɪkstɪ ˌθri:]

zeventig	seventy	['sevəntɪ]
eenenzeventig	seventy-one	['sevəntɪ ˌwʌn]
tweeënzeventig	seventy-two	['sevəntɪ ˌtu:]
drieënzeventig	seventy-three	['sevəntɪ ˌθri:]

tachtig	eighty	['eɪtɪ]
eenentachtig	eighty-one	['eɪtɪ ˌwʌn]
tweeëntachtig	eighty-two	['eɪtɪ ˌtu:]
drieëntachtig	eighty-three	['eɪtɪ ˌθri:]

negentig	ninety	['naɪntɪ]
eenennegentig	ninety-one	['naɪntɪ ˌwʌn]
tweeënnegentig	ninety-two	['naɪntɪ ˌtu:]
drieënnegentig	ninety-three	['naɪntɪ ˌθri:]

5. Kardinale getallen. Deel 2

honderd	one hundred	[ˌwʌn 'hʌndrəd]
tweehonderd	two hundred	[tu 'hʌndrəd]
driehonderd	three hundred	[θri: 'hʌndrəd]
vierhonderd	four hundred	[ˌfɔ: 'hʌndrəd]
vijfhonderd	five hundred	[ˌfaɪv 'hʌndrəd]

| zeshonderd | six hundred | [sɪks 'hʌndrəd] |
| zevenhonderd | seven hundred | ['sevən 'hʌndrəd] |

| achthonderd | eight hundred | [eɪt 'hʌndrəd] |
| negenhonderd | nine hundred | [ˌnaɪn 'hʌndrəd] |

duizend	one thousand	[ˌwʌn 'θauzənd]
tweeduizend	two thousand	[tu 'θauzənd]
drieduizend	three thousand	[θri: 'θauzənd]
tienduizend	ten thousand	[ten 'θauzənd]
honderdduizend	one hundred thousand	[ˌwʌn 'hʌndrəd 'θauzənd]
miljoen (het)	million	['mɪljən]
miljard (het)	billion	['bɪljən]

6. Ordinale getallen

eerste (bn)	**first**	[fɜːst]
tweede (bn)	**second**	['sekənd]
derde (bn)	**third**	[θɜːd]
vierde (bn)	**fourth**	[fɔːθ]
vijfde (bn)	**fifth**	[fɪfθ]
zesde (bn)	**sixth**	[sɪksθ]
zevende (bn)	**seventh**	['sevənθ]
achtste (bn)	**eighth**	[eɪtθ]
negende (bn)	**ninth**	[naɪnθ]
tiende (bn)	**tenth**	[tenθ]

7. Getallen. Breuken

breukgetal (het)	**fraction**	['frækʃən]
half	**one half**	[ˌwʌn 'hɑːf]
een derde	**one third**	[wʌn θɜːd]
kwart	**one quarter**	[wʌn 'kwɔːtə(r)]
een achtste	**one eighth**	[wʌn 'eɪtθ]
een tiende	**one tenth**	[wʌn tenθ]
twee derde	**two thirds**	[tu θɜːdz]
driekwart	**three quarters**	[θriː 'kwɔːtəz]

8. Getallen. Eenvoudige berekeningen

aftrekking (de)	**subtraction**	[səb'trækʃən]
aftrekken (ww)	**to subtract** (vi, vt)	[tə səb'trækt]
deling (de)	**division**	[dɪ'vɪʒən]
delen (ww)	**to divide** (vt)	[tə dɪ'vaɪd]
optelling (de)	**addition**	[ə'dɪʃən]
erbij optellen	**to add up** (vt)	[tə æd 'ʌp]
(bij elkaar voegen)		
optellen (ww)	**to add** (vi, vt)	[tə æd]
vermenigvuldiging (de)	**multiplication**	[ˌmʌltɪplɪ'keɪʃən]
vermenigvuldigen (ww)	**to multiply** (vt)	[tə 'mʌltɪplaɪ]

9. Getallen. Diversen

cijfer (het)	**figure**	['fɪgjə]
nummer (het)	**number**	['nʌmbə(r)]
telwoord (het)	**numeral**	['njuːmərəl]
minteken (het)	**minus sign**	['maɪnəs saɪn]
plusteken (het)	**plus sign**	[plʌs saɪn]
formule (de)	**formula**	['fɔːmjʊlə]
berekening (de)	**calculation**	[ˌkælkjʊ'leɪʃən]

| tellen (ww) | to count (vi, vt) | [tə kaʊnt] |
| vergelijken (ww) | to compare (vt) | [tə kəm'peə(r)] |

Hoeveel? (ontelb.)	How much?	[ˌhaʊ 'mʌtʃ]
Hoeveel? (telb.)	How many?	[ˌhaʊ 'menɪ]
som (de), totaal (het)	sum, total	[sʌm], ['təʊtəl]
uitkomst (de)	result	[rɪ'zʌlt]
rest (de)	remainder	[rɪ'meɪndə(r)]

enkele (bijv. ~ minuten)	a few ...	[ə fjuː]
weinig (bw)	little	['lɪtəl]
restant (het)	the rest	[ðə rest]
anderhalf	one and a half	['wʌn ənd ə ˌhɑːf]
dozijn (het)	dozen	['dʌzən]

middendoor (bw)	in half	[ɪn 'hɑːf]
even (bw)	equally	['iːkwəlɪ]
helft (de)	half	[hɑːf]
keer (de)	time	[taɪm]

10. De belangrijkste werkwoorden. Deel 1

aanbevelen (ww)	to recommend (vt)	[tə ˌrekə'mend]
aandringen (ww)	to insist (vi, vt)	[tə ɪn'sɪst]
aankomen (per auto, enz.)	to arrive (vi)	[tə ə'raɪv]
aanraken (ww)	to touch (vt)	[tə tʌtʃ]
adviseren (ww)	to advise (vt)	[tə əd'vaɪz]

afdalen (on.ww.)	to come down	[tə kʌm daʊn]
afslaan (naar rechts ~)	to turn (vi)	[tə tɜːn]
antwoorden (ww)	to answer (vi, vt)	[tə 'ɑːnsə(r)]
bang zijn (ww)	to be afraid	[tə bi ə'freɪd]
bedreigen (bijv. met een pistool)	to threaten (vt)	[tə 'θretən]

bedriegen (ww)	to deceive (vi, vt)	[tə dɪ'siːv]
beëindigen (ww)	to finish (vt)	[tə 'fɪnɪʃ]
beginnen (ww)	to begin (vt)	[tə bɪ'gɪn]
begrijpen (ww)	to understand (vt)	[tə ˌʌndə'stænd]
beheren (managen)	to run, to manage	[tə rʌn], [tə 'mænɪdʒ]

beledigen (met scheldwoorden)	to insult (vt)	[tə ɪn'sʌlt]
beloven (ww)	to promise (vt)	[tə 'prɒmɪs]
bereiden (koken)	to cook (vt)	[tə kʊk]
bespreken (spreken over)	to discuss (vt)	[tə dɪs'kʌs]

bestellen (eten ~)	to order (vt)	[tə 'ɔːdə(r)]
bestraffen (een stout kind ~)	to punish (vt)	[tə 'pʌnɪʃ]
betalen (ww)	to pay (vi, vt)	[tə peɪ]
betekenen (beduiden)	to mean (vt)	[tə miːn]
betreuren (ww)	to regret (vi)	[tə rɪ'gret]
bevallen (prettig vinden)	to like (vt)	[tə laɪk]
bevelen (mil.)	to order (vi, vt)	[tə 'ɔːdə(r)]

bevrijden (stad, enz.)	to liberate (vt)	[tə ˈlɪbəreɪt]
bewaren (ww)	to keep (vt)	[tə kiːp]
bezitten (ww)	to own (vt)	[tə əʊn]
bidden (praten met God)	to pray (vi, vt)	[tə preɪ]
binnengaan (een kamer ~)	to enter (vt)	[tə ˈentə(r)]
breken (ww)	to break (vt)	[tə breɪk]
controleren (ww)	to control (vt)	[tə kənˈtrəʊl]
creëren (ww)	to create (vt)	[tə kriːˈeɪt]
deelnemen (ww)	to participate (vi)	[tə pɑːˈtɪsɪpeɪt]
denken (ww)	to think (vi, vt)	[tə θɪŋk]
doden (ww)	to kill (vt)	[tə kɪl]
doen (ww)	to do (vt)	[tə duː]
dorst hebben (ww)	to be thirsty	[tə bi ˈθɜːstɪ]

11. De belangrijkste werkwoorden. Deel 2

een hint geven	to give a hint	[tə gɪv ə hɪnt]
eisen (met klem vragen)	to demand (vt)	[tə dɪˈmɑːnd]
excuseren (vergeven)	to excuse (vt)	[tə ɪkˈskjuːz]
existeren (bestaan)	to exist (vi)	[tə ɪgˈzɪst]
gaan (te voet)	to go (vi)	[tə gəʊ]
gaan zitten (ww)	to sit down (vi)	[tə sɪt daʊn]
gaan zwemmen	to go for a swim	[tə gəʊ fɔrə swɪm]
geven (ww)	to give (vt)	[tə gɪv]
glimlachen (ww)	to smile (vi)	[tə smaɪl]
goed raden (ww)	to guess (vt)	[tə ges]
grappen maken (ww)	to joke (vi)	[tə dʒəʊk]
graven (ww)	to dig (vt)	[tə dɪg]
hebben (ww)	to have (vt)	[tə hæv]
helpen (ww)	to help (vt)	[tə help]
herhalen (opnieuw zeggen)	to repeat (vt)	[tə rɪˈpiːt]
honger hebben (ww)	to be hungry	[tə bi ˈhʌngrɪ]
hopen (ww)	to hope (vi, vt)	[tə həʊp]
horen (waarnemen met het oor)	to hear (vt)	[tə hɪə(r)]
huilen (wenen)	to cry (vi)	[tə kraɪ]
huren (huis, kamer)	to rent (vt)	[tə rent]
informeren (informatie geven)	to inform (vt)	[tə ɪnˈfɔːm]
instemmen (akkoord gaan)	to agree (vi)	[tə əˈgriː]
jagen (ww)	to hunt (vi, vt)	[tə hʌnt]
kennen (kennis hebben van iemand)	to know (vt)	[tə nəʊ]
kiezen (ww)	to choose (vt)	[tə tʃuːz]
klagen (ww)	to complain (vi, vt)	[tə kəmˈpleɪn]
kosten (ww)	to cost (vt)	[tə kɒst]
kunnen (ww)	can (v aux)	[kæn]

lachen (ww)	to laugh (vi)	[tə lɑːf]
laten vallen (ww)	to drop (vt)	[tə drɒp]
lezen (ww)	to read (vi, vt)	[tə riːd]

liefhebben (ww)	to love (vt)	[tə lʌv]
lunchen (ww)	to have lunch	[tə hæv lʌntʃ]
nemen (ww)	to take (vt)	[tə teɪk]
nodig zijn (ww)	to be needed	[tə bi 'niːdɪd]

12. De belangrijkste werkwoorden. Deel 3

onderschatten (ww)	to underestimate (vt)	[tə ˌʌndə'restɪmeɪt]
ondertekenen (ww)	to sign (vt)	[tə saɪn]
ontbijten (ww)	to have breakfast	[tə hæv 'brekfəst]
openen (ww)	to open (vt)	[tə 'əʊpən]
ophouden (ww)	to stop (vt)	[tə stɒp]
opmerken (zien)	to notice (vt)	[tə 'nəʊtɪs]

opscheppen (ww)	to boast (vi)	[tə bəʊst]
opschrijven (ww)	to write down	[tə ˌraɪt 'daʊn]
plannen (ww)	to plan (vt)	[tə plæn]
prefereren (verkiezen)	to prefer (vt)	[tə prɪ'fɜː(r)]
proberen (trachten)	to try (vt)	[tə traɪ]
redden (ww)	to save, to rescue	[tə seɪv], [tə 'reskjuː]

rekenen op …	to count on …	[tə kaʊnt ɒn]
rennen (ww)	to run (vi)	[tə rʌn]
reserveren (een hotelkamer ~)	to reserve, to book	[tə rɪ'zɜːv], [tə bʊk]
roepen (om hulp)	to call (vt)	[tə kɔːl]
schieten (ww)	to shoot (vi)	[tə ʃuːt]
schreeuwen (ww)	to shout (vi)	[tə ʃaʊt]

schrijven (ww)	to write (vt)	[tə raɪt]
souperen (ww)	to have dinner	[tə hæv 'dɪnə(r)]
spelen (kinderen)	to play (vi)	[tə pleɪ]
spreken (ww)	to speak (vi, vt)	[tə spiːk]

| stelen (ww) | to steal (vt) | [tə stiːl] |
| stoppen (pauzeren) | to stop (vi) | [tə stɒp] |

studeren (Nederlands ~)	to study (vt)	[tə 'stʌdɪ]
sturen (zenden)	to send (vt)	[tə send]
tellen (optellen)	to count (vt)	[tə kaʊnt]
toebehoren …	to belong to …	[tə bɪ'lɒŋ tuː]

| toestaan (ww) | to permit (vt) | [tə pə'mɪt] |
| tonen (ww) | to show (vt) | [tə ʃəʊ] |

twijfelen (onzeker zijn)	to doubt (vi)	[tə daʊt]
uitgaan (ww)	to go out	[tə gəʊ aʊt]
uitnodigen (ww)	to invite (vt)	[tə ɪn'vaɪt]
uitspreken (ww)	to pronounce (vt)	[tə prə'naʊns]
uitvaren tegen (ww)	to scold (vt)	[tə skəʊld]

13. De belangrijkste werkwoorden. Deel 4

vallen (ww)	to fall (vi)	[tə fɔːl]
vangen (ww)	to catch (vt)	[tə kætʃ]
veranderen (anders maken)	to change (vt)	[tə tʃeɪndʒ]
verbaasd zijn (ww)	to be surprised	[tə bi sə'praɪzd]
verbergen (ww)	to hide (vt)	[tə haɪd]
verdedigen (je land ~)	to defend (vt)	[tə dɪ'fend]
verenigen (ww)	to unite (vt)	[tə juː'naɪt]
vergelijken (ww)	to compare (vt)	[tə kəm'peə(r)]
vergeten (ww)	to forget (vi, vt)	[tə fə'get]
vergeven (ww)	to forgive (vt)	[tə fə'gɪv]
verklaren (uitleggen)	to explain (vt)	[tə ɪk'spleɪn]
verkopen (per stuk ~)	to sell (vt)	[tə sel]
vermelden (praten over)	to mention (vt)	[tə 'menʃən]
versieren (decoreren)	to decorate (vt)	[tə 'dekəreɪt]
vertalen (ww)	to translate (vt)	[tə træns'leɪt]
vertrouwen (ww)	to trust (vt)	[tə trʌst]
vervolgen (ww)	to continue (vt)	[tə kən'tɪnjuː]
verwarren (met elkaar ~)	to confuse, to mix up (vt)	[tə kən'fjuːz], [tə mɪks ʌp]
verzoeken (ww)	to ask (vt)	[tə ɑːsk]
verzuimen (school, enz.)	to miss (vt)	[tə mɪs]
vinden (ww)	to find (vt)	[tə faɪnd]
vliegen (ww)	to fly (vi)	[tə flaɪ]
volgen (ww)	to follow ...	[tə 'fɒləʊ]
voorstellen (ww)	to propose (vt)	[tə prə'pəʊz]
voorzien (verwachten)	to expect (vt)	[tə ɪk'spekt]
vragen (ww)	to ask (vt)	[tə ɑːsk]
waarnemen (ww)	to observe (vt)	[tə əb'zɜːv]
waarschuwen (ww)	to warn (vt)	[tə wɔːn]
wachten (ww)	to wait (vt)	[tə weɪt]
weerspreken (ww)	to object (vi, vt)	[tə əb'dʒekt]
weigeren (ww)	to refuse (vi, vt)	[tə rɪ'fjuːz]
werken (ww)	to work (vi)	[tə wɜːk]
weten (ww)	to know (vt)	[tə nəʊ]
willen (verlangen)	to want (vt)	[tə wɒnt]
zeggen (ww)	to say (vt)	[tə seɪ]
zich haasten (ww)	to hurry (vi)	[tə 'hʌrɪ]
zich interesseren voor ...	to be interested in ...	[tə bi 'ɪntrestɪd ɪn]
zich vergissen (ww)	to make a mistake	[tə meɪk ə mɪ'steɪk]
zien (ww)	to see (vt)	[tə siː]
zijn (ww)	to be (vi)	[tə biː]
zoeken (ww)	to look for ...	[tə lʊk fɔː(r)]
zwemmen (ww)	to swim (vi)	[tə swɪm]
zwijgen (ww)	to keep silent	[tə kiːp 'saɪlənt]

14. Kleuren

kleur (de)	color	['kʌlə(r)]
tint (de)	shade	[ʃeɪd]
kleurnuance (de)	hue	[hjuː]
regenboog (de)	rainbow	['reɪnbəʊ]
wit (bn)	white	[waɪt]
zwart (bn)	black	[blæk]
grijs (bn)	gray	[greɪ]
groen (bn)	green	[griːn]
geel (bn)	yellow	['jeləʊ]
rood (bn)	red	[red]
blauw (bn)	blue	[bluː]
lichtblauw (bn)	light blue	[ˌlaɪt 'bluː]
roze (bn)	pink	[pɪŋk]
oranje (bn)	orange	['ɒrɪndʒ]
violet (bn)	violet	['vaɪələt]
bruin (bn)	brown	[braʊn]
goud (bn)	golden	['gəʊldən]
zilverkleurig (bn)	silvery	['sɪlvərɪ]
beige (bn)	beige	[beɪʒ]
roomkleurig (bn)	cream	[kriːm]
turkoois (bn)	turquoise	['tɜːkwɔɪz]
kersrood (bn)	cherry red	['tʃerɪ red]
lila (bn)	lilac	['laɪlək]
karmijnrood (bn)	crimson	['krɪmzən]
licht (bn)	light	[laɪt]
donker (bn)	dark	[dɑːk]
fel (bn)	bright	[braɪt]
kleur-, kleurig (bn)	colored	['kʌləd]
kleuren- (abn)	color	['kʌlə(r)]
zwart-wit (bn)	black-and-white	[blæk ən waɪt]
eenkleurig (bn)	plain	[pleɪn]
veelkleurig (bn)	multicolored	['mʌltɪˌkʌləd]

15. Vragen

Wie?	Who?	[huː]
Wat?	What?	[wɒt]
Waar?	Where?	[weə]
Waarheen?	Where?	[weə]
Waar ... vandaan?	From where?	[frəm weə(r)]
Wanneer?	When?	[wen]
Waarom?	Why?	[waɪ]
Waarvoor dan ook?	What for?	[wɒt fɔː(r)]
Hoe?	How?	[haʊ]

Welk?	Which?	[wɪtʃ]
Aan wie?	To whom?	[tə hu:m]
Over wie?	About whom?	[ə'baʊt ˌhu:m]
Waarover?	About what?	[ə'baʊt ˌwɒt]
Met wie?	With whom?	[wɪð 'hu:m]

Hoeveel? (ontelb.)	How much?	[ˌhaʊ 'mʌtʃ]
Hoeveel? (telb.)	How many?	[ˌhaʊ 'menɪ]
Van wie?	Whose?	[hu:z]

16. Voorzetsels

met (bijv. ~ beleg)	with	[wɪð]
zonder (~ accent)	without	[wɪ'ðaʊt]
naar (in de richting van)	to	[tu:]
over (praten ~)	about	[ə'baʊt]
voor (in tijd)	before	[bɪ'fɔ:(r)]
voor (aan de voorkant)	in front of ...	[ɪn 'frʌnt əv]

onder (lager dan)	under	['ʌndə(r)]
boven (hoger dan)	above	[ə'bʌv]
op (bovenop)	on	[ɒn]
van (uit, afkomstig van)	from	[from]
van (gemaakt van)	of	[əv]

| over (bijv. ~ een uur) | in | [ɪn] |
| over (over de bovenkant) | over | ['əʊvə(r)] |

17. Functiewoorden. Bijwoorden. Deel 1

Waar?	Where?	[weə]
hier (bw)	here	[hɪə(r)]
daar (bw)	there	[ðeə(r)]

| ergens (bw) | somewhere | ['sʌmweə(r)] |
| nergens (bw) | nowhere | ['nəʊweə(r)] |

| bij ... (in de buurt) | by | [baɪ] |
| bij het raam | by the window | [baɪ ðə 'wɪndəʊ] |

Waarheen?	Where?	[weə]
hierheen (bw)	here	[hɪə(r)]
daarheen (bw)	there	[ðeə(r)]
hiervandaan (bw)	from here	[from hɪə(r)]
daarvandaan (bw)	from there	[from ðeə(r)]

| dichtbij (bw) | close | [kləʊs] |
| ver (bw) | far | [fɑ:(r)] |

niet ver (bw)	not far	[nɒt fɑ:(r)]
linker (bn)	left	[left]
links (bw)	on the left	[ɒn ðə left]

linksaf, naar links (bw)	to the left	[tə ðə left]
rechter (bn)	right	[raɪt]
rechts (bw)	on the right	[ɒn ðə raɪt]
rechtsaf, naar rechts (bw)	to the right	[tə ðə raɪt]
vooraan (bw)	in front	[ɪn frʌnt]
voorste (bn)	front	[frʌnt]
vooruit (bw)	ahead	[ə'hed]
achter (bw)	behind	[bɪ'haɪnd]
van achteren (bw)	from behind	[frɒm bɪ'haɪnd]
achteruit (naar achteren)	back	[bæk]
midden (het)	middle	['mɪdəl]
in het midden (bw)	in the middle	[ɪn ðə 'mɪdəl]
opzij (bw)	at the side	[ət ðə saɪd]
overal (bw)	everywhere	['evrɪweə(r)]
omheen (bw)	around	[ə'raʊnd]
binnenuit (bw)	from inside	[frɒm ɪn'saɪd]
naar ergens (bw)	somewhere	['sʌmweə(r)]
rechtdoor (bw)	straight	[streɪt]
terug (bijv. ~ komen)	back	[bæk]
ergens vandaan (bw)	from anywhere	[frɒm 'enɪweə(r)]
ergens vandaan (en dit geld moet ~ komen)	from somewhere	[frɒm 'sʌmweə(r)]
ten eerste (bw)	firstly	['fɜːstlɪ]
ten tweede (bw)	secondly	['sekəndlɪ]
ten derde (bw)	thirdly	['θɜːdlɪ]
plotseling (bw)	suddenly	['sʌdənlɪ]
in het begin (bw)	at first	[ət fɜːst]
voor de eerste keer (bw)	for the first time	[fɔː ðə 'fɜːst ˌtaɪm]
lang voor ... (bw)	long before ...	[lɒŋ bɪ'fɔː(r)]
voor eeuwig (bw)	for good	[fɔː 'gʊd]
nooit (bw)	never	['nevə(r)]
weer (bw)	again	[ə'gen]
nu (bw)	now	[naʊ]
vaak (bw)	often	['ɒfən]
toen (bw)	then	[ðen]
urgent (bw)	urgently	['ɜːdʒəntlɪ]
meestal (bw)	usually	['juːʒəlɪ]
trouwens, ... (tussen haakjes)	by the way, ...	[baɪ ðə weɪ]
mogelijk (bw)	possible	['pɒsəbəl]
waarschijnlijk (bw)	probably	['prɒbəblɪ]
misschien (bw)	maybe	['meɪbiː]
trouwens (bw)	besides ...	[bɪ'saɪdz]
daarom ...	that's why ...	[ðæts waɪ]
in weerwil van ...	in spite of ...	[ɪn 'spaɪt əv]
dankzij ...	thanks to ...	['θæŋks tuː]

wat (vn)	what	[wɒt]
dat (vw)	that	[ðæt]
iets (vn)	something	['sʌmθɪŋ]
iets	anything, something	['enɪθɪŋ], ['sʌmθɪŋ]
niets (vn)	nothing	['nʌθɪŋ]

wie (~ is daar?)	who	[hu:]
iemand (een onbekende)	someone	['sʌmwʌn]
iemand	somebody	['sʌmbədɪ]
(een bepaald persoon)		

niemand (vn)	nobody	['nəʊbədɪ]
nergens (bw)	nowhere	['nəʊweə(r)]
niemands (bn)	nobody's	['nəʊbədɪz]
iemands (bn)	somebody's	['sʌmbədɪz]

zo (Ik ben ~ blij)	so	[səʊ]
ook (evenals)	also	['ɔ:lsəʊ]
alsook (eveneens)	too	[tu:]

18. Functiewoorden. Bijwoorden. Deel 2

Waarom?	Why?	[waɪ]
om een bepaalde reden	for some reason	[fɔ: 'sʌm ˌri:zən]
omdat ...	because ...	[bɪ'kɒz]

en (vw)	and	[ænd]
of (vw)	or	[ɔ:(r)]
maar (vw)	but	[bʌt]
voor (vz)	for	[fɔ:r]

te (~ veel mensen)	too	[tu:]
alleen (bw)	only	['əʊnlɪ]
precies (bw)	exactly	[ɪg'zæktlɪ]
ongeveer (~ 10 kg)	about	[ə'baʊt]

omstreeks (bw)	approximately	[ə'prɒksɪmətlɪ]
bij benadering (bn)	approximate	[ə'prɒksɪmət]
bijna (bw)	almost	['ɔ:lməʊst]
rest (de)	the rest	[ðə rest]

de andere (tweede)	the other	[ðə ʌðə(r)]
ander (bn)	other	['ʌðə(r)]
elk (bn)	each	[i:tʃ]
om het even welk	any	['enɪ]
veel (ontelb.)	much	[mʌtʃ]
veel (telb.)	many	['menɪ]
veel mensen	many people	[ˌmenɪ 'pi:pəl]
iedereen (alle personen)	all	[ɔ:l]

in ruil voor ...	in return for ...	[ɪn rɪ'tɜ:n fɔ:]
in ruil (bw)	in exchange	[ɪn ɪks'tʃeɪndʒ]
met de hand (bw)	by hand	[baɪ hænd]
onwaarschijnlijk (bw)	hardly	['hɑ:dlɪ]

waarschijnlijk (bw)	probably	['probəblɪ]
met opzet (bw)	on purpose	[ɒn 'pɜːpəs]
toevallig (bw)	by accident	[baɪ 'æksɪdənt]

zeer ;bw)	very	['verɪ]
bijvoorbeeld (bw)	for example	[fɔːr ɪg'zɑːmpəl]
tussen (~ twee steden)	between	[bɪ'twiːn]
tussen (te midden van)	among	[ə'mʌŋ]
zoveel (bw)	so much	[səʊ mʌtʃ]
vooral (bw)	especially	[ɪ'speʃəlɪ]

Basisbegrippen Deel 2

19. Dagen van de week

maandag (de)	Monday	['mʌndɪ]
dinsdag (de)	Tuesday	['tju:zdɪ]
woensdag (de)	Wednesday	['wenzdɪ]
donderdag (de)	Thursday	['θɜːzdɪ]
vrijdag (de)	Friday	['fraɪdɪ]
zaterdag (de)	Saturday	['sætədɪ]
zondag (de)	Sunday	['sʌndɪ]
vandaag (bw)	today	[tə'deɪ]
morgen (bw)	tomorrow	[tə'mɒrəʊ]
overmorgen (bw)	the day after tomorrow	[ðə deɪ 'ɑːftə tə'mɒrəʊ]
gisteren (bw)	yesterday	['jestədɪ]
eergisteren (bw)	the day before yesterday	[ðə deɪ bɪ'fɔː 'jestədɪ]
dag (de)	day	[deɪ]
werkdag (de)	working day	['wɜːkɪŋ deɪ]
feestdag (de)	public holiday	['pʌblɪk 'hɒlɪdeɪ]
verlofdag (de)	day off	[ˌdeɪ'ɒf]
weekend (het)	weekend	[ˌwiːk'end]
de hele dag (bw)	all day long	[ɔːl 'deɪ ˌlɒŋ]
de volgende dag (bw)	the next day	[ðə nekst deɪ]
twee dagen geleden	two days ago	[tu deɪz ə'gəʊ]
aan de vooravond (bw)	the day before	[ðə deɪ bɪ'fɔː(r)]
dag-, dagelijks (bn)	daily	['deɪlɪ]
elke dag (bw)	every day	[ˌevrɪ 'deɪ]
week (de)	week	[wiːk]
vorige week (bw)	last week	[ˌlɑːst 'wiːk]
volgende week (bw)	next week	[ˌnekst 'wiːk]
wekelijks (bn)	weekly	['wiːklɪ]
elke week (bw)	every week	[ˌevrɪ 'wiːk]
twee keer per week	twice a week	[ˌtwaɪs ə 'wiːk]
elke dinsdag	every Tuesday	['evrɪ 'tju:zdɪ]

20. Uren. Dag en nacht

morgen (de)	morning	['mɔːnɪŋ]
's morgens (bw)	in the morning	[ɪn ðə 'mɔːnɪŋ]
middag (de)	noon, midday	[nu:n], ['mɪddeɪ]
's middags (bw)	in the afternoon	[ɪn ðə ˌɑːftə'nu:n]
avond (de)	evening	['iːvnɪŋ]
's avonds (bw)	in the evening	[ɪn ðɪ 'iːvnɪŋ]

nacht (de)	night	[naɪt]
's nachts (bw)	at night	[ət naɪt]
middernacht (de)	midnight	['mɪdnaɪt]

seconde (de)	second	['sekənd]
minuut (de)	minute	['mɪnɪt]
uur (het)	hour	['aʊə(r)]
halfuur (het)	half an hour	[ˌhɑ:f ən 'aʊə(r)]
kwartier (het)	a quarter-hour	[ə 'kwɔːtər'aʊə(r)]
vijftien minuten	fifteen minutes	[fɪf'tiːn 'mɪnɪts]
etmaal (het)	twenty four hours	['twentɪ fɔːr'aʊəz]

zonsopgang (de)	sunrise	['sʌnraɪz]
dageraad (de)	dawn	[dɔːn]
vroege morgen (de)	early morning	['ɜːlɪ 'mɔːnɪŋ]
zonsondergang (de)	sunset	['sʌnset]

's morgens vroeg (bw)	early in the morning	['ɜːlɪ ɪn ðə 'mɔːnɪŋ]
vanmorgen (bw)	this morning	[ðɪs 'mɔːnɪŋ]
morgenochtend (bw)	tomorrow morning	[tə'mɒrəʊ 'mɔːnɪŋ]

vanmiddag (bw)	this afternoon	[ðɪs ˌɑːftə'nuːn]
's middags (bw)	in the afternoon	[ɪn ðə ˌɑːftə'nuːn]
morgenmiddag (bw)	tomorrow afternoon	[tə'mɒrəʊ ˌɑːftə'nuːn]

| vanavond (bw) | tonight | [tə'naɪt] |
| morgenavond (bw) | tomorrow night | [tə'mɒrəʊ naɪt] |

klokslag drie uur	at 3 o'clock sharp	[ət θri: ə'klɒk ʃɑːp]
ongeveer vier uur	about 4 o'clock	[ə'baʊt ˌfɔːrə'klɒk]
tegen twaalf uur	by 12 o'clock	[baɪ twelv ə'klɒk]

over twintig minuten	in 20 minutes	[ɪn 'twentɪ ˌmɪnɪts]
over een uur	in an hour	[ɪn ən 'aʊə(r)]
op tijd (bw)	on time	[ɒn 'taɪm]

kwart voor ...	a quarter of ...	[ə 'kwɔːtə of]
binnen een uur	within an hour	[wɪ'ðɪn æn 'aʊə(r)]
elk kwartier	every 15 minutes	['evrɪ fɪf'tiːn 'mɪnɪts]
de klok rond	round the clock	['raʊnd ðə ˌklɒk]

21. Maanden. Seizoenen

januari (de)	January	['dʒænjʊərɪ]
februari (de)	February	['februərɪ]
maart (de)	March	[mɑːtʃ]
april (de)	April	['eɪprəl]
mei (de)	May	[meɪ]
juni (de)	June	[dʒuːn]

juli (de)	July	[dʒuː'laɪ]
augustus (de)	August	['ɔːgəst]
september (de)	September	[sep'tembə(r)]
oktober (de)	October	[ɒk'təʊbə(r)]

november (de)	November	[nəʊˈvembə(r)]
december (de)	December	[dɪˈsembə(r)]
lente (de)	spring	[sprɪŋ]
in de lente (bw)	in (the) spring	[ɪn (ðə) sprɪŋ]
lente- (abn)	spring	[sprɪŋ]
zomer (de)	summer	[ˈsʌmə(r)]
in de zomer (bw)	in (the) summer	[ɪn (ðə) ˈsʌmə(r)]
zomer-, zomers (bn)	summer	[ˈsʌmə(r)]
herfst (de)	fall	[fɔ:l]
in de herfst (bw)	in (the) fall	[ɪn (ðə) fɔ:l]
herfst- (abn)	fall	[fɔ:l]
winter (de)	winter	[ˈwɪntə(r)]
in de winter (bw)	in (the) winter	[ɪn (ðə) ˈwɪntə(r)]
winter- (abn)	winter	[ˈwɪntə(r)]
maand (de)	month	[mʌnθ]
deze maand (bw)	this month	[ðɪs mʌnθ]
volgende maand (bw)	next month	[ˌnekst ˈmʌnθ]
vorige maand (bw)	last month	[ˌlɑ:st ˈmʌnθ]
een maand geleden (bw)	a month ago	[əˌmʌnθ əˈgəʊ]
over een maand (bw)	in a month	[ɪn ə ˈmʌnθ]
over twee maanden (bw)	in two months	[ɪn ˌtu: ˈmʌnθs]
de hele maand (bw)	the whole month	[ðə ˌhəʊl ˈmʌnθ]
een volle maand (bw)	all month long	[ɔ:l ˈmʌnθ ˌlɒŋ]
maand-, maandelijks (bn)	monthly	[ˈmʌnθlɪ]
maandelijks (bw)	monthly	[ˈmʌnθlɪ]
elke maand (bw)	every month	[ˌevrɪ ˈmʌnθ]
twee keer per maand	twice a month	[ˌtwaɪs ə ˈmʌnθ]
jaar (het)	year	[jɪə(r)]
dit jaar (bw)	this year	[ðɪs jɪə(r)]
volgend jaar (bw)	next year	[ˌnekst ˈjɪə(r)]
vorig jaar (bw)	last year	[ˌlɑ:st ˈjɪə(r)]
een jaar geleden (bw)	a year ago	[ə ˌjɪərəˈgəʊ]
over een jaar	in a year	[ɪn ə ˈjɪə(r)]
over twee jaar	in two years	[ɪn ˌtu: ˈjɪəz]
het hele jaar	the whole year	[ðə ˌhəʊl ˈjɪə(r)]
een vol jaar	all year long	[ɔ:l ˈjɪə ˌlɒŋ]
elk jaar	every year	[ˌevrɪ ˈjɪə(r)]
jaar-, jaarlijks (bn)	annual	[ˈænjʊəl]
jaarlijks (bw)	annually	[ˈænjʊəlɪ]
4 keer per jaar	4 times a year	[fɔ: taɪmz əjɪər]
datum (de)	date	[deɪt]
datum (de)	date	[deɪt]
kalender (de)	calendar	[ˈkælɪndə(r)]
een half jaar	half a year	[ˌhɑ:f ə ˈjɪə(r)]
zes maanden	six months	[sɪks mʌnθs]
seizoen (bijv. lente, zomer)	season	[ˈsi:zən]

22. Tijd. Diversen

tijd (de)	time	[taɪm]
ogenblik (het)	instant	['ɪnstənt]
ogenblikkelijk (bn)	instant	['ɪnstənt]
tijdsbestek (het)	lapse	[læps]
leven (het)	life	[laɪf]
eeuwigheid (de)	eternity	[ɪ'tɜ:nətɪ]
epoche (de), tijdperk (het)	epoch	['i:pɒk]
era (de), tijdperk (het)	era	['ɪərə]
cyclus (de)	cycle	['saɪkəl]
periode (de)	period	['pɪərɪəd]
termijn (vastgestelde periode)	term	[tɜ:m]
toekomst (de)	the future	[ðə 'fju:tʃə(r)]
toekomstig (bn)	future	['fju:tʃə(r)]
de volgende keer	next time	[ˌnekst 'taɪm]
verleden (het)	the past	[ðə pɑ:st]
vorig (bn)	past	[pɑ:st]
de vorige keer	last time	[ˌlɑ:st 'taɪm]
later (bw)	later	['leɪtə(r)]
na (~ het diner)	after	['ɑ:ftə(r)]
tegenwoordig (bw)	nowadays	['naʊədeɪz]
nu (bw)	now	[naʊ]
onmiddellijk (bw)	immediately	[ɪ'mi:djətlɪ]
snel (bw)	soon	[su:n]
bij voorbaat (bw)	in advance	[ɪn əd'vɑ:ns]
lang geleden (bw)	a long time ago	[əˌlɒŋ 'taɪm ə'gəʊ]
kort geleden (bw)	recently	['ri:səntlɪ]
noodlot (het)	destiny	['destɪnɪ]
herinneringen (mv.)	memories	['memərɪz]
archief (het)	archives	['ɑ:kaɪvz]
tijdens ... (ten tijde van)	during ...	['djʊərɪŋ]
lang (bw)	long, a long time	[lɒŋ], [ə lɒŋ taɪm]
niet lang (bw)	not long	[nɒt lɒŋ]
vroeg (bijv. ~ in de ochtend)	early	['ɜ:lɪ]
laat (bw)	late	[leɪt]
voor altijd (bw)	forever	[fə'revə(r)]
beginnen (ww)	to start (vt)	[tə stɑ:t]
uitstellen (ww)	to postpone (vt)	[tə ˌpəʊst'pəʊn]
tegelijkertijd (bw)	at the same time	[ət ðə 'seɪm ˌtaɪm]
voortdurend (bw)	permanently	['pɜ:mənəntlɪ]
constant (bijv. ~ lawaai)	constant	['kɒnstənt]
tijdelijk (bn)	temporary	['tempərərɪ]
soms (bw)	sometimes	['sʌmtaɪmz]
zelden (bw)	rarely	['reəlɪ]
vaak (bw)	often	['ɒfən]

23. Tegenovergestelden

rijk (bn)	rich	[rɪtʃ]
arm (bn)	poor	[pʊə(r)]
ziek (bn)	ill, sick	[ɪl], [sɪk]
gezond (bn)	well	[wel]
groot (bn)	big	[bɪg]
klein (bn)	small	[smɔ:l]
snel (bw)	quickly	['kwɪklɪ]
langzaam (bw)	slowly	['sləʊlɪ]
snel (bn)	fast	[fɑ:st]
langzaam (bn)	slow	[sləʊ]
vrolijk (bn)	glad	[glæd]
treurig (bn)	sad	[sæd]
samen (bw)	together	[tə'geðə(r)]
apart (bw)	separately	['sepərətlɪ]
hardop (~ lezen)	aloud	[ə'laʊd]
stil (~ lezen)	silently	['saɪləntlɪ]
hoog (bn)	tall	[tɔ:l]
laag (bn)	low	[ləʊ]
diep (bn)	deep	[di:p]
ondiep (bn)	shallow	['ʃæləʊ]
ja	yes	[jes]
nee	no	[nəʊ]
ver (bn)	distant	['dɪstənt]
dicht (bn)	nearby	['nɪəbaɪ]
ver (bw)	far	[fɑ:(r)]
dichtbij (bw)	nearby	[ˌnɪə'baɪ]
lang (bn)	long	[lɒŋ]
kort (bn)	short	[ʃɔ:t]
vriendelijk (goedhartig)	good	[gʊd]
kwaad (bn)	evil	['i:vəl]
gehuwd (mann.)	married	['mærɪd]
ongehuwd (mann.)	single	['sɪŋgəl]
verbieden (ww)	to forbid (vt)	[tə fə'bɪd]
toestaan (ww)	to permit (vt)	[tə pə'mɪt]
einde (het)	end	[end]
begin (het)	beginning	[bɪ'gɪnɪŋ]

| linker (bn) | left | [left] |
| rechter (bn) | right | [raɪt] |

| eerste (bn) | first | [fɜːst] |
| laatste (bn) | last | [lɑːst] |

| misdaad (de) | crime | [kraɪm] |
| bestraffing (de) | punishment | ['pʌnɪʃmənt] |

| bevelen (ww) | to order (vt) | [tə 'ɔːdə(r)] |
| gehoorzamen (ww) | to obey (vi, vt) | [tə ə'beɪ] |

| recht (bn) | straight | [streɪt] |
| krom (bn) | curved | [kɜːvd] |

| paradijs (het) | paradise | ['pærədaɪs] |
| hel (de) | hell | [hel] |

| geboren worden (ww) | to be born | [tə bi bɔːn] |
| sterven (ww) | to die (vi) | [tə daɪ] |

| sterk (bn) | strong | [strɒŋ] |
| zwak (bn) | weak | [wiːk] |

| oud (bn) | old | [əʊld] |
| jong (bn) | young | [jʌn] |

| oud (bn) | old | [əʊld] |
| nieuw (bn) | new | [njuː] |

| hard (bn) | hard | [hɑːd] |
| zacht (bn) | soft | [sɒft] |

| warm (bn) | warm | [wɔːm] |
| koud (bn) | cold | [kəʊld] |

| dik (bn) | fat | [fæt] |
| dun (bn) | thin | [θɪn] |

| smal (bn) | narrow | ['nærəʊ] |
| breed (bn) | wide | [waɪd] |

| goed (bn) | good | [gʊd] |
| slecht (bn) | bad | [bæd] |

| moedig (bn) | brave | [breɪv] |
| laf (bn) | cowardly | ['kaʊədlɪ] |

24. Lijnen en vormen

vierkant (het)	square	[skweə(r)]
vierkant (bn)	square	[skweə(r)]
cirkel (de)	circle	['sɜːkəl]
rond (bn)	round	[raʊnd]

driehoek (de)	triangle	['traɪæŋgəl]
driehoekig (bn)	triangular	[traɪ'æŋgjʊlə(r)]

ovaal (het)	oval	['əʊvəl]
ovaal (bn)	oval	['əʊvəl]
rechthoek (de)	rectangle	['rekˌtæŋgəl]
rechthoekig (bn)	rectangular	[ˌrek'tæŋgjʊlə(r)]

piramide (de)	pyramid	['pɪrəmɪd]
ruit (de)	rhombus	['rombəs]
trapezium (het)	trapezoid	['træpɪzɔɪd]
kubus (de)	cube	[kjuːb]
prisma (het)	prism	['prɪzəm]

omtrek (de)	circumference	[sə'kʌmfərəns]
bol, sfeer (de)	sphere	[sfɪə(r)]
bal (de)	ball	[bɔːl]
diameter (de)	diameter	[daɪ'æmɪtə(r)]
straal (de)	radius	['reɪdɪəs]
omtrek (~ van een cirkel)	perimeter	[pə'rɪmɪtə(r)]
middelpunt (het)	center	['sentə(r)]

horizontaal (bn)	horizontal	[ˌhorɪ'zontəl]
verticaal (bn)	vertical	['vɜːtɪkəl]
parallel (de)	parallel	['pærələl]
parallel (bn)	parallel	['pærələl]

lijn (de)	line	[laɪn]
streep (de)	stroke	[strəʊk]
rechte lijn (de)	straight line	['streɪt ˌlaɪn]
kromme (de)	curve	[kɜːv]
dun (bn)	thin	[θɪn]
omlijning (de)	contour	['kontʊə(r)]

snijpunt (het)	intersection	[ˌɪntə'sekʃən]
rechte hoek (de)	right angle	[raɪt 'æŋgəl]
segment (het)	segment	['segmənt]
sector (de)	sector	['sektə(r)]
zijde (de)	side	[saɪd]
hoek (de)	angle	['æŋgəl]

25. Meeteenheden

gewicht (het)	weight	[weɪt]
lengte (de)	length	[leŋθ]
breedte (de)	width	[wɪdθ]
hoogte (de)	height	[haɪt]
diepte (de)	depth	[depθ]
volume (het)	volume	['vɒljuːm]
oppervlakte (de)	area	['eərɪə]

gram (het)	gram	[græm]
milligram (het)	milligram	['mɪlɪgræm]
kilogram (het)	kilogram	['kɪləˌgræm]

ton (duizend kilo)	ton	[tʌn]
pond (het)	pound	[paʊnd]
ons (het)	ounce	[aʊns]

meter (de)	meter	['mi:tə(r)]
millimeter (de)	millimeter	['mɪlɪˌmi:tə(r)]
centimeter (de)	centimeter	['sentɪˌmi:tə(r)]
kilometer (de)	kilometer	['kɪləˌmi:tə(r)]
mijl (de)	mile	[maɪl]

duim (de)	inch	[ɪntʃ]
voet (de)	foot	[fʊt]
yard (de)	yard	[jɑːd]

| vierkante meter (de) | square meter | [skweə 'mi:tə(r)] |
| hectare (de) | hectare | ['hekteə(r)] |

liter (de)	liter	['li:tə(r)]
graad (de)	degree	[dɪ'gri:]
volt (de)	volt	[vəʊlt]
ampère (de)	ampere	['æmpeə(r)]
paardenkracht (de)	horsepower	['hɔ:sˌpaʊə(r)]

hoeveelheid (de)	quantity	['kwɒntɪtɪ]
een beetje …	a little bit of …	[ə 'lɪtəl bɪt əv]
helft (de)	half	[hɑ:f]
dozijn (het)	dozen	['dʌzən]
stuk (het)	piece	[pi:s]

| afmeting (de) | size | [saɪz] |
| schaal (bijv. ~ van 1 op 50) | scale | [skeɪl] |

minimaal (bn)	minimal	['mɪnɪməl]
minste (bn)	the smallest	[ðə 'smɔ:ləst]
medium (bn)	medium	['mi:dɪəm]
maximaal (bn)	maximal	['mæksɪməl]
grootste (bn)	the largest	[ðə 'lɑ:dʒɪst]

26. Containers

glazen pot (de)	jar	[dʒɑ:(r)]
blik (conserven~)	can	[kæn]
emmer (de)	bucket	['bʌkɪt]
ton (bijv. regenton)	barrel	['bærəl]

ronde waterbak (de)	basin	['beɪsən]
tank (bijv. watertank-70-ltr)	tank	[tæŋk]
heupfles (de)	hip flask	[hɪp flɑ:sk]
jerrycan (de)	jerrycan	['dʒerɪkæn]
tank (bijv. ketelwagen)	cistern	['sɪstən]

beker (de)	mug	[mʌg]
kopje (het)	cup	[kʌp]
schoteltje (het)	saucer	['sɔ:sə(r)]

glas (het)	glass	[glɑːs]
wijnglas (het)	glass	[glɑːs]
steelpan (de)	saucepan	['sɔːspən]

| fles (de) | bottle | ['bɒtəl] |
| flessenhals (de) | neck | [nek] |

karaf (de)	carafe	[kə'ræf]
kruik (de)	pitcher	['pɪtʃə(r)]
vat (het)	vessel	['vesəl]
pot (de)	pot	[pɒt]
vaas (de)	vase	[veɪz]

flacon (de)	bottle	['bɒtəl]
flesje (het)	vial, small bottle	['vaɪəl], [smɔːl 'bɒtəl]
tube (bijv. ~ tandpasta)	tube	[tjuːb]

zak (bijv. ~ aardappelen)	sack	[sæk]
tasje (het)	bag	[bæg]
pakje (~ sigaretten, enz.)	pack	[pæk]

doos (de)	box	[bɒks]
kist (de)	box	[bɒks]
mand (de)	basket	['bɑːskɪt]

27. Materialen

materiaal (het)	material	[mə'tɪərɪəl]
hout (het)	wood	[wʊd]
houten (bn)	wooden	['wʊdən]

| glas (het) | glass | [glɑːs] |
| glazen (bn) | glass | [glɑːs] |

| steen (de) | stone | [stəʊn] |
| stenen (bn) | stone | [stəʊn] |

| plastic (het) | plastic | ['plæstɪk] |
| plastic (bn) | plastic | ['plæstɪk] |

| rubber (het) | rubber | ['rʌbə(r)] |
| rubber-, rubberen (bn) | rubber | ['rʌbə(r)] |

| stof (de) | material, fabric | [mə'tɪərɪəl], ['fæbrɪk] |
| van stof (bn) | fabric | ['fæbrɪk] |

| papier (het) | paper | ['peɪpə(r)] |
| papieren (bn) | paper | ['peɪpə(r)] |

| karton (het) | cardboard | ['kɑːdbɔːd] |
| kartonnen (bn) | cardboard | ['kɑːdbɔːd] |

| polyethyleen (het) | polyethylene | [ˌpɒlɪ'eθɪliːn] |
| cellofaan (het) | cellophane | ['seləfeɪn] |

multiplex (het)	**plywood**	['plaıwʊd]
porselein (het)	**porcelain**	['pɔːsəlın]
porseleinen (bn)	**porcelain**	['pɔːsəlın]
klei (de)	**clay**	[kleı]
klei-, van klei (bn)	**clay**	[kleı]
keramiek (de)	**ceramic**	[sı'ræmık]
keramieken (bn)	**ceramic**	[sı'ræmık]

28. Metalen

metaal (het)	**metal**	['metəl]
metalen (bn)	**metal**	['metəl]
legering (de)	**alloy**	['ælɔı]

goud (het)	**gold**	[gəʊld]
gouden (bn)	**gold, golden**	[gəʊld], ['gəʊldən]
zilver (het)	**silver**	['sılvə(r)]
zilveren (bn)	**silver**	['sılvə(r)]

IJzer (het)	**iron**	['aırən]
IJzeren (bn)	**iron-, made of iron**	['aırən], [meıd əv 'aırən]
staal (het)	**steel**	[stiːl]
stalen (bn)	**steel**	[stiːl]
koper (het)	**copper**	['kɒpə(r)]
koperen (bn)	**copper**	['kɒpə(r)]

aluminium (het)	**aluminum**	[ə'luːmınəm]
aluminium (bn)	**aluminum**	[ə'luːmınəm]
brons (het)	**bronze**	[brɒnz]
bronzen (bn)	**bronze**	[brɒnz]

messing (het)	**brass**	[brɑːs]
nikkel (het)	**nickel**	['nıkəl]
platina (het)	**platinum**	['plætınəm]
kwik (het)	**mercury**	['mɜːkjʊrı]
tin (het)	**tin**	[tın]
lood (het)	**lead**	[led]
zink (het)	**zinc**	[zıŋk]

MENS

Mens. Het lichaam

29. Mensen. Basisbegrippen

mens (de)	human being	['hju:mən 'bi:ɪŋ]
man (de)	man	[mæn]
vrouw (de)	woman	['wʊmən]
kind (het)	child	[tʃaɪld]
meisje (het)	girl	[gɜ:l]
jongen (de)	boy	[bɔɪ]
tiener, adolescent (de)	teenager	['ti:n‚eɪdʒə(r)]
oude man (de)	old man	['əʊld ‚mæn]
oude vrouw (de)	old woman	['əʊld ‚wʊmən]

30. Menselijke anatomie

organisme (het)	organism	['ɔ:gənɪzəm]
hart (het)	heart	[hɑ:t]
bloed (het)	blood	[blʌd]
slagader (de)	artery	['ɑ:tərɪ]
ader (de)	vein	[veɪn]
hersenen (mv.)	brain	[breɪn]
zenuw (de)	nerve	[nɜ:v]
zenuwen (mv.)	nerves	[nɜ:vz]
wervel (de)	vertebra	['vɜ:tɪbrə]
ruggengraat (de)	spine	[spaɪn]
maag (de)	stomach	['stʌmək]
darmen (mv.)	intestines	[ɪn'testɪnz]
darm (de)	intestine	[ɪn'testɪn]
lever (de)	liver	['lɪvə(r)]
nier (de)	kidney	['kɪdnɪ]
been (deel van het skelet)	bone	[bəʊn]
skelet (het)	skeleton	['skelɪtən]
rib (de)	rib	[rɪb]
schedel (de)	skull	[skʌl]
spier (de)	muscle	['mʌsəl]
biceps (de)	biceps	['baɪseps]
triceps (de)	triceps	['traɪseps]
pees (de)	tendon	['tendən]
gewricht (het)	joint	[dʒɔɪnt]

longen (mv.)	lungs	[lʌŋz]
geslachtsorganen (mv.)	genitals	['dʒenɪtəlz]
huid (de)	skin	[skɪn]

31. Hoofd

hoofd (het)	head	[hed]
gezicht (het)	face	[feɪs]
neus (de)	nose	[neʊz]
mond (de)	mouth	[maʊθ]

oog (het)	eye	[aɪ]
ogen (mv.)	eyes	[aɪz]
pupil (de)	pupil	['pju:pəl]
wenkbrauw (de)	eyebrow	['aɪbraʊ]
wimper (de)	eyelash	['aɪlæʃ]
ooglid (het)	eyelid	['aɪlɪd]

tong (de)	tongue	[tʌŋ]
tand (de)	tooth	[tu:θ]
lippen (mv.)	lips	[lɪps]
jukbeenderen (mv.)	cheekbones	['tʃi:kbeʊnz]
tandvlees (het)	gum	[gʌm]
gehemelte (het)	palate	['pælət]

neusgaten (mv.)	nostrils	['nɒstrɪlz]
kin (de)	chin	[tʃɪn]
kaak (de)	jaw	[dʒɔ:]
wang (de)	cheek	[tʃi:k]

voorhoofd (het)	forehead	['fɔ:hed]
slaap (de)	temple	['tempəl]
oor (het)	ear	[ɪə(r)]
achterhoofd (het)	back of the head	['bæk əv ðə ˌhed]
hals (de)	neck	[nek]
keel (de)	throat	[θreʊt]

haren (mv.)	hair	[heə(r)]
kapsel (het)	hairstyle	['heəstaɪl]
haarsnit (de)	haircut	['heəkʌt]
pruik (de)	wig	[wɪg]

snor (de)	mustache	['mʌstæʃ]
baard (de)	beard	[bɪəd]
dragen (een baard, enz.)	to have (vt)	[tə hæv]
vlecht (de)	braid	[breɪd]
bakkebaarden (mv.)	sideburns	['saɪdbɜ:nz]

ros (roodachtig, rossig)	red-haired	['red ˌheəd]
grijs (~ haar)	gray	[greɪ]
kaal (bn)	bald	[bɔ:ld]
kale plek (de)	bald patch	[bɔ:ld pætʃ]
paardenstaart (de)	ponytail	['peʊniteɪl]
pony (de)	bangs	[bæŋz]

32. Menselijk lichaam

hand (de)	**hand**	[hænd]
arm (de)	**arm**	[ɑːm]
vinger (de)	**finger**	['fɪŋɡə(r)]
duim (de)	**thumb**	[θʌm]
pink (de)	**little finger**	[ˌlɪtəl 'fɪŋɡə(r)]
nagel (de)	**nail**	[neɪl]
vuist (de)	**fist**	[fɪst]
handpalm (de)	**palm**	[pɑːm]
pols (de)	**wrist**	[rɪst]
voorarm (de)	**forearm**	['fɔːrˌɑːm]
elleboog (de)	**elbow**	['elbəʊ]
schouder (de)	**shoulder**	['ʃəʊldə(r)]
been (rechter ~)	**leg**	[leg]
voet (de)	**foot**	[fʊt]
knie (de)	**knee**	[niː]
kuit (de)	**calf**	[kɑːf]
heup (de)	**hip**	[hɪp]
hiel (de)	**heel**	[hiːl]
lichaam (het)	**body**	['bɒdɪ]
buik (de)	**stomach**	['stʌmək]
borst (de)	**chest**	[tʃest]
borst (de)	**breast**	[brest]
zijde (de)	**flank**	[flæŋk]
rug (de)	**back**	[bæk]
lage rug (de)	**lower back**	['ləʊə bæk]
taille (de)	**waist**	[weɪst]
navel (de)	**navel**	['neɪvəl]
billen (mv.)	**buttocks**	['bʌtəks]
achterwerk (het)	**bottom**	['bɒtəm]
huidvlek (de)	**beauty mark**	['bjuːtɪ mɑːk]
tatoeage (de)	**tattoo**	[təˈtuː]
litteken (het)	**scar**	[skɑː(r)]

Kleding en accessoires

33. Bovenkleding. Jassen

kleren (mv.), kleding (de)	clothes	[kləʊðz]
bovenkleding (de)	outer clothes	['aʊtə kləʊðz]
winterkleding (de)	winter clothes	['wɪntə kləʊðz]
jas (de)	overcoat	['əʊvəkəʊt]
bontjas (de)	fur coat	['fɜː‚kəʊt]
bontjasje (het)	fur jacket	['fɜː 'dʒækɪt]
donzen jas (de)	down coat	['daʊn ‚kəʊt]
jasje (bijv. een leren ~)	jacket	['dʒækɪt]
regenjas (de)	raincoat	['reɪnkəʊt]
waterdicht (bn)	waterproof	['wɔːtəpruːf]

34. Heren & dames kleding

overhemd (het)	shirt	[ʃɜːt]
broek (de)	pants	[pænts]
jeans (de)	jeans	[dʒiːnz]
colbert (de)	jacket	['dʒækɪt]
kostuum (het)	suit	[suːt]
jurk (de)	dress	[dres]
rok (de)	skirt	[skɜːt]
blouse (de)	blouse	[blaʊz]
wollen vest (de)	knitted jacket	['nɪtɪd 'dʒækɪt]
blazer (kort jasje)	jacket	['dʒækɪt]
T-shirt (het)	T-shirt	['tiː ʃɜːt]
shorts (mv.)	shorts	[ʃɔːts]
trainingspak (het)	tracksuit	['træksuːt]
badjas (de)	bathrobe	['bɑːθrəʊb]
pyjama (de)	pajamas	[pə'dʒɑːməz]
sweater (de)	sweater	['swetə(r)]
pullover (de)	pullover	['pʊl‚əʊvə(r)]
gilet (het)	vest	[vest]
rokkostuum (het)	tailcoat	[‚teɪl'kəʊt]
smoking (de)	tuxedo	[tʌk'siːdəʊ]
uniform (het)	uniform	['juːnɪfɔːm]
werkkleding (de)	workwear	[wɜːkweə(r)]
overall (de)	overalls	['əʊvərɔːlz]
doktersjas (de)	coat	[kəʊt]

35. Kleding. Ondergoed

ondergoed (het)	underwear	['ʌndəweə(r)]
onderhemd (het)	undershirt	['ʌndəʃɜːt]
sokken (mv.)	socks	[sɒks]
nachthemd (het)	nightgown	['naɪtgaʊn]
beha (de)	bra	[brɑː]
kniekousen (mv.)	knee highs	['niː ˌhaɪs]
panty (de)	pantyhose	['pæntɪhəʊz]
nylonkousen (mv.)	stockings	['stɒkɪŋz]
badpak (het)	bathing suit	['beɪðɪŋ suːt]

36. Hoofddeksels

hoed (de)	hat	[hæt]
deukhoed (de)	fedora	[fɪ'dɔːrə]
honkbalpet (de)	baseball cap	['beɪsbɔːl kæp]
kleppet (de)	flatcap	[flæt kæp]
baret (de)	beret	['bereɪ]
kap (de)	hood	[hʊd]
panamahoed (de)	panama	['pænəmɑː]
gebreide muts (de)	knitted hat	['nɪtɪdˌhæt]
hoofddoek (de)	headscarf	['hedskɑːf]
dameshoed (de)	women's hat	['wɪmɪns hæt]
veiligheidshelm (de)	hard hat	[hɑːd hæt]
veldmuts (de)	garrison cap	['gærɪsən kæp]
helm, valhelm (de)	helmet	['helmɪt]
bolhoed (de)	derby	['dɜːbɪ]
hoge hoed (de)	top hat	[tɒp hæt]

37. Schoeisel

schoeisel (het)	footwear	['fʊtweə(r)]
schoenen (mv.)	ankle boots	['æŋkəl buːts]
vrouwenschoenen (mv.)	shoes	[ʃuːz]
laarzen (mv.)	boots	[buːts]
pantoffels (mv.)	slippers	['slɪpəz]
sportschoenen (mv.)	tennis shoes	['tenɪsʃuːz]
sneakers (mv.)	sneakers	['sniːkəz]
sandalen (mv.)	sandals	['sændəlz]
schoenlapper (de)	cobbler	['kɒblə(r)]
hiel (de)	heel	[hiːl]
paar (een ~ schoenen)	pair	[peə(r)]
veter (de)	shoestring	['ʃuːstrɪŋ]

rijgen (schoenen ~)	to lace (vt)	[tə leɪs]
schoenlepel (de)	shoehorn	['ʃuːhɔːn]
schoensmeer (de/het)	shoe polish	[ʃuː 'pɒlɪʃ]

38. Textiel. Weefsel

| katoen (de/het) | cotton | ['kɒtən] |
| vlas (het) | flax | [flæks] |

zijde (de)	silk	[sɪlk]
zijden (bn)	silk	[sɪlk]
wol (de)	wool	[wʊl]
wollen (bn)	woolen	['wʊlən]

fluweel (het)	velvet	['velvɪt]
suède (de)	suede	[sweɪd]
ribfluweel (het)	corduroy	['kɒːdərɔɪ]

nylon (de/het)	nylon	['naɪlɒn]
nylon-, van nylon (bn)	nylon	['naɪlɒn]
polyester (het)	polyester	[ˌpɒlɪ'estə(r)]
polyester- (abn)	polyester	[ˌpɒlɪ'estə(r)]

leer (het)	leather	['leðə(r)]
leren (van leer gemaak)	leather	['leðə(r)]
bont (het)	fur	[fɜː(r)]
bont- (abn)	fur	[fɜː(r)]

39. Persoonlijke accessoires

handschoenen (mv.)	gloves	[glʌvz]
wanten (mv.)	mittens	['mɪtənz]
sjaal (fleece ~)	scarf	[skɑːf]

bril (de)	glasses	[glɑːsɪz]
brilmontuur (het)	frame	[freɪm]
paraplu (de)	umbrella	[ʌm'brelə]
wandelstok (de)	walking stick	['wɔːkɪŋ stɪk]
haarborstel (de)	hairbrush	['heəbrʌʃ]
waaier (de)	fan	[fæn]

das (de)	necktie	['nektaɪ]
strikje (het)	bow tie	[bəʊ taɪ]
bretels (mv.)	suspenders	[sə'spendəz]
zakdoek (de)	handkerchief	['hæŋkətʃɪf]

kam (de)	comb	[kəʊm]
haarspeldje (het)	barrette	[bə'ret]
schuifspeldje (het)	hairpin	['heəpɪn]
gesp (de)	buckle	['bʌkəl]
broekriem (de)	belt	[belt]
draagriem (de)	shoulder strap	['ʃəʊldə stræp]

handtas (de)	bag	[bæg]
damestas (de)	purse	[pɜ:s]
rugzak (de)	backpack	['bækpæk]

40. Kleding. Diversen

mode (de)	fashion	['fæʃən]
de mode (bn)	in vogue	[ɪn vəʊg]
kledingstilist (de)	fashion designer	['fæʃən dɪ'zaɪnə(r)]

kraag (de)	collar	['kɒlə(r)]
zak (de)	pocket	['pɒkɪt]
zak- (abn)	pocket	['pɒkɪt]
mouw (de)	sleeve	[sli:v]
lusje (het)	hanging loop	['hæŋɪŋ lu:p]
gulp (de)	fly	[flaɪ]

rits (de)	zipper	['zɪpə(r)]
sluiting (de)	fastener	['fɑ:sənə(r)]
knoop (de)	button	['bʌtən]
knoopsgat (het)	buttonhole	['bʌtənhəʊl]
losraken (bijv. knopen)	to come off	[tə kʌm ɒf]

naaien (kleren, enz.)	to sew (vi, vt)	[tə səʊ]
borduren (ww)	to embroider (vi, vt)	[tə ɪm'brɔɪdə(r)]
borduursel (het)	embroidery	[ɪm'brɔɪdərɪ]
naald (de)	sewing needle	['səʊɪŋ 'ni:dəl]
draad (de)	thread	[θred]
naad (de)	seam	[si:m]

vies worden (ww)	to get dirty (vi)	[tə get 'dɜ:tɪ]
vlek (de)	stain	[steɪn]
gekreukt raken (ov. kleren)	to crease, crumple (vi)	[tə kri:s], ['krʌmpəl]
scheuren (ov.ww.)	to tear, to rip (vt)	[tə teər], [tə rɪp]
mot (de)	clothes moth	[kləʊðz mɒθ]

41. Persoonlijke verzorging. Schoonheidsmiddelen

tandpasta (de)	toothpaste	['tu:θpeɪst]
tandenborstel (de)	toothbrush	['tu:θbrʌʃ]
tanden poetsen (ww)	to brush one's teeth	[tə brʌʃ wʌns 'ti:θ]

scheermes (het)	razor	['reɪzə(r)]
scheerschuim (het)	shaving cream	['ʃeɪvɪŋ ˌkri:m]
zich scheren (ww)	to shave (vi)	[tə ʃeɪv]

| zeep (de) | soap | [səʊp] |
| shampoo (de) | shampoo | [ʃæm'pu:] |

schaar (de)	scissors	['sɪzəz]
nagelvijl (de)	nail file	['neɪl ˌfaɪl]
nagelknipper (de)	nail clippers	[neɪl 'klɪpərz]

pincet (het)	tweezers	['twi:zəz]
cosmetica (de)	cosmetics	[kɒz'metɪks]
masker (het)	face mask	[feɪs mɑːsk]
manicure (de)	manicure	['mænɪˌkjʊə(r)]
manicure doen	to have a manicure	[tə hævə 'mænɪˌkjʊə]
pedicure (de)	pedicure	['pedɪˌkjʊə(r)]

cosmetica tasje (het)	make-up bag	['meɪk ʌp ˌbæg]
poeder (de/het)	face powder	[feɪs 'paʊdə(r)]
poederdoos (de)	powder compact	['paʊdə 'kɒmpækt]
rouge (de)	blusher	['blʌʃə(r)]

parfum (de/het)	perfume	['pɜ:fju:m]
eau de toilet (de)	toilet water	['tɔɪlɪt 'wɔːtə(r)]
lotion (de)	lotion	['ləʊʃən]
eau de cologne (de)	cologne	[kə'ləʊn]

oogschaduw (de)	eyeshadow	['aɪʃædəʊ]
oogpotlood (het)	eyeliner	['aɪˌlaɪnə(r)]
mascara (de)	mascara	[mæs'kɑːrə]

lippenstift (de)	lipstick	['lɪpstɪk]
nagellak (de)	nail polish	['neɪl ˌpɒlɪʃ]
haarlak (de)	hair spray	['heəspreɪ]
deodorant (de)	deodorant	[di:'əʊdərənt]

crème (de)	cream	[kri:m]
gezichtscrème (de)	face cream	['feɪs ˌkri:m]
handcrème (de)	hand cream	['hænd ˌkri:m]
antirimpelcrème (de)	anti-wrinkle cream	['æntɪ 'rɪŋkəl kri:m]
dagcrème (de)	day cream	['deɪ ˌkri:m]
nachtcrème (de)	night cream	['naɪt ˌkri:m]

tampon (de)	tampon	['tæmpɒn]
toiletpapier (het)	toilet paper	['tɔɪlɪt 'peɪpə(r)]
föhn (de)	hair dryer	['heəˌdraɪə(r)]

42. Juwelen

sieraden (mv.)	jewelry	['dʒu:əlrɪ]
edel (bijv. ~ stenen)	precious	['preʃəs]
keurmerk (het)	hallmark	['hɔːlmɑːk]

ring (de)	ring	[rɪŋ]
trouwring (de)	wedding ring	['wedɪŋ rɪŋ]
armband (de)	bracelet	['breɪslɪt]

oorringen (mv.)	earrings	['ɪərɪŋz]
halssnoer (het)	necklace	['neklɪs]
kroon (de)	crown	[kraʊn]
kralen snoer (het)	bead necklace	[bi:d 'neklɪs]

diamant (de)	diamond	['daɪəmənd]
smaragd (de)	emerald	['emərəld]

robijn (de)	ruby	['ru:bɪ]
saffier (de)	sapphire	['sæfaɪə(r)]
parel (de)	pearl	[pɜ:l]
barnsteen (de)	amber	['æmbə(r)]

43. Horloges. Klokken

polshorloge (het)	watch	[wɒtʃ]
wijzerplaat (de)	dial	['daɪəl]
wijzer (de)	hand	[hænd]
metalen horlogeband (de)	bracelet	['breɪslɪt]
horlogebandje (het)	watch strap	[wɒtʃ stræp]

batterij (de)	battery	['bætərɪ]
leeg zijn (ww)	to be dead	[tə bi ded]
batterij vervangen	to change a battery	[tə tʃeɪndʒ ə 'bætərɪ]
voorlopen (ww)	to run fast	[tə rʌn fɑ:st]
achterlopen (ww)	to run slow	[tə rʌn sləʊ]

wandklok (de)	wall clock	['wɔ:l ˌklɒk]
zandloper (de)	hourglass	['aʊəglɑ:s]
zonnewijzer (de)	sundial	['sʌndaɪəl]
wekker (de)	alarm clock	[ə'lɑ:m klɒk]
horlogemaker (de)	watchmaker	['wɒtʃˌmeɪkə(r)]
repareren (ww)	to repair (vt)	[tə rɪ'peə(r)]

Voedsel. Voeding

44. Voedsel

vlees (het)	meat	[mi:t]
kip (de)	chicken	[ˈtʃɪkɪn]
kuiken (het)	Rock Cornish hen	[rɒk ˈkɔ:nɪʃ hen]
eend (de)	duck	[dʌk]
gans (de)	goose	[gu:s]
wild (het)	game	[geɪm]
kalkoen (de)	turkey	[ˈtɜ:kɪ]
varkensvlees (het)	pork	[pɔ:k]
kalfsvlees (het)	veal	[vi:l]
schapenvlees (het)	lamb	[læm]
rundvlees (het)	beef	[bi:f]
konijnenvlees (het)	rabbit	[ˈræbɪt]
worst (de)	sausage	[ˈsɒsɪdʒ]
saucijs (de)	vienna sausage	[vɪˈenə ˈsɒsɪdʒ]
spek (het)	bacon	[ˈbeɪkən]
ham (de)	ham	[hæm]
gerookte achterham (de)	gammon	[ˈgæmən]
paté, pastei (de)	pâté	[ˈpæteɪ]
lever (de)	liver	[ˈlɪvə(r)]
varkensvet (het)	lard	[lɑ:d]
gehakt (het)	ground beef	[graʊnd bi:f]
tong (de)	tongue	[tʌŋ]
ei (het)	egg	[eg]
eieren (mv.)	eggs	[egz]
eiwit (het)	egg white	[ˈeg ˌwaɪt]
eigeel (het)	egg yolk	[ˈeg ˌjəʊk]
vis (de)	fish	[fɪʃ]
zeevruchten (mv.)	seafood	[ˈsi:fu:d]
schaaldieren (mv.)	crustaceans	[krʌˈsteɪʃənz]
kaviaar (de)	caviar	[ˈkævɪɑ:(r)]
krab (de)	crab	[kræb]
garnaal (de)	shrimp	[ʃrɪmp]
oester (de)	oyster	[ˈɔɪstə(r)]
langoest (de)	spiny lobster	[ˈspaɪnɪ ˈlɒbstə(r)]
octopus (de)	octopus	[ˈɒktəpəs]
inktvis (de)	squid	[skwɪd]
steur (de)	sturgeon	[ˈstɜ:dʒən]
zalm (de)	salmon	[ˈsæmən]
heilbot (de)	halibut	[ˈhælɪbət]

kabeljauw (de)	cod	[kɒd]
makreel (de)	mackerel	['mækərəl]
tonijn (de)	tuna	['tuːnə]
paling (de)	eel	[iːl]

forel (de)	trout	[traʊt]
sardine (de)	sardine	[sɑːˈdiːn]
snoek (de)	pike	[paɪk]
haring (de)	herring	['herɪŋ]

brood (het)	bread	[bred]
kaas (de)	cheese	[tʃiːz]
suiker (de)	sugar	['ʃʊɡə(r)]
zout (het)	salt	[sɔːlt]

rijst (de)	rice	[raɪs]
pasta (de)	pasta	['pæstə]
noedels (mv.)	noodles	['nuːdəlz]

boter (de)	butter	['bʌtə(r)]
plantaardige olie (de)	vegetable oil	['vedʒtəbəl ɔɪl]
zonnebloemolie (de)	sunflower oil	['sʌn‚flaʊə ɔɪl]
margarine (de)	margarine	[‚mɑːdʒəˈriːn]

| olijven (mv.) | olives | ['ɒlɪvz] |
| olijfolie (de) | olive oil | ['ɒlɪv ‚ɔɪl] |

melk (de)	milk	[mɪlk]
gecondenseerde melk (de)	condensed milk	[kənˈdenst mɪlk]
yoghurt (de)	yogurt	['jəʊɡərt]
zure room (de)	sour cream	['saʊə ‚kriːm]
room (de)	cream	[kriːm]

| mayonaise (de) | mayonnaise | [‚meɪəˈneɪz] |
| crème (de) | buttercream | ['bʌtə‚kriːm] |

graan (het)	cereal grain	['sɪərɪəl greɪn]
meel (het), bloem (de)	flour	['flaʊə(r)]
conserven (mv.)	canned food	[kænd fuːd]

maïsvlokken (mv.)	cornflakes	['kɔːnfleɪks]
honing (de)	honey	['hʌnɪ]
jam (de)	jam	[dʒæm]
kauwgom (de)	chewing gum	['tʃuːɪŋ ‚ɡʌm]

45. Drankjes

water (het)	water	['wɔːtə(r)]
drinkwater (het)	drinking water	['drɪŋkɪŋ 'wɔːtə(r)]
mineraalwater (het)	mineral water	['mɪnərəl 'wɔːtə(r)]

zonder gas	still	[stɪl]
koolzuurhoudend (bn)	carbonated	['kɑːbəneɪtɪd]
bruisend (bn)	sparkling	['spɑːklɪŋ]

| IJs (het) | ice | [aɪs] |
| met ijs | with ice | [wɪð aɪs] |

alcohol vrij (bn)	non-alcoholic	[nɒn ˌælkə'hɒlɪk]
alcohol vrije drank (de)	soft drink	[sɒft drɪŋk]
frisdrank (de)	cool soft drink	[ku:l sɒft drɪŋk]
limonade (de)	lemonade	[ˌlemə'neɪd]

alcoholische dranken (mv.)	liquor	['lɪkə(r)]
wijn (de)	wine	[waɪn]
witte wijn (de)	white wine	['waɪt ˌwaɪn]
rode wijn (de)	red wine	['red ˌwaɪn]

likeur (de)	liqueur	[lɪ'kjʊə(r)]
champagne (de)	champagne	[ʃæm'peɪn]
vermout (de)	vermouth	[vɜ:'mu:θ]

whisky (de)	whisky	['wɪskɪ]
wodka (de)	vodka	['vɒdkə]
gin (de)	gin	[dʒɪn]
cognac (de)	cognac	['kɒnjæk]
rum (de)	rum	[rʌm]

koffie (de)	coffee	['kɒfɪ]
zwarte koffie (de)	black coffee	[blæk 'kɒfɪ]
koffie (de) met melk	coffee with milk	['kɒfɪ wɪð mɪlk]
cappuccino (de)	cappuccino	[ˌkæpʊ'tʃi:nəʊ]
oploskoffie (de)	instant coffee	['ɪnstənt 'kɒfɪ]

melk (de)	milk	[mɪlk]
cocktail (de)	cocktail	['kɒkteɪl]
milkshake (de)	milk shake	['mɪlk ʃeɪk]

sap (het)	juice	[dʒu:s]
tomatensap (het)	tomato juice	[tə'meɪtəʊ dʒu:s]
sinaasappelsap (het)	orange juice	['ɒrɪndʒ ˌdʒu:s]
vers geperst sap (het)	freshly squeezed juice	['freʃlɪ skwi:zd dʒu:s]

bier (het)	beer	[bɪə(r)]
licht bier (het)	light beer	[ˌlaɪt 'bɪə(r)]
donker bier (het)	dark beer	['dɑ:k ˌbɪə(r)]

thee (de)	tea	[ti:]
zwarte thee (de)	black tea	[blæk ti:]
groene thee (de)	green tea	['gri:nˌti:]

46. Groenten

| groenten (mv.) | vegetables | ['vedʒtəbəlz] |
| verse kruiden (mv.) | greens | [gri:nz] |

tomaat (de)	tomato	[tə'meɪtəʊ]
augurk (de)	cucumber	['kju:kʌmbə(r)]
wortel (de)	carrot	['kærət]

aardappel (de)	potato	[pə'teɪtəʊ]
ui (de)	onion	['ʌnjən]
knoflook (de)	garlic	['gɑːlɪk]

kool (de)	cabbage	['kæbɪdʒ]
bloemkool (de)	cauliflower	['kɒlɪˌflaʊə(r)]
spruitkool (de)	Brussels sprouts	['brʌsəlz ˌspraʊts]
broccoli (de)	broccoli	['brɒkəlɪ]

rode biet (de)	beetroot	['biːtruːt]
aubergine (de)	eggplant	['egplɑːnt]
courgette (de)	zucchini	[zuː'kiːnɪ]
pompoen (de)	pumpkin	['pʌmpkɪn]
raap (de)	turnip	['tɜːnɪp]

peterselie (de)	parsley	['pɑːslɪ]
dille (de)	dill	[dɪl]
sla (de)	lettuce	['letɪs]
selderij (de)	celery	['selərɪ]
asperge (de)	asparagus	[ə'spærəgəs]
spinazie (de)	spinach	['spɪnɪdʒ]

erwt (de)	pea	[piː]
bonen (mv.)	beans	[biːnz]
maïs (de)	corn	[kɔːn]
boon (de)	kidney bean	['kɪdnɪ biːn]

peper (de)	pepper	['pepə(r)]
radijs (de)	radish	['rædɪʃ]
artisjok (de)	artichoke	['ɑːtɪʃəʊk]

47. Vruchten. Noten

vrucht (de)	fruit	[fruːt]
appel (de)	apple	['æpəl]
peer (de)	pear	[peə(r)]
citroen (de)	lemon	['lemən]
sinaasappel (de)	orange	['ɒrɪndʒ]
aardbei (de)	strawberry	['strɔːbərɪ]

mandarijn (de)	mandarin	['mændərɪn]
pruim (de)	plum	[plʌm]
perzik (de)	peach	[piːtʃ]
abrikoos (de)	apricot	['eɪprɪkɒt]
framboos (de)	raspberry	['rɑːzbərɪ]
ananas (de)	pineapple	['paɪnˌæpəl]

banaan (de)	banana	[bə'nɑːnə]
watermeloen (de)	watermelon	['wɔːtəˌmelən]
druif (de)	grape	[greɪp]
meloen (de)	melon	['melən]

| grapefruit (de) | grapefruit | ['greɪpfruːt] |
| avocado (de) | avocado | [ˌævə'kɑːdəʊ] |

papaja (de)	papaya	[pə'paɪə]
mango (de)	mango	['mæŋɡəʊ]
granaatappel (de)	pomegranate	['pɒmɪˌɡrænɪt]

rode bes (de)	redcurrant	['redkʌrənt]
zwarte bes (de)	blackcurrant	[ˌblæk'kʌrənt]
kruisbes (de)	gooseberry	['ɡʊzbərɪ]
bosbes (de)	bilberry	['bɪlbərɪ]
braambes (de)	blackberry	['blækbərɪ]

rozijn (de)	raisin	['reɪzən]
vijg (de)	fig	[fɪɡ]
dadel (de)	date	[deɪt]

pinda (de)	peanut	['pi:nʌt]
amandel (de)	almond	['ɑ:mənd]
walnoot (de)	walnut '	['wɔ:lnʌt]
hazelnoot (de)	hazelnut	['heɪzəlnʌt]
kokosnoot (de)	coconut	['kəʊkənʌt]
pistaches (mv.)	pistachios	[pɪ'stɑ:ʃɪəʊs]

48. Brood. Snoep

suikerbakkerij (de)	confectionery	[kən'fekʃənərɪ]
brood (het)	bread	[bred]
koekje (het)	cookies	['kʊkɪz]

chocolade (de)	chocolate	['tʃɒkələt]
chocolade- (abn)	chocolate	['tʃɒkələt]
snoepje (het)	candy	['kændɪ]
cakeje (het)	cake	[keɪk]
taart (bijv. verjaardags~)	cake	[keɪk]

| pastei (de) | pie | [paɪ] |
| vulling (de) | filling | ['fɪlɪŋ] |

confituur (de)	jam	[dʒæm]
marmelade (de)	marmalade	['mɑ:məleɪd]
wafel (de)	waffle	['wɒfəl]
IJsje (het)	ice-cream	[aɪs kri:m]
pudding (de)	pudding	['pʊdɪŋ]

49. Bereide gerechten

gerecht (het)	course, dish	[kɔ:s], [dɪʃ]
keuken (bijv. Franse ~)	cuisine	[kwɪ'zi:n]
recept (het)	recipe	['resɪpɪ]
portie (de)	portion	['pɔ:ʃən]

salade (de)	salad	['sæləd]
soep (de)	soup	[su:p]
bouillon (de)	clear soup	[ˌklɪə 'su:p]

| boterham (de) | sandwich | ['sænwɪdʒ] |
| spiegelei (het) | fried eggs | ['fraɪd ˌegz] |

hamburger (de)	cutlet	['kʌtlɪt]
hamburger (de)	hamburger	['hæmbɜːgə(r)]
biefstuk (de)	steak	[steɪk]
hutspot (de)	stew	[stjuː]

garnering (de)	side dish	[saɪd dɪʃ]
spaghetti (de)	spaghetti	[spə'getɪ]
aardappelpuree (de)	mashed potatoes	[mæʃt pə'teɪtəuz]
pizza (de)	pizza	['piːtsə]
pap (de)	porridge	['pɒrɪdʒ]
omelet (de)	omelet	['ɒmlɪt]

gekookt (in water)	boiled	['bɔɪld]
gerookt (bn)	smoked	[sməukt]
gebakken (bn)	fried	[fraɪd]
gedroogd (bn)	dried	[draɪd]
diepvries (bn)	frozen	['frəuzən]
gemarineerd (bn)	pickled	['pɪkəld]

zoet (bn)	sweet	[swiːt]
gezouten (bn)	salty	['sɔːltɪ]
koud (bn)	cold	[kəuld]
heet (bn)	hot	[hɒt]
bitter (bn)	bitter	['bɪtə(r)]
lekker (bn)	tasty	['teɪstɪ]

koken (in kokend water)	to cook in boiling water	[tə kuk in 'bɔɪlɪŋ 'wɔːtə]
bereiden (avondmaaltijd ~)	to cook (vt)	[tə kuk]
bakken (ww)	to fry (vt)	[tə fraɪ]
opwarmen (ww)	to heat up	[tə hiːt ʌp]

zouten (ww)	to salt (vt)	[tə sɔːlt]
peperen (ww)	to pepper (vt)	[tə 'pepə(r)]
raspen (ww)	to grate (vt)	[tə greɪt]
schil (de)	peel	[piːl]
schillen (ww)	to peel (vt)	[tə piːl]

50. Kruiden

zout (het)	salt	[sɔːlt]
gezouten (bn)	salty	['sɔːltɪ]
zouten (ww)	to salt (vt)	[tə sɔːlt]

zwarte peper (de)	black pepper	[blæk 'pepə(r)]
rode peper (de)	red pepper	[red 'pepə(r)]
mosterd (de)	mustard	['mʌstəd]
mierikswortel (de)	horseradish	['hɔːsˌrædɪʃ]

condiment (het)	condiment	['kɒndɪmənt]
specerij , kruiderij (de)	spice	[spaɪs]
saus (de)	sauce	[sɔːs]

azijn (de)	vinegar	['vɪnɪgə(r)]
anijs (de)	anise	['ænɪs]
basilicum (de)	basil	['beɪzəl]
kruidnagel (de)	cloves	[kləʊvz]
gember (de)	ginger	['dʒɪndʒə(r)]
koriander (de)	coriander	[ˌkɒrɪ'ændə(r)]
kaneel (de/het)	cinnamon	['sɪnəmən]

sesamzaad (het)	sesame	['sesəmɪ]
laurierblad (het)	bay leaf	[beɪ liːf]
paprika (de)	paprika	['pæprɪkə]
komijn (de)	caraway	['kærəweɪ]
saffraan (de)	saffron	['sæfrən]

51. Maaltijden

| eten (het) | food | [fuːd] |
| eten (ww) | to eat (vi, vt) | [tə iːt] |

ontbijt (het)	breakfast	['brekfəst]
ontbijten (ww)	to have breakfast	[tə hæv 'brekfəst]
lunch (de)	lunch	[lʌntʃ]
lunchen (ww)	to have lunch	[tə hæv lʌntʃ]
avondeten (het)	dinner	['dɪnə(r)]
souperen (ww)	to have dinner	[tə hæv 'dɪnə(r)]

| eetlust (de) | appetite | ['æpɪtaɪt] |
| Eet smakelijk! | Enjoy your meal! | [ɪn'dʒɔɪ jɔː ˌmiːl] |

openen (een fles ~)	to open (vt)	[tə 'əʊpən]
morsen (koffie, enz.)	to spill (vt)	[tə spɪl]
zijn gemorst	to spill out (vi)	[tə spɪl aʊt]
koken (water kookt bij 100°C)	to boil (vi)	[tə bɔɪl]
koken (Hoe om water te ~)	to boil (vt)	[tə bɔɪl]
gekookt (~ water)	boiled	['bɔɪld]
afkoelen (koeler maken)	to chill, cool down (vt)	[tə tʃɪl], [kuːl daʊn]
afkoelen (koeler worden)	to chill (vi)	[tə tʃɪl]

| smaak (de) | taste, flavor | [teɪst], ['fleɪvə(r)] |
| nasmaak (de) | aftertaste | ['ɑːftəteɪst] |

volgen een dieet	to slim down	[tə slɪm daʊn]
dieet (het)	diet	['daɪət]
vitamine (de)	vitamin	['vaɪtəmɪn]
calorie (de)	calorie	['kælərɪ]
vegetariër (de)	vegetarian	[ˌvedʒɪ'teərɪən]
vegetarisch (bn)	vegetarian	[ˌvedʒɪ'teərɪən]

vetten (mv.)	fats	[fæts]
eiwitten (mv.)	proteins	['prəʊtiːnz]
koolhydraten (mv.)	carbohydrates	[ˌkɑːbəʊ'haɪdreɪts]
snede (de)	slice	[slaɪs]
stuk (bijv. een ~ taart)	piece	[piːs]
kruimel (de)	crumb	[krʌm]

52. Tafelschikking

lepel (de)	**spoon**	[spu:n]
mes (het)	**knife**	[naɪf]
vork (de)	**fork**	[fɔ:k]

kopje (het)	**cup**	[kʌp]
bord (het)	**plate**	[pleɪt]
schoteltje (het)	**saucer**	['sɔ:sə(r)]
servet (het)	**napkin**	['næpkɪn]
tandenstoker (de)	**toothpick**	['tu:θpɪk]

53. Restaurant

restaurant (het)	**restaurant**	['restrɒnt]
koffiehuis (het)	**coffee house**	['kɒfɪ ˌhaʊs]
bar (de)	**pub, bar**	[pʌb], [bɑ:(r)]
tearoom (de)	**tearoom**	['ti:rʊm]

kelner, ober (de)	**waiter**	['weɪtə(r)]
serveerster (de)	**waitress**	['weɪtrɪs]
barman (de)	**bartender**	['bɑ:rˌtendə(r)]

menu (het)	**menu**	['menju:]
wijnkaart (de)	**wine list**	['waɪn lɪst]
een tafel reserveren	**to book a table**	[tə bʊk ə 'teɪbəl]

gerecht (het)	**course, dish**	[kɔ:s], [dɪʃ]
bestellen (eten ~)	**to order** (vi, vt)	[tə 'ɔ:də(r)]
een bestelling maken	**to make an order**	[tə meɪk ən 'ɔ:də(r)]

aperitief (de/het)	**aperitif**	[əperə'ti:f]
voorgerecht (het)	**appetizer**	['æpɪtaɪzə(r)]
dessert (het)	**dessert**	[dɪ'zɜ:t]

rekening (de)	**check**	[tʃek]
de rekening betalen	**to pay the check**	[tə peɪ ðə tʃek]
wisselgeld teruggeven	**to give change**	[tə gɪv 'tʃeɪndʒ]
fooi (de)	**tip**	[tɪp]

Familie, verwanten en vrienden

54. Persoonlijke informatie. Formulieren

naam (de)	name, first name	[neɪm], ['fɜːst‚neɪm]
achternaam (de)	family name	['fæmlɪ ‚neɪm]
geboortedatum (de)	date of birth	[deɪt əv bɜːθ]
geboorteplaats (de)	place of birth	[‚pleɪs əv 'bɜːθ]
nationaliteit (de)	nationality	[‚næʃə'nælətɪ]
woonplaats (de)	place of residence	[‚pleɪs əv 'rezɪdəns]
land (het)	country	['kʌntrɪ]
beroep (het)	profession	[prə'feʃən]
geslacht (ov. het vrouwelijk ~)	gender, sex	['dʒendə(r)], [seks]
lengte (de)	height	[haɪt]
gewicht (het)	weight	[weɪt]

55. Familieleden. Verwanten

moeder (de)	mother	['mʌðə(r)]
vader (de)	father	['fɑːðə(r)]
zoon (de)	son	[sʌn]
dochter (de)	daughter	['dɔːtə(r)]
jongste dochter (de)	younger daughter	[‚jʌŋgə 'dɔːtə(r)]
jongste zoon (de)	younger son	[‚jʌŋgə 'sʌn]
oudste dochter (de)	eldest daughter	['eldɪst 'dɔːtə(r)]
oudste zoon (de)	eldest son	['eldɪst sʌn]
broer (de)	brother	['brʌðə(r)]
zuster (de)	sister	['sɪstə(r)]
neef (zoon van oom/tante)	cousin	['kʌzən]
nicht (dochter van oom/tante)	cousin	['kʌzən]
mama (de)	mom	[mɒm]
papa (de)	dad, daddy	[dæd], ['dædɪ]
ouders (mv.)	parents	['peərənts]
kind (het)	child	[tʃaɪld]
kinderen (mv.)	children	['tʃɪldrən]
oma (de)	grandmother	['græn‚mʌðə(r)]
opa (de)	grandfather	['grænd‚fɑːðə(r)]
kleinzoon (de)	grandson	['grænsʌn]
kleindochter (de)	granddaughter	['græn‚dɔːtə(r)]
kleinkinderen (mv.)	grandchildren	['græn‚tʃɪldrən]
oom (de)	uncle	['ʌŋkəl]

tante (de)	aunt	[ɑːnt]
neef (zoon van broer/zus)	nephew	['nefjuː]
nicht (dochter van broer/zus)	niece	[niːs]

schoonmoeder (de)	mother-in-law	['mʌðər ɪn 'lɔː]
schoonvader (de)	father-in-law	['faːðə ɪn ˌlɔː]
schoonzoon (de)	son-in-law	['sʌn ɪn ˌlɔː]
stiefmoeder (de)	stepmother	['step.mʌðə(r)]
stiefvader (de)	stepfather	['step.faːðə(r)]

zuigeling (de)	infant	['ɪnfənt]
wiegenkind (het)	baby	['beɪbɪ]
kleuter (de)	little boy	['lɪtəl ˌbɔɪ]

| vrouw (de) | wife | [waɪf] |
| man (de) | husband | ['hʌzbənd] |

gehuwd (mann.)	married	['mærɪd]
gehuwd (vrouw.)	married	['mærɪd]
ongehuwd (mann.)	single	['sɪŋgəl]
vrijgezel (de)	bachelor	['bætʃələ(r)]
gescheiden (bn)	divorced	[dɪ'vɔːst]
weduwe (de)	widow	['wɪdəʊ]
weduwnaar (de)	widower	['wɪdəʊə(r)]

familielid (het)	relative	['relətɪv]
dichte familielid (het)	close relative	[ˌkləʊs 'relətɪv]
verre familielid (het)	distant relative	['dɪstənt 'relətɪv]
familieleden (mv.)	relatives	['relətɪvz]

wees (de), weeskind (het)	orphan	['ɔːfən]
voogd (de)	guardian	['gɑːdjən]
adopteren (een jongen te ~)	to adopt (vt)	[tə ə'dɒpt]
adopteren (een meisje te ~)	to adopt (vt)	[tə ə'dɒpt]

56. Vrienden. Collega's

vriend (de)	friend	[frend]
vriendin (de)	friend, girlfriend	[frend], ['gɜːlfrend]
vriendschap (de)	friendship	['frendʃɪp]
bevriend zijn (ww)	to be friends	[tə bi frendz]

makker (de)	buddy	['bʌdɪ]
vriendin (de)	buddy	['bʌdɪ]
partner (de)	partner	['pɑːtnə(r)]

chef (de)	chief	[tʃiːf]
baas (de)	boss, superior	[bɒs], [suː'pɪərɪə(r)]
ondergeschikte (de)	subordinate	[sə'bɔːdɪnət]
collega (de)	colleague	['kɒliːg]

kennis (de)	acquaintance	[ə'kweɪntəns]
medereiziger (de)	fellow traveler	['feləʊ 'trævələ(r)]
klasgenoot (de)	classmate	['klɑːsmeɪt]

buurman (de)	neighbor	['neɪbə(r)]
buurvrouw (de)	neighbor	['neɪbə(r)]
buren (mv.)	neighbors	['neɪbəz]

57. Man. Vrouw

vrouw (de)	woman	['wʊmən]
meisje (het)	girl, young woman	[gɜ:l], [ˌjʌŋ 'wʊmən]
bruid (de)	bride, fiancée	[braɪd], [fɪ'ɒnseɪ]
mooi(e) (vrouw, meisje)	beautiful	['bju:tɪfʊl]
groot, grote (vrouw, meisje)	tall	[tɔ:l]
slank(e) (vrouw, meisje)	slender	['slendə(r)]
korte, kleine (vrouw, meisje)	short	[ʃɔ:t]
blondine (de)	blonde	[blɒnd]
brunette (de)	brunette	[bru:'net]
dames- (abn)	ladies'	['leɪdɪz]
maagd (de)	virgin	['vɜ:dʒɪn]
zwanger (bn)	pregnant	['pregnənt]
man (de)	man	[mæn]
blonde man (de)	blond	[blɒnd]
bruinharige man (de)	brunet	[bru:'net]
groot (bn)	tall	[tɔ:l]
klein (bn)	short	[ʃɔ:t]
onbeleefd (bn)	rude	[ru:d]
gedrongen (bn)	stocky	['stɒkɪ]
robuust (bn)	robust	[rəʊ'bʌst]
sterk (bn)	strong	[strɒŋ]
sterkte (de)	strength	[streŋθ]
mollig (bn)	stout, fat	[staʊt], [fæt]
getaand (bn)	swarthy	['swɔ:ðɪ]
slank (bn)	well-built	[wel bɪlt]
elegant (bn)	elegant	['elɪgənt]

58. Leeftijd

leeftijd (de)	age	[eɪdʒ]
jeugd (de)	youth	[ju:θ]
jong (bn)	young	[jʌŋ]
jonger (bn)	younger	['jʌŋgə(r)]
ouder (bn)	older	[əʊldə]
jongen (de)	young man	[jʌŋ mæn]
kerel (de)	guy, fellow	[gaɪ], ['feləʊ]
oude man (de)	old man	['əʊld ˌmæn]
oude vrouw (de)	old woman	['əʊld ˌwʊmən]

volwassen (bn)	adult	[æd'ʌlt]
van middelbare leeftijd (bn)	middle-aged	[ˌmɪdl 'eɪdʒd]
bejaard (bn)	elderly	['eldəlɪ]
oud (bn)	old	[əʊld]

| met pensioen gaan | to retire (vi) | [tə rɪ'taɪə(r)] |
| gepensioneerde (de) | retiree | [ˌrɪtaɪə'riː] |

59. Kinderen

kind (het)	child	[tʃaɪld]
kinderen (mv.)	children	['tʃɪldrən]
tweeling (de)	twins	[twɪnz]

wieg (de)	cradle	['kreɪdəl]
rammelaar (de)	rattle	['rætəl]
luier (de)	diaper	['daɪəpə(r)]

speen (de)	pacifier	['pæsɪfaɪə(r)]
kinderwagen (de)	baby carriage	['beɪbɪ 'kærɪdʒ]
kleuterschool (de)	kindergarten	['kɪndəˌɡɑːtən]
babysitter (de)	babysitter	['beɪbɪ 'sɪtə(r)]

kindertijd (de)	childhood	['tʃaɪldhʊd]
pop (de)	doll	[dɒl]
speelgoed (het)	toy	[tɔɪ]
bouwspeelgoed (het)	construction set	[kən'strʌkʃən set]

welopgevoed (bn)	well-bred	[wel bred]
onopgevoed (bn)	ill-bred	['ɪlˌbred]
verwend (bn)	spoiled	[spɔɪlt]

stout zijn (ww)	to be naughty	[tə bi 'nɔːtɪ]
stout (bn)	mischievous	['mɪstʃɪvəs]
stoutheid (de)	mischievousness	['mɪstʃɪvəsnɪs]
stouterd (de)	mischievous child	['mɪstʃɪvəs tʃaɪld]

| gehoorzaam (bn) | obedient | [ə'biːdjənt] |
| ongehoorzaam (bn) | disobedient | [ˌdɪsə'biːdjənt] |

braaf (bn)	docile	['dɒsəl]
slim (verstandig)	clever	['klevə(r)]
wonderkind (het)	child prodigy	[ˌtʃaɪld 'prɒdɪdʒɪ]

60. Gehuwde paren. Gezinsleven

kussen (een kus geven)	to kiss (vt)	[tə kɪs]
elkaar kussen (ww)	to kiss (vi)	[tə kɪs]
gezin (het)	family	['fæmlɪ]
gezins- (abn)	family	['fæmlɪ]
paar (het)	couple	['kʌpəl]
huwelijk (het)	marriage	['mærɪdʒ]

| thuis (het) | hearth | [hɑːθ] |
| dynastie (de) | dynasty | ['daɪnəstɪ] |

| date (de) | date | [deɪt] |
| zoen (de) | kiss | [kɪs] |

liefde (de)	love	[lʌv]
liefhebben (ww)	to love (vt)	[tə lʌv]
geliefde (bn)	beloved	[bɪ'lʌvd]

tederheid (de)	tenderness	['tendənɪs]
teder (bn)	tender	['tendə(r)]
trouw (de)	faithfulness	['feɪθfʊlnɪs]
trouw (bn)	faithful	['feɪθfʊl]

jonggehuwden (mv.)	newlyweds	['njuːlɪwedz]
wittebroodsweken (mv.)	honeymoon	['hʌnɪmuːn]
trouwen (vrouw)	to get married	[tə get 'mærɪd]
trouwen (man)	to get married	[tə get 'mærɪd]

bruiloft (de)	wedding	['wedɪŋ]
gouden bruiloft (de)	golden wedding	['gəʊldən 'wedɪŋ]
verjaardag (de)	anniversary	[ænɪ'vɜːsərɪ]

| minnaar (de) | lover | ['lʌvə(r)] |
| minnares (de) | mistress | ['mɪstrɪs] |

overspel (het)	adultery	[ə'dʌltərɪ]
overspel plegen (ww)	to cheat on ...	[tə tʃiːt ɒn]
jaloers (bn)	jealous	['dʒeləs]
jaloers zijn (echtgenoot, enz.)	to be jealous	[tə bi 'dʒeləs]
echtscheiding (de)	divorce	[dɪ'vɔːs]
scheiden (ww)	to divorce (vi)	[tə dɪ'vɔːs]

ruzie hebben (ww)	to quarrel (vi)	[tə 'kwɒrəl]
vrede sluiten (ww)	to be reconciled	[tə bi: 'rekənsaɪld]
samen (bw)	together	[tə'geðə(r)]
seks (de)	sex	[seks]

geluk (het)	happiness	['hæpɪnɪs]
gelukkig (bn)	happy	['hæpɪ]
ongeluk (het)	misfortune	[ˌmɪs'fɔːtʃuːn]
ongelukkig (bn)	unhappy	[ʌn'hæpɪ]

Karakter. Gevoelens. Emoties

61. Gevoelens. Emoties

gevoel (het)	feeling	['fi:lɪŋ]
gevoelens (mv.)	feelings	['fi:lɪŋz]
voelen (ww)	to feel (vt)	[tə fi:l]
honger (de)	hunger	['hʌŋgə(r)]
honger hebben (ww)	to be hungry	[tə bi 'hʌŋgrɪ]
dorst (de)	thirst	[θɜːst]
dorst hebben	to be thirsty	[tə bi 'θɜːstɪ]
slaperigheid (de)	sleepiness	['sli:pɪnɪs]
willen slapen	to feel sleepy	[tə fi:l 'sli:pɪ]
moeheid (de)	tiredness	['taɪədnɪs]
moe (bn)	tired	['taɪəd]
vermoeid raken (ww)	to get tired	[tə get 'taɪəd]
stemming (de)	mood	[muːd]
verveling (de)	boredom	['bɔːdəm]
zich vervelen (ww)	to be bored	[tə bi bɔːd]
afzondering (de)	seclusion	[sɪ'kluːʒən]
zich afzonderen (ww)	to seclude oneself	[tə sɪ'kluːd wʌn'self]
bezorgd maken (ww)	to worry (vt)	[tə 'wʌrɪ]
zich bezorgd maken	to be worried	[tə bi 'wʌrɪd]
zorg (bijv. geld~en)	anxiety	[æŋ'zaɪətɪ]
ongerust (bn)	preoccupied	[ˌpriː'ɒkjʊpaɪd]
zenuwachtig zijn (ww)	to be nervous	[tə bi 'nɜːvəs]
in paniek raken	to panic (vi)	[tə 'pænɪk]
hoop (de)	hope	[həʊp]
hopen (ww)	to hope (vi, vt)	[tə həʊp]
zekerheid (de)	certainty	['sɜːtəntɪ]
zeker (bn)	certain, sure	['sɜːtən], [ʃʊə(r)]
onzekerheid (de)	uncertainty	[ˌʌn'sɜːtənlɪ]
onzeker (bn)	uncertain	[ˌʌn'sɜːtən]
dronken (bn)	drunk	[drʌŋk]
nuchter (bn)	sober	['səʊbə(r)]
zwak (bn)	weak	[wiːk]
gelukkig (bn)	happy	['hæpɪ]
doen schrikken (ww)	to scare (vt)	[tə skeə(r)]
woede (de)	rage	[reɪdʒ]
depressie (de)	depression	[dɪ'preʃən]
ongemak (het)	discomfort	[dɪs'kʌmfət]
gemak, comfort (het)	comfort	['kʌmfət]

spijt hebben (ww)	to regret (vi)	[tə rɪˈgret]
spijt (de)	regret	[rɪˈgret]
pech (de)	bad luck	[bæd lʌk]
bedroefdheid (de)	sadness	[ˈsædnɪs]

schaamte (de)	shame	[ʃeɪm]
pret (de), plezier (het)	gladness	[ˈglædnɪs]
enthousiasme (het)	enthusiasm	[ɪnˈθjuːzɪæzəm]
enthousiasteling (de)	enthusiast	[ɪnˈθjuːzɪæst]
enthousiasme vertonen	to show enthusiasm	[tə ʃəʊ ɪnˈθjuːzɪæzəm]

62. Karakter. Persoonlijkheid

karakter (het)	character	[ˈkærəktə(r)]
karakterfout (de)	character flaw	[ˈkærəktə flɔ:]
rede (de)	reason	[ˈriːzən]

geweten (het)	conscience	[ˈkɒnʃəns]
gewoonte (de)	habit	[ˈhæbɪt]
bekwaamheid (de)	ability	[əˈbɪlətɪ]
kunnen (bijv., ~ zwemmen)	can (v aux)	[kæn]

geduldig (bn)	patient	[ˈpeɪʃənt]
ongeduldig (bn)	impatient	[ɪmˈpeɪʃənt]
nieuwsgierig (bn)	curious	[ˈkjʊərɪəs]
nieuwsgierigheid (de)	curiosity	[kjʊərɪˈɒsətɪ]

bescheidenheid (de)	modesty	[ˈmɒdɪstɪ]
bescheiden (bn)	modest	[ˈmɒdɪst]
onbescheiden (bn)	immodest	[ɪˈmɒdɪst]

| lui (bn) | lazy | [ˈleɪzɪ] |
| luiwammes (de) | lazy person | [ˌleɪzɪ ˈpɜːsən] |

sluwheid (de)	cunning	[ˈkʌnɪŋ]
sluw (bn)	cunning	[ˈkʌnɪŋ]
wantrouwen (het)	distrust	[dɪsˈtrʌst]
wantrouwig (bn)	distrustful	[dɪsˈtrʌstfʊl]

gulheid (de)	generosity	[dʒenəˈrɒsətɪ]
gul (bn)	generous	[ˈdʒenərəs]
talentrijk (bn)	talented	[ˈtæləntɪd]
talent (het)	talent	[ˈtælənt]

moedig (bn)	courageous	[kəˈreɪdʒəs]
moed (de)	courage	[ˈkʌrɪdʒ]
eerlijk (bn)	honest	[ˈɒnɪst]
eerlijkheid (de)	honesty	[ˈɒnɪstɪ]

voorzichtig (bn)	careful	[ˈkeəfʊl]
manhaftig (bn)	courageous	[kəˈreɪdʒəs]
ernstig (bn)	serious	[ˈsɪərɪəs]
streng (bn)	strict	[strɪkt]
resoluut (bn)	decisive	[dɪˈsaɪsɪv]

onzeker, irresoluut (bn)	indecisive	[ˌɪndɪˈsaɪsɪv]
schuchter (bn)	shy, timid	[ʃaɪ], [ˈtɪmɪd]
schuchterheid (de)	shyness, timidity	[ˈʃaɪnɪs], [tɪˈmɪdətɪ]

vertrouwen (het)	confidence	[ˈkɒnfɪdəns]
vertrouwen (ww)	to believe, to trust	[tə bɪˈliːv], [tə trʌst]
goedgelovig (bn)	trusting, naïve	[ˈtrʌstɪŋ], [naɪˈiːv]

oprecht (bw)	sincerely	[sɪnˈsɪəlɪ]
oprecht (bn)	sincere	[sɪnˈsɪə(r)]
oprechtheid (de)	sincerity	[sɪnˈserətɪ]

rustig (bn)	calm	[kɑːm]
openhartig (bn)	frank	[fræŋk]
naïef (bn)	naïve, naive	[naɪˈiːv]
verstrooid (bn)	absent-minded	[ˈæbsənt ˈmaɪndɪd]
leuk, grappig (bn)	funny	[ˈfʌnɪ]

gierigheid (de)	greed	[griːd]
gierig (bn)	greedy	[ˈgriːdɪ]
kwaad (bn)	evil	[ˈiːvəl]
koppig (bn)	stubborn	[ˈstʌbən]
onaangenaam (bn)	unpleasant	[ʌnˈplezənt]

egoïst (de)	selfish person	[ˈselfɪʃ ˈpɜːsən]
egoïstisch (bn)	selfish	[ˈselfɪʃ]
lafaard (de)	coward	[ˈkaʊəd]
laf (bn)	cowardly	[ˈkaʊədlɪ]

63. Slaap. Dromen

slapen (ww)	to sleep (vi)	[tə sliːp]
slaap (in ~ vallen)	sleep, sleeping	[sliːp], [sliːpɪŋ]
droom (de)	dream	[driːm]
dromen (in de slaap)	to dream (vi)	[tə driːm]
slaperig (bn)	sleepy	[ˈsliːpɪ]

bed (het)	bed	[bed]
matras (de)	mattress	[ˈmætrɪs]
deken (de)	blanket	[ˈblæŋkɪt]
kussen (het)	pillow	[ˈpɪləʊ]
laken (het)	sheet	[ʃiːt]

slapeloosheid (de)	insomnia	[ɪnˈsɒmnɪə]
slapeloos (bn)	sleepless	[ˈsliːplɪs]
slaapmiddel (het)	sleeping pill	[ˈsliːpɪŋ pɪl]
slaapmiddel innemen	to take a sleeping pill	[tə ˌteɪk ə ˈsliːpɪŋ pɪl]

willen slapen	to feel sleepy	[tə fiːl ˈsliːpɪ]
geeuwen (ww)	to yawn (vi)	[tə jɔːn]
gaan slapen	to go to bed	[tə gəʊ tə bed]
het bed opmaken	to make up the bed	[tə ˈmeɪk ʌp ðə ˌbed]
inslapen (ww)	to fall asleep	[tə fɔːl əˈsliːp]
nachtmerrie (de)	nightmare	[ˈnaɪtmeə(r)]

gesnurk (het)	**snore, snoring**	[snɔ:(r)], [ˈsnɔ:rɪŋ]
snurken (ww)	**to snore** (vi)	[tə snɔ:(r)]

wekker (de)	**alarm clock**	[əˈlɑ:m klɒk]
wekken (ww)	**to wake** (vt)	[tə weɪk]
wakker worden (ww)	**to wake up**	[tə weɪk ʌp]
opstaan (ww)	**to get up**	[tə get ʌp]
zich wassen (ww)	**to wash up**	[tə wɒʃ ʌp]

64. Humor. Gelach. Blijdschap

humor (de)	**humor**	[ˈhju:mə(r)]
gevoel (het) voor humor	**sense of humor**	[sens əv ˈhju:mə(r)]
plezier hebben (ww)	**to enjoy oneself**	[tə ɪnˈdʒɔɪ wʌnˈself]
vrolijk (bn)	**cheerful**	[ˈtʃɪəfʊl]
pret (de), plezier (het)	**merriment, fun**	[ˈmerɪmənt], [fʌn]

glimlach (de)	**smile**	[smaɪl]
glimlachen (ww)	**to smile** (vi)	[tə smaɪl]
beginnen te lachen (ww)	**to start laughing**	[tə stɑ:t ˈlɑ:fɪŋ]
lachen (ww)	**to laugh** (vi)	[tə lɑ:f]
lach (de)	**laugh, laughter**	[lɑ:f], [ˈlɑ:ftə]

mop (de)	**anecdote**	[ˈænɪkdəʊt]
grappig (een ~ verhaal)	**funny**	[ˈfʌnɪ]
grappig (~e clown)	**funny**	[ˈfʌnɪ]

grappen maken (ww)	**to joke** (vi)	[tə dʒəʊk]
grap (de)	**joke**	[dʒəʊk]
blijheid (de)	**joy**	[dʒɔɪ]
blij zijn (ww)	**to rejoice** (vi)	[tə rɪˈdʒɔɪs]
blij (bn)	**joyful**	[ˈdʒɔɪfʊl]

65. Discussie, conversatie. Deel 1

communicatie (de)	**communication**	[kəˌmju:nɪˈkeɪʃən]
communiceren (ww)	**to communicate** (vi)	[tə kəˈmju:nɪkeɪt]

conversatie (de)	**conversation**	[ˌkɒnvəˈseɪʃən]
dialoog (de)	**dialog**	[ˈdaɪəlɒg]
discussie (de)	**discussion**	[dɪsˈkʌʃən]
debat (het)	**debate**	[dɪˈbeɪt]
debatteren, twisten (ww)	**to debate** (vi)	[tə dɪˈbeɪt]

gesprekspartner (de)	**interlocutor**	[ˌɪntəˈlɒkjʊtə(r)]
thema (het)	**topic**	[ˈtɒpɪk]
standpunt (het)	**point of view**	[ˈpɔɪnt əv ˌvju:]
mening (de)	**opinion**	[əˈpɪnjən]
toespraak (de)	**speech**	[spi:tʃ]

bespreking (de)	**discussion**	[dɪsˈkʌʃən]
bespreken (spreken over)	**to discuss** (vt)	[tə dɪsˈkʌs]

gesprek (het)	talk	[tɔ:k]
spreken (converseren)	to talk (vi)	[tə 'tɔ:k]
ontmoeting (de)	meeting	['mi:tɪŋ]
ontmoeten (ww)	to meet (vi, vt)	[tə mi:t]

spreekwoord (het)	proverb	['prɒvɜ:b]
gezegde (het)	saying	['seɪɪŋ]
raadsel (het)	riddle	['rɪdəl]
een raadsel opgeven	to pose a riddle	[tə pəʊz ə 'rɪdəl]
wachtwoord (het)	password	['pɑ:swɜ:d]
geheim (het)	secret	['si:krɪt]

eed (de)	oath	[əʊθ]
zweren (een eed doen)	to swear (vi, vt)	[tə sweə(r)]
belofte (de)	promise	['prɒmɪs]
beloven (ww)	to promise (vt)	[tə 'prɒmɪs]

advies (het)	advice	[əd'vaɪs]
adviseren (ww)	to advise (vt)	[tə əd'vaɪz]
advies volgen (iemands ~)	to follow one's advice	[tə 'fɒləʊ wʌns əd'vaɪs]

nieuws (het)	news	[nju:z]
sensatie (de)	sensation	[sen'seɪʃən]
informatie (de)	information	[ˌɪnfə'meɪʃən]
conclusie (de)	conclusion	[kən'klu:ʒən]
stem (de)	voice	[vɔɪs]
compliment (het)	compliment	['kɒmplɪmənt]
vriendelijk (bn)	kind	[kaɪnd]

woord (het)	word	[wɜ:d]
zin (de), zinsdeel (het)	phrase	[freɪz]
antwoord (het)	answer	['ɑ:nsə(r)]

| waarheid (de) | truth | [tru:θ] |
| leugen (de) | lie | [laɪ] |

gedachte (de)	thought	[θɔ:t]
idee (de/het)	idea	[aɪ'dɪə]
fantasie (de)	fantasy	['fæntəsɪ]

66. Discussie, conversatie. Deel 2

gerespecteerd (bn)	respected	[rɪ'spektɪd]
respecteren (ww)	to respect (vt)	[tə rɪ'spekt]
respect (het)	respect	[rɪ'spekt]
Geachte ... (brief)	Dear ...	[dɪə(r)]

| voorstellen (Mag ik jullie ~) | to introduce (vt) | [tə ˌɪntrə'dju:s] |
| kennismaken (met ...) | to make acquaintance | [tə meɪk ə'kweɪntəns] |

intentie (de)	intention	[ɪn'tenʃən]
intentie hebben (ww)	to intend (vi)	[tu ɪn'tend]
wens (de)	wish	[wɪʃ]
wensen (ww)	to wish (vt)	[tə wɪʃ]

verbazing (de)	surprise	[sə'praɪz]
verbazen (verwonderen)	to surprise (vt)	[tə sə'praɪz]
verbaasd zijn (ww)	to be surprised	[tə bi sə'praɪzd]

geven (ww)	to give (vt)	[tə gɪv]
nemen (ww)	to take (vt)	[tə teɪk]
teruggeven (ww)	to give back	[tə‚gɪv bæk]
retourneren (ww)	to return (vt)	[tə rɪ'tɜːn]

zich verontschuldigen	to apologize (vi)	[tə ə'pɒlədʒaɪz]
verontschuldiging (de)	apology	[ə'pɒlədʒɪ]
vergeven (ww)	to forgive (vt)	[tə fə'gɪv]

spreken (ww)	to talk (vi)	[tə 'tɔːk]
luisteren (ww)	to listen (vi)	[tə 'lɪsən]
aanhoren (ww)	to hear ... out	[tə hɪə ... aʊt]
begrijpen (ww)	to understand (vt)	[tə‚ʌndə'stænd]

tonen (ww)	to show (vt)	[tə ʃəʊ]
kijken naar ...	to look at ...	[tə lʊk æt]
roepen (vragen te komen)	to call (vt)	[tə kɔːl]
afleiden (storen)	to distract (vt)	[tə dɪ'strækt]
storen (lastigvallen)	to disturb (vt)	[tə dɪ'stɜːb]
doorgeven (ww)	to pass (vt)	[tə pɑːs]

| verzoek (het) | demand | [dɪ'mɑːnd] |
| verzoeken (ww) | to request (vt) | [tə rɪ'kwest] |

| eis (de) | demand | [dɪ'mɑːnd] |
| eisen (met klem vragen) | to demand (vt) | [tə dɪ'mɑːnd] |

beledigen	to tease (vt)	[tə tiːz]
(beledigende namen geven)		
uitlachen (ww)	to mock (vi, vt)	[tə mɒk]

| spot (de) | mockery, derision | ['mɒkərɪ], [dɪ'rɪʒən] |
| bijnaam (de) | nickname | ['nɪkneɪm] |

zinspeling (de)	insinuation	[ɪn‚sɪnjʊ'eɪʃən]
zinspelen (ww)	to insinuate (vt)	[tə ɪn'sɪnjʊeɪt]
impliceren (duiden op)	to mean (vt)	[tə miːn]

| beschrijving (de) | description | [dɪ'skrɪpʃən] |
| beschrijven (ww) | to describe (vt) | [tə dɪ'skraɪb] |

| lof (de) | praise | [preɪz] |
| loven (ww) | to praise (vt) | [tə preɪz] |

teleurstelling (de)	disappointment	[‚dɪsə'pɔɪntmənt]
teleurstellen (ww)	to disappoint (vt)	[tə ‚dɪsə'pɔɪnt]
teleurgesteld zijn (ww)	to be disappointed	[tə bi ‚dɪsə'pɔɪntɪd]

veronderstelling (de)	supposition	[‚sʌpə'zɪʃən]
veronderstellen (ww)	to suppose (vt)	[tə sə'pəʊz]
waarschuwing (de)	warning, caution	['wɔːnɪŋ], ['kɔːʃən]
waarschuwen (ww)	to warn (vt)	[tə wɔːn]

67. Discussie, conversatie. Deel 3

aanpraten (ww)	to talk into	[tə 'tɔ:k 'ıntʊ]
kalmeren (kalm maken)	to calm down (vt)	[tə kɑ:m daʊn]
stilte (de)	silence	['saɪləns]
zwijgen (ww)	to be silent	[tə bi 'saɪlənt]
fluisteren (ww)	to whisper (vi, vt)	[tə 'wɪspə(r)]
gefluister (het)	whisper	['wɪspə(r)]
open, eerlijk (bw)	frankly	['fræŋklı]
volgens mij ...	in my opinion ...	[ın 'maı ə͵pınjən]
detail (het)	detail	[dı'teıl]
gedetailleerd (bn)	detailed	[dı'teıld]
gedetailleerd (bw)	in detail	[ın dı'teıl]
hint (de)	hint, clue	[hınt], [klu:]
een hint geven	to give a hint	[tə gıv ə hınt]
blik (de)	look	[lʊk]
een kijkje nemen	to have a look	[tə ͵hæv ə 'lʊk]
strak (een ~ke blik)	fixed	[fıkst]
knipperen (ww)	to blink (vi)	[tə blıŋk]
knipogen (ww)	to wink (vi)	[tə wıŋk]
knikken (ww)	to nod (vi)	[tə nɒd]
zucht (de)	sigh	[saı]
zuchten (ww)	to sigh (vi)	[tə saı]
huiveren (ww)	to shudder (vi)	[tə 'ʃʌdə(r)]
gebaar (het)	gesture	['dʒestʃə(r)]
aanraken (ww)	to touch (vt)	[tə tʌtʃ]
grijpen (ww)	to seize (vt)	[tə si:z]
een schouderklopje geven	to tap (vt)	[tə tæp]
Kijk uit!	Look out!	[lʊk 'aʊt]
Echt?	Really?	['rıəlı]
Succes!	Good luck!	[͵gʊd 'lʌk]
Juist, ja!	I see!	[aı si:]
Wat jammer!	What a pity!	[wɒt ə 'pıtı]

68. Overeenstemming. Weigering

instemming (het)	consent	[kən'sent]
instemmen (akkoord gaan)	to consent (vi)	[tə kən'sent]
goedkeuring (de)	approval	[ə'pru:vəl]
goedkeuren (ww)	to approve (vt)	[tə ə'pru:v]
weigering (de)	refusal	[rı'fju:zəl]
weigeren (ww)	to refuse (vi, vt)	[tə rı'fju:z]
Geweldig!	Great!	[greıt]
Goed!	All right!	[͵ɔ:l 'raıt]
Akkoord!	Okay!	[͵əʊ'keı]

verboden (bn)	forbidden	[fə'bɪdən]
het is verboden	it's forbidden	[ɪts fə'bɪdən]
onjuist (bn)	incorrect	[ˌɪnkə'rekt]

afwijzen (ww)	to reject (vt)	[tə rɪ'dʒekt]
steunen	to support (vt)	[tə sə'pɔ:t]
(een goed doel, enz.)		
aanvaarden (excuses ~)	to accept (vt)	[tə ək'sept]

bevestigen (ww)	to confirm (vt)	[tə kən'fɜ:m]
bevestiging (de)	confirmation	[ˌkɒnfə'meɪʃən]
toestemming (de)	permission	[pə'mɪʃən]
toestaan (ww)	to permit (vt)	[tə pə'mɪt]
beslissing (de)	decision	[dɪ'sɪʒən]
z'n mond houden (ww)	to say nothing	[tə seɪ 'nʌθɪŋ]

voorwaarde (de)	condition	[kən'dɪʃən]
smoes (de)	excuse	[ɪk'skju:s]
lof (de)	praise	[preɪz]
loven (ww)	to praise (vt)	[tə preɪz]

69. Succes. Veel geluk. Mislukking

succes (het)	success	[sək'ses]
succesvol (bw)	successfully	[sək'sesfʊlɪ]
succesvol (bn)	successful	[sək'sesfʊl]
geluk (het)	good luck	[ˌgʊd 'lʌk]
Succes!	Good luck!	[ˌgʊd 'lʌk]
geluks- (bn)	lucky	['lʌkɪ]
gelukkig (fortuinlijk)	lucky	['lʌkɪ]

mislukking (de)	failure	['feɪljə(r)]
tegenslag (de)	misfortune	[ˌmɪs'fɔ:tʃu:n]
pech (de)	bad luck	[bæd lʌk]
zonder succes (bn)	unsuccessful	[ˌʌnsək'sesfʊl]
catastrofe (de)	catastrophe	[kə'tæstrəfɪ]

fierheid (de)	pride	[praɪd]
fier (bn)	proud	[praʊd]
fier zijn (ww)	to be proud	[tə bi praʊd]

winnaar (de)	winner	['wɪnə(r)]
winnen (ww)	to win (vi)	[tə wɪn]
verliezen (ww)	to lose (vi)	[tə lu:z]
poging (de)	try	[traɪ]
pogen, proberen (ww)	to try (vi)	[tə traɪ]
kans (de)	chance	[tʃɑ:ns]

70. Ruzies. Negatieve emoties

| schreeuw (de) | shout | [ʃaʊt] |
| schreeuwen (ww) | to shout (vi) | [tə ʃaʊt] |

beginnen te schreeuwen	to start to cry out	[tə stɑːt tə kraɪ aʊt]
ruzie (de)	quarrel	['kwɒrəl]
ruzie hebben (ww)	to quarrel (vi)	[tə 'kwɒrəl]
schandaal (het)	fight	[faɪt]
schandaal maken (ww)	to have a fight	[tə hævə 'faɪt]
conflict (het)	conflict	['kɒnflɪkt]
misverstand (het)	misunderstanding	[ˌmɪsʌndə'stændɪŋ]

belediging (de)	insult	['ɪnsʌlt]
beledigen	to insult (vt)	[tə ɪn'sʌlt]
(met scheldwoorden)		

beledigd (bn)	insulted	[ɪn'sʌltɪd]
krenking (de)	resentment	[rɪ'zentmənt]
krenken (beledigen)	to offend (vt)	[tə ə'fend]
gekwetst worden (ww)	to take offense	[tə ˌteɪk ə'fens]

verontwaardiging (de)	indignation	[ˌɪndɪg'neɪʃən]
verontwaardigd zijn (ww)	to be indignant	[tə bi ɪn'dɪgnənt]
klacht (de)	complaint	[kəm'pleɪnt]
klagen (ww)	to complain (vi, vt)	[tə kəm'pleɪn]

verontschuldiging (de)	apology	[ə'pɒlədʒɪ]
zich verontschuldigen	to apologize (vi)	[tə ə'pɒlədʒaɪz]
excuus vragen	to beg pardon	[tə beg 'pɑːdən]

kritiek (de)	criticism	['krɪtɪsɪzəm]
bekritiseren (ww)	to criticize (vt)	[tə 'krɪtɪsaɪz]
beschuldiging (de)	accusation	[ˌækjuː'zeɪʃən]
beschuldigen (ww)	to accuse (vt)	[tə ə'kjuːz]

| wraak (de) | revenge | [rɪ'vendʒ] |
| wreken (ww) | to avenge (vt) | [tə ə'vendʒ] |

minachting (de)	disdain	[dɪs'deɪn]
minachten (ww)	to despise (vt)	[tə dɪ'spaɪz]
haat (de)	hatred, hate	['heɪtrɪd], [heɪt]
haten (ww)	to hate (vt)	[tə heɪt]

zenuwachtig (bn)	nervous	['nɜːvəs]
zenuwachtig zijn (ww)	to be nervous	[tə bi 'nɜːvəs]
boos (bn)	angry	['æŋgrɪ]
boos maken (ww)	to make angry	[tə meɪk 'æŋgrɪ]

vernedering (de)	humiliation	[hjuːˌmɪlɪ'eɪʃən]
vernederen (ww)	to humiliate (vt)	[tə hjuː'mɪlɪeɪt]
zich vernederen (ww)	to humiliate oneself	[tə hjuː'mɪlɪeɪt wʌn'self]

| schok (de) | shock | [ʃɒk] |
| schokken (ww) | to shock (vt) | [tə ʃɒk] |

| onaangenaamheid (de) | trouble | ['trʌbəl] |
| onaangenaam (bn) | unpleasant | [ʌn'plezənt] |

vrees (de)	fear	[fɪə(r)]
vreselijk (bijv. ~ onweer)	terrible	['terəbəl]
eng (bn)	scary	['skeərɪ]

gruwel (de)	horror	['hɔrə(r)]
vreselijk (~ nieuws)	awful	['ɔːfʊl]
beginnen te beven	to begin to tremble	[tə bɪ'gɪn tə 'trembəl]
huilen (wenen)	to cry (vi)	[tə kraɪ]
beginnen te huilen (wenen)	to start crying	[tə stɑːt 'kraɪɪŋ]
traan (de)	tear	[tɪə(r)]
schuld (~ geven aan)	fault	['fɔːlt]
schuldgevoel (het)	guilt	[gɪlt]
schande (de)	dishonor	[dɪs'ɒnə(r)]
protest (het)	protest	['prəʊtest]
stress (de)	stress	[stres]
storen (lastigvallen)	to disturb (vt)	[tə dɪ'stɜːb]
kwaad zijn (ww)	to be furious	[tə bi 'fjʊərɪəs]
kwaad (bn)	mad, angry	[mæd], ['æŋgrɪ]
beëindigen (een relatie ~)	to end (vt)	[tə end]
schrikken (schrik krijgen)	to scare (vi)	[tə skeə(r)]
slaan (iemand ~)	to hit (vt)	[tə hɪt]
vechten (ww)	to fight (vi)	[tə faɪt]
regelen (conflict)	to settle (vt)	[tə 'setəl]
ontevreden (bn)	discontented	[ˌdɪskən'tentɪd]
woedend (bn)	furious	['fjʊərɪəs]
Dat is niet goed!	It's not good!	[ɪts 'nɒt ˌgʊd]
Dat is slecht!	It's bad!	[ɪts bæd]

Geneeskunde

71. Ziekten

ziekte (de)	**sickness**	['sɪknɪs]
ziek zijn (ww)	**to be sick**	[tə bi 'sɪk]
gezondheid (de)	**health**	[helθ]
snotneus (de)	**runny nose**	[ˌrʌnɪ 'nəʊz]
angina (de)	**angina**	[æn'dʒaɪnə]
verkoudheid (de)	**cold**	[kəʊld]
verkouden raken (ww)	**to catch a cold**	[tə kætʃ ə 'kəʊld]
bronchitis (de)	**bronchitis**	[brɒŋ'kaɪtɪs]
longontsteking (de)	**pneumonia**	[nju:'məʊnɪə]
griep (de)	**flu**	[flu:]
bijziend (bn)	**near-sighted**	[ˌnɪə'saɪtɪd]
verziend (bn)	**far-sighted**	['fɑ: ˌsaɪtɪd]
scheelheid (de)	**strabismus**	[strə'bɪzməs]
scheel (bn)	**cross-eyed**	[krɒs 'aɪd]
grauwe staar (de)	**cataract**	['kætərækt]
glaucoom (het)	**glaucoma**	[glɔ:'kəʊmə]
beroerte (de)	**stroke**	[strəʊk]
hartinfarct (het)	**heart attack**	['hɑːt əˌtæk]
myocardiaal infarct (het)	**myocardial infarction**	[ˌmaɪəʊ'kɑːdɪəl ɪn'fɑːkʃən]
verlamming (de)	**paralysis**	[pə'rælɪsɪs]
verlammen (ww)	**to paralyze** (vt)	[tə 'pærəlaɪz]
allergie (de)	**allergy**	['ælədʒɪ]
astma (de/het)	**asthma**	['æsmə]
diabetes (de)	**diabetes**	[ˌdaɪə'biːtiːz]
tandpijn (de)	**toothache**	['tuːθeɪk]
tandbederf (het)	**caries**	['keəriːz]
diarree (de)	**diarrhea**	[ˌdaɪə'rɪə]
constipatie (de)	**constipation**	[ˌkɒnstɪ'peɪʃən]
maagstoornis (de)	**stomach upset**	['stʌmək 'ʌpset]
voedselvergiftiging (de)	**food poisoning**	[fuːd 'pɔɪzənɪŋ]
artritis (de)	**arthritis**	[ɑː'θraɪtɪs]
rachitis (de)	**rickets**	['rɪkɪts]
reuma (het)	**rheumatism**	['ruːmətɪzəm]
arteriosclerose (de)	**atherosclerosis**	[ˌæθərəʊsklɪ'rəʊsɪs]
gastritis (de)	**gastritis**	[gæs'traɪtɪs]
blindedarmontsteking (de)	**appendicitis**	[əˌpendɪ'saɪtɪs]
galblaasontsteking (de)	**cholecystitis**	[ˌkɒlɪsɪs'taɪtɪs]

zweer (de)	ulcer	['ʌlsə(r)]
mazelen (mv.)	measles	['miːzəlz]
rodehond (de)	German measles	['dʒɜːmən 'miːzəlz]
geelzucht (de)	jaundice	['dʒɔːndɪs]
leverontsteking (de)	hepatitis	[ˌhepə'taɪtɪs]

schizofrenie (de)	schizophrenia	[ˌskɪtsə'friːnɪə]
dolheid (de)	rabies	['reɪbiːz]
neurose (de)	neurosis	[ˌnjʊə'rəʊsɪs]
hersenschudding (de)	concussion	[kən'kʌʃən]

kanker (de)	cancer	['kænsə(r)]
sclerose (de)	sclerosis	[sklə'rəʊsɪs]
multiple sclerose (de)	multiple sclerosis	['mʌltɪpəl sklə'rəʊsɪs]

alcoholisme (het)	alcoholism	['ælkəhɒlɪzəm]
alcoholicus (de)	alcoholic	[ˌælkə'hɒlɪk]
syfilis (de)	syphilis	['sɪfɪlɪs]
AIDS (de)	AIDS	[eɪdz]

tumor (de)	tumor	['tjuːmə(r)]
koorts (de)	fever	['fiːvə(r)]
malaria (de)	malaria	[mə'leərɪə]
gangreen (het)	gangrene	['gæŋgriːn]
zeeziekte (de)	seasickness	['siːsɪknɪs]
epilepsie (de)	epilepsy	['epɪlepsɪ]

epidemie (de)	epidemic	[ˌepɪ'demɪk]
tyfus (de)	typhus	['taɪfəs]
tuberculose (de)	tuberculosis	[tjuːˌbɜːkjʊ'ləʊsɪs]
cholera (de)	cholera	['kɒlərə]
pest (de)	plague	[pleɪg]

72. Symptomen. Behandelingen. Deel 1

symptoom (het)	symptom	['sɪmptəm]
temperatuur (de)	temperature	['temprətʃə(r)]
verhoogde temperatuur (de)	high temperature	[haɪ 'temprətʃə(r)]
polsslag (de)	pulse	[pʌls]

duizeling (de)	giddiness	['gɪdɪnɪs]
heet (erg warm)	hot	[hɒt]
koude rillingen (mv.)	shivering	['ʃɪvərɪŋ]
bleek (bn)	pale	[peɪl]

hoest (de)	cough	[kɒf]
hoesten (ww)	to cough (vi)	[tə kɒf]
niezen (ww)	to sneeze (vi)	[tə sniːz]
flauwte (de)	faint	[feɪnt]
flauwvallen (ww)	to faint (vi)	[tə feɪnt]

blauwe plek (de)	bruise	[bruːz]
buil (de)	bump	[bʌmp]
zich stoten (ww)	to bang (vi)	[tə bæŋ]

kneuzing (de)	bruise	[bru:z]
kneuzen (gekneusd zijn)	to get a bruise	[tə get ə bru:z]

hinken (ww)	to limp (vi)	[tə lɪmp]
verstuiking (de)	dislocation	[ˌdɪslə'keɪʃən]
verstuiken (enkel, enz.)	to dislocate (vt)	[tə 'dɪsləkeɪt]
breuk (de)	fracture	['fræktʃə(r)]
een breuk oplopen	to have a fracture	[tə hæv ə 'fræktʃə(r)]

snijwond (de)	cut	[kʌt]
zich snijden (ww)	to cut oneself	[tə kʌt wʌn'self]
bloeding (de)	bleeding	['bli:dɪŋ]

brandwond (de)	burn	[bɜ:n]
zich branden (ww)	to get burned	[tə get 'bɜ:nd]

prikken (ww)	to prick (vt)	[tə prɪk]
zich prikken (ww)	to prick oneself	[tə prɪk wʌn'self]
blesseren (ww)	to injure (vt)	[tə 'ɪndʒə(r)]
blessure (letsel)	injury	['ɪndʒərɪ]
wond (de)	wound	[wu:nd]
trauma (het)	trauma	['traʊmə]

ijlen (ww)	to be delirious	[tə bi dɪ'lɪrɪəs]
stotteren (ww)	to stutter (vi)	[tə 'stʌtə(r)]
zonnesteek (de)	sunstroke	['sʌnstrəʊk]

73. Symptomen. Behandelingen. Deel 2

pijn (de)	pain	[peɪn]
splinter (de)	splinter	['splɪntə(r)]

zweet (het)	sweat	[swet]
zweten (ww)	to sweat (vi)	[tə swet]
braking (de)	vomiting	['vɒmɪtɪŋ]
stuiptrekkingen (mv.)	convulsions	[kən'vʌlʃənz]

zwanger (bn)	pregnant	['pregnənt]
geboren worden (ww)	to be born	[tə bi bɔ:n]
geboorte (de)	delivery, labor	[dɪ'lɪvərɪ], ['leɪbə(r)]
baren (ww)	to deliver (vt)	[tə dɪ'lɪvə(r)]
abortus (de)	abortion	[ə'bɔ:ʃən]

ademhaling (de)	breathing, respiration	['bri:ðɪŋ], [ˌrespə'reɪʃən]
inademing (de)	inhalation	[ˌɪnhə'leɪʃən]
uitademing (de)	exhalation	[ˌeksə'leɪʃən]
uitademen (ww)	to exhale (vi)	[tə eks'heɪl]
inademen (ww)	to inhale (vi)	[tə ɪn'heɪl]

invalide (de)	disabled person	[dɪs'eɪbəld 'pɜ:sən]
gehandicapte (de)	cripple	['krɪpəl]
drugsverslaafde (de)	drug addict	['drʌgˌædɪkt]
doof (bn)	deaf	[def]
stom (bn)	dumb	[dʌm]

doofstom (bn)	deaf-and-dumb	[ˌdef ənd 'dʌm]
krankzinnig (bn)	mad, insane	[mæd], [ɪn'seɪn]
krankzinnige (man)	madman	['mædmən]
krankzinnige (vrouw)	madwoman	['mædˌwʊmən]
krankzinnig worden	to go insane	[tə gəʊ ɪn'seɪn]

gen (het)	gene	[dʒiːn]
immuniteit (de)	immunity	[ɪ'mjuːnətɪ]
erfelijk (bn)	hereditary	[hɪ'redɪtərɪ]
aangeboren (bn)	congenital	[kən'dʒenɪtəl]

virus (het)	virus	['vaɪrəs]
microbe (de)	microbe	['maɪkrəʊb]
bacterie (de)	bacterium	[bæk'tɪərɪəm]
infectie (de)	infection	[ɪn'fekʃən]

74. Symptomen. Behandelingen. Deel 3

ziekenhuis (het)	hospital	['hɒspɪtəl]
patiënt (de)	patient	['peɪʃənt]

diagnose (de)	diagnosis	[ˌdaɪəg'nəʊsɪs]
genezing (de)	cure	[kjʊə]
medische behandeling (de)	treatment	['triːtmənt]
onder behandeling zijn	to get treatment	[tə get 'triːtmənt]
behandelen (ww)	to treat (vt)	[tə triːt]
zorgen (zieken ~)	to nurse (vt)	[tə nɜːs]
ziekenzorg (de)	care	[keə(r)]

operatie (de)	operation, surgery	[ˌɒpə'reɪʃən], ['sɜːdʒərɪ]
verbinden (een arm ~)	to bandage (vt)	[tə 'bændɪdʒ]
verband (het)	bandaging	['bændɪdʒɪŋ]
vaccin (het)	vaccination	[ˌvæksɪ'neɪʃən]
inenten (vaccineren)	to vaccinate (vt)	[tə 'væksɪneɪt]
injectie (de)	injection, shot	[ɪn'dʒekʃən], [ʃɒt]
een injectie geven	to give an injection	[təˌgɪv ən ɪn'dʒekʃən]

aanval (de)	attack	[ə'tæk]
amputatie (de)	amputation	[ˌæmpjʊ'teɪʃən]
amputeren (ww)	to amputate (vt)	[tə 'æmpjʊteɪt]
coma (het)	coma	['kəʊmə]
in coma liggen	to be in a coma	[tə bi ɪn ə 'kəʊmə]
intensieve zorg, ICU (de)	intensive care	[ɪn'tensɪv ˌkeə(r)]

zich herstellen (ww)	to recover (vi)	[tə rɪ'kʌvə(r)]
toestand (de)	state	[steɪt]
bewustzijn (het)	consciousness	['kɒnʃəsnɪs]
geheugen (het)	memory	['memərɪ]

trekken (een kies ~)	to pull out	[tə ˌpʊl 'aʊt]
vulling (de)	filling	['fɪlɪŋ]
vullen (ww)	to fill (vt)	[tə fɪl]
hypnose (de)	hypnosis	[hɪp'nəʊsɪs]
hypnotiseren (ww)	to hypnotize (vt)	[tə 'hɪpnətaɪz]

75. Artsen

dokter, arts (de)	doctor	['dɒktə(r)]
ziekenzuster (de)	nurse	[nɜ:s]
lijfarts (de)	private physician	['praɪvɪt fɪ'zɪʃən]
tandarts (de)	dentist	['dentɪst]
oogarts (de)	ophthalmologist	[ˌɒfθæl'mɒlədʒɪst]
therapeut (de)	internist	[ɪn'tɜ:nɪst]
chirurg (de)	surgeon	['sɜ:dʒən]
psychiater (de)	psychiatrist	[saɪ'kaɪətrɪst]
pediater (de)	pediatrician	[ˌpi:dɪə'trɪʃən]
psycholoog (de)	psychologist	[saɪ'kɒlədʒɪst]
gynaecoloog (de)	gynecologist	[ˌgaɪnɪ'kɒlədʒɪst]
cardioloog (de)	cardiologist	[ˌkɑ:dɪ'ɒlədʒɪst]

76. Geneeskunde. Medicijnen. Accessoires

geneesmiddel (het)	medicine, drug	['medsɪn], [drʌg]
middel (het)	remedy	['remədɪ]
voorschrijven (ww)	to prescribe (vt)	[tə prɪ'skraɪb]
recept (het)	prescription	[prɪ'skrɪpʃən]
tablet (de/het)	tablet, pill	['tæblɪt], [pɪl]
zalf (de)	ointment	['ɔɪntmənt]
ampul (de)	ampule	['æmpu:l]
drank (de)	mixture	['mɪkstʃə(r)]
siroop (de)	syrup	['sɪrəp]
pil (de)	pill	[pɪl]
poeder (de/het)	powder	['paʊdə(r)]
verband (het)	bandage	['bændɪdʒ]
watten (mv.)	cotton wool	['kɒtən ˌwʊl]
jodium (het)	iodine	['aɪədaɪn]
pleister (de)	Band-Aid	['bændˌeɪd]
pipet (de)	eyedropper	[aɪ 'drɒpə(r)]
thermometer (de)	thermometer	[θə'mɒmɪtə(r)]
spuit (de)	syringe	[sɪ'rɪndʒ]
rolstoel (de)	wheelchair	['wi:lˌtʃeə(r)]
krukken (mv.)	crutches	[krʌtʃɪz]
pijnstiller (de)	painkiller	['peɪnˌkɪlə(r)]
laxeermiddel (het)	laxative	['læksətɪv]
spiritus (de)	spirit, ethanol	['spɪrɪt], ['eθənɒl]
medicinale kruiden (mv.)	medicinal herbs	[mə'dɪsɪnəl ɜ:rbz]
kruiden- (abn)	herbal	['ɜ:rbəl]

77. Roken. Tabaksproducten

tabak (de)	**tobacco**	[tə'bækəʊ]
sigaret (de)	**cigarette**	[ˌsɪgə'ret]
sigaar (de)	**cigar**	[sɪ'gɑː(r)]
pijp (de)	**pipe**	[paɪp]
pakje (~ sigaretten)	**pack**	[pæk]

lucifers (mv.)	**matches**	[mætʃɪz]
luciferdoosje (het)	**matchbox**	['mætʃbɒks]
aansteker (de)	**lighter**	['laɪtə(r)]
asbak (de)	**ashtray**	['æʃtreɪ]
sigarettendoosje (het)	**cigarette case**	[ˌsɪgə'ret keɪs]

sigarettenpijpje (het)	**cigarette holder**	[ˌsɪgə'ret 'həʊldə(r)]
filter (de/het)	**filter**	['fɪltə(r)]

roken (ww)	**to smoke** (vi, vt)	[tə sməʊk]
een sigaret opsteken	**to light a cigarette**	[tə ˌlaɪt ə ˌsɪgə'ret]
roken (het)	**smoking**	['sməʊkɪŋ]
roker (de)	**smoker**	['sməʊkə(r)]

peuk (de)	**stub, butt**	[stʌb], [bʌt]
rook (de)	**smoke**	[sməʊk]
as (de)	**ash**	[æʃ]

HET MENSELIJKE LEEFGEBIED

Stad

78. Stad. Het leven in de stad

stad (de)	city, town	['sɪtɪ], [taʊn]
hoofdstad (de)	capital	['kæpɪtəl]
dorp (het)	village	['vɪlɪdʒ]
plattegrond (de)	city map	['sɪtɪ,mæp]
centrum (ov. een stad)	downtown	['daʊn,taʊn]
voorstad (de)	suburb	['sʌbɜːb]
voorstads- (abn)	suburban	[sə'bɜːbən]
randgemeente (de)	outskirts	['aʊtskɜːts]
omgeving (de)	environs	[ɪn'vaɪərənz]
blok (huizenblok)	city block	['sɪtɪ blɒk]
woonwijk (de)	residential block	[ˌrezɪ'denʃəl blɒk]
verkeer (het)	traffic	['træfɪk]
verkeerslicht (het)	traffic lights	['træfɪk laɪts]
openbaar vervoer (het)	public transportation	['pʌblɪk ˌtrænspɔː'teɪʃən]
kruispunt (het)	intersection	[ˌɪntə'sekʃən]
zebrapad (oversteekplaats)	crosswalk	['krɒswɔːk]
onderdoorgang (de)	pedestrian underpass	[pɪ'destrɪən 'ʌndəpɑːs]
oversteken (de straat ~)	to cross (vt)	[tə krɒs]
voetganger (de)	pedestrian	[pɪ'destrɪən]
trottoir (het)	sidewalk	['saɪdwɔːk]
brug (de)	bridge	[brɪdʒ]
dijk (de)	embankment	[ɪm'bæŋkmənt]
allee (de)	allée	[ale]
park (het)	park	[pɑːk]
boulevard (de)	boulevard	['buːləvɑːd]
plein (het)	square	[skweə(r)]
laan (de)	avenue	['ævənjuː]
straat (de)	street	[striːt]
zijstraat (de)	side street	[saɪd striːt]
doodlopende straat (de)	dead end	[ˌded 'end]
huis (het)	house	[haʊs]
gebouw (het)	building	['bɪldɪŋ]
wolkenkrabber (de)	skyscraper	['skaɪˌskreɪpə(r)]
gevel (de)	facade	[fə'sɑːd]
dak (het)	roof	[ruːf]

venster (het)	window	['wɪndəʊ]
boog (de)	arch	[ɑːtʃ]
pilaar (de)	column	['kɒləm]
hoek (ov. een gebouw)	corner	['kɔːnə(r)]

vitrine (de)	store window	['stɔː ˌwɪndəʊ]
gevelreclame (de)	store sign	[stɔː saɪn]
affiche (de/het)	poster	['pəʊstə(r)]
reclameposter (de)	advertising poster	['ædvətaɪzɪŋ 'pəʊstə(r)]
aanplakbord (het)	billboard	['bɪlbɔːd]

vuilnis (de/het)	garbage, trash	['gɑːbɪdʒ], [træʃ]
vuilnisbak (de)	garbage can	['gɑːbɪdʒ kæn]
afval weggooien (ww)	to litter (vi)	[tə 'lɪtə(r)]
stortplaats (de)	garbage dump	['gɑːbɪdʒ dʌmp]

telefooncel (de)	phone booth	['fəʊn ˌbuːð]
straatlicht (het)	street light	['striːt laɪt]
bank (de)	bench	[bentʃ]

politieagent (de)	police officer	[pə'liːs'ɒfɪsə(r)]
politie (de)	police	[pə'liːs]
zwerver (de)	beggar	['begə(r)]
dakloze (de)	homeless	['həʊmlɪs]

79. Stedelijke instellingen

winkel (de)	store	[stɔː(r)]
apotheek (de)	drugstore, pharmacy	['drʌgstɔː(r)], ['fɑːməsɪ]
optiek (de)	optical store	['ɒptɪkəl stɔː(r)]
winkelcentrum (het)	shopping mall	['ʃɒpɪŋ mɔːl]
supermarkt (de)	supermarket	['suːpəˌmɑːkɪt]

bakkerij (de)	bakery	['beɪkərɪ]
bakker (de)	baker	['beɪkə(r)]
banketbakkerij (de)	candy store	['kændɪ stɔː(r)]
kruidenier (de)	grocery store	['grəʊsərɪ stɔː(r)]
slagerij (de)	butcher shop	['bʊtʃəzʃɒp]

| groentewinkel (de) | produce store | ['prɒdjuːs stɔː] |
| markt (de) | market | ['mɑːkɪt] |

koffiehuis (het)	coffee house	['kɒfɪ ˌhaʊs]
restaurant (het)	restaurant	['restrɒnt]
bar (de)	pub	[pʌb]
pizzeria (de)	pizzeria	[ˌpiːtsə'rɪə]

kapperssalon (de/het)	hair salon	['heə 'sælɒn]
postkantoor (het)	post office	[pəʊst 'ɒfɪs]
stomerij (de)	dry cleaners	[ˌdraɪ 'kliːnəz]
fotostudio (de)	photo studio	['fəʊtəʊ 'stjuːdɪəʊ]

| schoenwinkel (de) | shoe store | ['ʃuː stɔː(r)] |
| boekhandel (de) | bookstore | ['bʊkstɔː(r)] |

sportwinkel (de)	**sporting goods store**	['spɔ:tɪŋ gʊdz stɔ:(r)]
kledingreparatie (de)	**clothes repair**	[kleʊðz rɪ'peə(r)]
kledingverhuur (de)	**formal wear rental**	['fɔ:məl weə 'rentəl]
videotheek (de)	**movie rental store**	['mu:vɪ 'rentəl stɔ:]
circus (de/het)	**circus**	['sɜ:kəs]
dierentuin (de)	**zoo**	[zu:]
bioscoop (de)	**movie theater**	['mu:vɪ 'θɪətə(r)]
museum (het)	**museum**	[mju:'zi:əm]
bibliotheek (de)	**library**	['laɪbrərɪ]
theater (het)	**theater**	['θɪətə(r)]
opera (de)	**opera**	['ɒpərə]
nachtclub (de)	**nightclub**	[naɪt klʌb]
casino (het)	**casino**	[kə'si:nəʊ]
moskee (de)	**mosque**	[mɒsk]
synagoge (de)	**synagogue**	['sɪnəgɒg]
kathedraal (de)	**cathedral**	[kə'θi:drəl]
tempel (de)	**temple**	['tempəl]
kerk (de)	**church**	[tʃɜ:tʃ]
instituut (het)	**college**	['kɒlɪdʒ]
universiteit (de)	**university**	[ju:nɪ'vɜ:sətɪ]
school (de)	**school**	[sku:l]
gemeentehuis (het)	**prefecture**	['pri:fek.tjʊə(r)]
stadhuis (het)	**city hall**	['sɪtɪ ˌhɔ:l]
hotel (het)	**hotel**	[həʊ'tel]
bank (de)	**bank**	[bæŋk]
ambassade (de)	**embassy**	['embəsɪ]
reisbureau (het)	**travel agency**	['trævəl 'eɪdʒənsɪ]
informatieloket (het)	**information office**	[ˌɪnfə'meɪʃən 'ɒfɪs]
wisselkantoor (het)	**money exchange**	['mʌnɪ ɪks'tʃeɪndʒ]
metro (de)	**subway**	['sʌbweɪ]
ziekenhuis (het)	**hospital**	['hɒspɪtəl]
benzinestation (het)	**gas station**	[gæs 'steɪʃən]
parking (de)	**parking lot**	['pɑ:kɪŋ lɒt]

80. Borden

gevelreclame (de)	**store sign**	[stɔ: saɪn]
opschrift (het)	**notice**	['nəʊtɪs]
poster (de)	**poster**	['pəʊstə(r)]
wegwijzer (de)	**direction sign**	[dɪ'rekʃən saɪn]
pijl (de)	**arrow**	['ærəʊ]
waarschuwingsbord (het)	**warning sign**	['wɔ:nɪŋ saɪn]
waarschuwen (ww)	**to warn** (vt)	[tə wɔ:n]
vrije dag (de)	**day off**	[ˌdeɪ'ɒf]
dienstregeling (de)	**timetable**	['taɪmˌteɪbəl]

openingsuren (mv.)	**opening hours**	[ˈəʊpənɪŋ ˌaʊəz]
WELKOM!	**WELCOME!**	[ˈwelkəm]
INGANG	**ENTRANCE**	[ˈentrəns]
UITGANG	**EXIT**	[ˈeksɪt]
DUWEN	**PUSH**	[pʊʃ]
TREKKEN	**PULL**	[pʊl]
OPEN	**OPEN**	[ˈəʊpən]
GESLOTEN	**CLOSED**	[kləʊzd]
DAMES	**WOMEN**	[ˈwɪmɪn]
HEREN	**MEN**	[ˈmen]
KORTING	**DISCOUNTS**	[ˈdɪskaʊnts]
UITVERKOOP	**SALE**	[seɪl]
NIEUW!	**NEW!**	[njuː]
GRATIS	**FREE**	[friː]
PAS OP!	**ATTENTION!**	[əˈtenʃən]
VOLGEBOEKT	**NO VACANCIES**	[nəʊ ˈveɪkənsɪz]
GERESERVEERD	**RESERVED**	[rɪˈzɜːvd]
ADMINISTRATIE	**ADMINISTRATION**	[ədˌmɪnɪˈstreɪʃən]
ALLEEN VOOR PERSONEEL	**STAFF ONLY**	[stɑːf ˈəʊnlɪ]
GEVAARLIJKE HOND	**BEWARE OF THE DOG!**	[bɪˈweə əv ðə ˌdɒg]
VERBODEN TE ROKEN!	**NO SMOKING**	[nəʊ ˈsməʊkɪŋ]
NIET AANRAKEN!	**DO NOT TOUCH!**	[də nɒt ˈtʌtʃ]
GEVAARLIJK	**DANGEROUS**	[ˈdeɪndʒərəs]
GEVAAR	**DANGER**	[ˈdeɪndʒə(r)]
HOOGSPANNING	**HIGH TENSION**	[haɪ ˈtenʃən]
VERBODEN TE ZWEMMEN	**NO SWIMMING!**	[nəʊ ˈswɪmɪŋ]
BUITEN GEBRUIK	**OUT OF ORDER**	[ˌaʊt əv ˈɔːdə(r)]
ONTVLAMBAAR	**FLAMMABLE**	[ˈflæməbəl]
VERBODEN	**FORBIDDEN**	[fəˈbɪdən]
DOORGANG VERBODEN	**NO TRESPASSING!**	[nəʊ ˈtrespəsɪŋ]
OPGELET PAS GEVERFD	**WET PAINT**	[wet peɪnt]

81. Stedelijk vervoer

bus, autobus (de)	**bus**	[bʌs]
tram (de)	**streetcar**	[ˈstriːtkɑː(r)]
trolleybus (de)	**trolley**	[ˈtrɒlɪ]
route (de)	**route**	[raʊt]
nummer (busnummer, enz.)	**number**	[ˈnʌmbə(r)]
rijden met ...	**to go by ...**	[tə gəʊ baɪ]
stappen (in de bus ~)	**to get on**	[tə get ɒn]
afstappen (ww)	**to get off ...**	[tə get ɒf]
halte (de)	**stop**	[stɒp]
volgende halte (de)	**next stop**	[ˌnekst ˈstɒp]

eindpunt (het)	terminus	['tɜ:mɪnəs]
dienstregeling (de)	schedule	['skedʒʊl]
wachten (ww)	to wait (vt)	[tə weɪt]

| kaartje (het) | ticket | ['tɪkɪt] |
| reiskosten (de) | fare | [feə(r)] |

kassier (de)	cashier	[kæ'ʃɪə(r)]
kaartcontrole (de)	ticket inspection	['tɪkɪt ɪn'spekʃən]
controleur (de)	conductor	[kən'dʌktə(r)]

| te laat zijn (ww) | to be late | [tə bi 'leɪt] |
| zich haasten (ww) | to be in a hurry | [tə bi ɪn ə 'hʌrɪ] |

taxi (de)	taxi, cab	['tæksɪ], [kæb]
taxichauffeur (de)	taxi driver	['tæksɪ 'draɪvə(r)]
met de taxi (bw)	by taxi	[baɪ 'tæksɪ]
taxistandplaats (de)	taxi stand	['tæksɪ stænd]
een taxi bestellen	to call a taxi	[tə kɔ:l ə 'tæksɪ]
een taxi nemen	to take a taxi	[tə ˌteɪk ə 'tæksɪ]

verkeer (het)	traffic	['træfɪk]
file (de)	traffic jam	['træfɪk dʒæm]
spitsuur (het)	rush hour	['rʌʃ ˌaʊə(r)]
parkeren (on.ww.)	to park (vi)	[tə pɑ:k]
parkeren (ov.ww.)	to park (vt)	[tə pɑ:k]
parking (de)	parking lot	['pɑ:kɪŋ lɒt]

metro (de)	subway	['sʌbweɪ]
halte (bijv. kleine treinhalte)	station	['steɪʃən]
de metro nemen	to take the subway	[tə ˌteɪk ðə 'sʌbweɪ]
trein (de)	train	[treɪn]
station (treinstation)	train station	[treɪn 'steɪʃən]

82. Bezienswaardigheden

monument (het)	monument	['mɒnjʊmənt]
vesting (de)	fortress	['fɔ:trɪs]
paleis (het)	palace	['pælɪs]
kasteel (het)	castle	['kɑ:səl]
toren (de)	tower	['taʊə(r)]
mausoleum (het)	mausoleum	[ˌmɔ:zə'lɪəm]

architectuur (de)	architecture	['ɑ:kɪtektʃə(r)]
middeleeuws (bn)	medieval	[ˌmedɪ'i:vəl]
oud (bn)	ancient	['eɪnʃənt]
nationaal (bn)	national	['næʃənəl]
bekend (bn)	well-known	[wel'nəʊn]

toerist (de)	tourist	['tʊərɪst]
gids (de)	guide	[gaɪd]
rondleiding (de)	excursion	[ɪk'skɜ:ʃən]
tonen (ww)	to show (vt)	[tə ʃəʊ]
vertellen (ww)	to tell (vt)	[tə tel]

vinden (ww)	**to find** (vt)	[tə faɪnd]
verdwalen (de weg kwijt zijn)	**to get lost**	[tə get lɒst]
plattegrond (~ van de metro)	**map**	[mæp]
plattegrond (~ van de stad)	**map**	[mæp]

souvenir (het)	**souvenir, gift**	[ˌsuːvəˈnɪə], [gɪft]
souvenirwinkel (de)	**gift shop**	[ˈgɪftˌʃɒp]
een foto maken (ww)	**to take pictures**	[tə ˌteɪk ˈpɪktʃəz]

83. Winkelen

kopen (ww)	**to buy** (vt)	[tə baɪ]
aankoop (de)	**purchase**	[ˈpɜːtʃəs]
winkelen (ww)	**to go shopping**	[tə gəʊ ˈʃɒpɪŋ]
winkelen (het)	**shopping**	[ˈʃɒpɪŋ]

open zijn	**to be open**	[tə bi ˈəʊpən]
(ov. een winkel, enz.)		
gesloten zijn (ww)	**to be closed**	[tə bi kləʊzd]

schoeisel (het)	**footwear**	[ˈfʊtweə(r)]
kleren (mv.)	**clothes, clothing**	[kləʊðz], [ˈkləʊðɪŋ]
cosmetica (de)	**cosmetics**	[kɒzˈmetɪks]
voedingswaren (mv.)	**food products**	[fuːd ˈprɒdʌkts]
geschenk (het)	**gift, present**	[gɪft], [ˈprezənt]

verkoper (de)	**salesman**	[ˈseɪlzmən]
verkoopster (de)	**saleswoman**	[ˈseɪlzˌwʊmən]

kassa (de)	**check out, cash desk**	[tʃek aʊt], [kæʃ desk]
spiegel (de)	**mirror**	[ˈmɪrə(r)]
toonbank (de)	**counter**	[ˈkaʊntə(r)]
paskamer (de)	**fitting room**	[ˈfɪtɪŋ ˌrum]

aanpassen (ww)	**to try on** (vt)	[tə ˌtraɪ ˈɒn]
passen (ov. kleren)	**to fit** (vt)	[tə fɪt]
bevallen (prettig vinden)	**to like** (vt)	[tə laɪk]

prijs (de)	**price**	[praɪs]
prijskaartje (het)	**price tag**	[ˈpraɪs tæg]
kosten (ww)	**to cost** (vt)	[tə kɒst]
Hoeveel?	**How much?**	[ˌhaʊ ˈmʌtʃ]
korting (de)	**discount**	[ˈdɪskaʊnt]

niet duur (bn)	**inexpensive**	[ˌɪnɪkˈspensɪv]
goedkoop (bn)	**cheap**	[tʃiːp]

duur (bn)	**expensive**	[ɪkˈspensɪv]
Dat is duur.	**It's expensive**	[ɪts ɪkˈspensɪv]

verhuur (de)	**rental**	[ˈrentəl]
huren (smoking, enz.)	**to rent** (vt)	[tə rent]
krediet (het)	**credit**	[ˈkredɪt]
op krediet (bw)	**on credit**	[ɒn ˈkredɪt]

84. Geld

geld (het)	money	['mʌni]
ruil (de)	currency exchange	['kʌrənsɪ ɪks'tʃeɪndʒ]
koers (de)	exchange rate	[ɪks'tʃeɪndʒ reɪt]
geldautomaat (de)	ATM	[ˌeɪti:'em]
muntstuk (de)	coin	[kɔɪn]
dollar (de)	dollar	['dɒlə(r)]
euro (de)	euro	['jʊərəʊ]
lire (de)	lira	['lɪərə]
Duitse mark (de)	Deutschmark	['dɔɪtʃmɑːk]
frank (de)	franc	[fræŋk]
pond sterling (het)	pound sterling	[paʊnd 'stɜːlɪŋ]
yen (de)	yen	[jen]
schuld (geldbedrag)	debt	[det]
schuldenaar (de)	debtor	['detə(r)]
uitlenen (ww)	to lend (vt)	[tə lend]
lenen (geld ~)	to borrow (vt)	[tə 'bɒrəʊ]
bank (de)	bank	[bæŋk]
bankrekening (de)	account	[ə'kaʊnt]
storten (ww)	to deposit (vt)	[tə dɪ'pɒzɪt]
kredietkaart (de)	credit card	['kredɪt kɑːd]
baar geld (het)	cash	[kæʃ]
cheque (de)	check	[tʃek]
een cheque uitschrijven	to write a check	[tə ˌraɪt ə 'tʃek]
chequeboekje (het)	checkbook	['tʃek.bʊk]
portefeuille (de)	wallet	['wɒlɪt]
geldbeugel (de)	change purse	[tʃeɪndʒ pɜːs]
safe (de)	safe	[seɪf]
erfgenaam (de)	heir	[eə(r)]
erfenis (de)	inheritance	[ɪn'herɪtəns]
fortuin (het)	fortune	['fɔːtʃuːn]
huur (de)	lease, rent	[liːs], [rent]
huurprijs (de)	rent	[rent]
huren (huis, kamer)	to rent (vt)	[tə rent]
prijs (de)	price	[praɪs]
kostprijs (de)	cost	[kɒst]
som (de)	sum	[sʌm]
kosten (mv.)	expenses	[ɪk'spensɪz]
bezuinigen (ww)	to economize (vi, vt)	[tə ɪ'kɒnəmaɪz]
zuinig (bn)	economical	[ˌiːkə'nɒmɪkəl]
betalen (ww)	to pay (vi, vt)	[tə peɪ]
betaling (de)	payment	['peɪmənt]
wisselgeld (het)	change	[tʃeɪndʒ]

belasting (de)	tax	[tæks]
boete (de)	fine	[faɪn]
beboeten (bekeuren)	to fine (vt)	[tə faɪn]

85. Post. Postkantoor

postkantoor (het)	post office	[pəʊst ˈɒfɪs]
post (de)	mail	[meɪl]
postbode (de)	mailman	[ˈmeɪlmən]
openingsuren (mv.)	opening hours	[ˈəʊpənɪŋ ˌaʊəz]

brief (de)	letter	[ˈletə(r)]
aangetekende brief (de)	registered letter	[ˈredʒɪstəd ˈletə(r)]
briefkaart (de)	postcard	[ˈpəʊstkɑːd]
telegram (het)	telegram	[ˈtelɪɡræm]
postpakket (het)	parcel	[ˈpɑːsəl]
overschrijving (de)	money transfer	[ˈmʌnɪ trænsˈfɜː(r)]

ontvangen (ww)	to receive (vt)	[tə rɪˈsiːv]
sturen (zenden)	to send (vt)	[tə send]
verzending (de)	sending	[ˈsendɪŋ]

adres (het)	address	[əˈdres]
postcode (de)	ZIP code	[ˈzɪp ˌkəʊd]
verzender (de)	sender	[ˈsendə(r)]
ontvanger (de)	receiver	[rɪˈsiːvə(r)]

naam (de)	name	[neɪm]
achternaam (de)	family name	[ˈfæmlɪ ˌneɪm]

tarief (het)	rate	[reɪt]
standaard (bn)	standard	[ˈstændəd]
zuinig (bn)	economical	[ˌiːkəˈnɒmɪkəl]

gewicht (het)	weight	[weɪt]
afwegen (op de weegschaal)	to weigh up (vt)	[tə weɪt ˈʌp]
envelop (de)	envelope	[ˈenvələʊp]
postzegel (de)	postage stamp	[ˈpəʊstɪdʒ ˌstæmp]
een postzegel plakken op	to stamp an envelope	[tə stæmp ən ˈenvələʊp]

Woning. Huis. Thuis

86. Huis. Woning

huis (het)	house	[haʊs]
thuis (bw)	at home	[ət həʊm]
cour (de)	courtyard	[ˈkɔːtjɑːd]
omheining (de)	fence	[fens]
baksteen (de)	brick	[brɪk]
van bakstenen	brick	[brɪk]
steen (de)	stone	[stəʊn]
stenen (bn)	stone	[stəʊn]
beton (het)	concrete	[ˈkɒŋkriːt]
van beton	concrete	[ˈkɒŋkriːt]
nieuw (bn)	new	[njuː]
oud (bn)	old	[əʊld]
vervallen (bn)	decrepit	[dɪˈkrepɪt]
modern (bn)	modern	[ˈmɒdən]
met veel verdiepingen	multistory	[ˌmʌltɪˈstɔːrɪ]
hoog (bn)	high	[haɪ]
verdieping (de)	floor, story	[flɔː(r)], [ˈstɔːrɪ]
met een verdieping	single-story	[ˈsɪŋɡəl ˈstɔːrɪ]
laagste verdieping (de)	ground floor	[graʊnd flɔː(r)]
bovenverdieping (de)	top floor	[tɒp flɔː(r)]
dak (het)	roof	[ruːf]
schoorsteen (de)	chimney	[ˈtʃɪmnɪ]
dakpan (de)	roof tiles	[ruːf taɪlz]
pannen- (abn)	tiled	[taɪld]
zolder (de)	loft, attic	[lɒft], [ˈætɪk]
venster (het)	window	[ˈwɪndəʊ]
glas (het)	glass	[glɑːs]
vensterbank (de)	window ledge	[ˈwɪndəʊ ledʒ]
luiken (mv.)	shutters	[ˈʃʌtəz]
muur (de)	wall	[wɔːl]
balkon (het)	balcony	[ˈbælkənɪ]
regenpijp (de)	downspout	[ˈdaʊnspaʊt]
boven (bw)	upstairs	[ˌʌpˈsteəz]
naar boven gaan (ww)	to go upstairs	[tə gəʊ ˌʌpˈsteəz]
afdalen (on.ww.)	to come down	[tə kʌm daʊn]
verhuizen (ww)	to move (vi)	[tə muːv]

87. Huis. Ingang. Lift

ingang (de)	entrance	['entrəns]
trap (de)	stairs	[steəz]
treden (mv.)	steps	[steps]
trapleuning (de)	banisters	['bænɪstə(r)z]
hal (de)	lobby	['lɒbɪ]
postbus (de)	mailbox	['meɪlbɒks]
vuilnisbak (de)	trash container	[træʃ kən'teɪnə(r)]
vuilniskoker (de)	trash chute	['træʃ ʃuːt]
lift (de)	elevator	['elɪveɪtə(r)]
goederenlift (de)	freight elevator	[freɪt 'elɪveɪtə(r)]
liftcabine (de)	elevator cage	['elɪveɪtə keɪdʒ]
de lift nemen	to take the elevator	[tə teɪk ði 'elɪveɪtə(r)]
appartement (het)	apartment	[ə'pɑːtmənt]
bewoners (mv.)	residents	['rezɪdənts]
buren (mv.)	neighbors	['neɪbəz]

88. Huis. Elektriciteit

elektriciteit (de)	electricity	[ˌɪlek'trɪsətɪ]
lamp (de)	light bulb	['laɪt ˌbʌlb]
schakelaar (de)	switch	[swɪtʃ]
zekering (de)	fuze, fuse	[fjuːz]
draad (de)	cable, wire	['keɪbəl], ['waɪə]
bedrading (de)	wiring	['waɪərɪŋ]
elektriciteitsmeter (de)	electricity meter	[ˌɪlek'trɪsətɪ 'miːtə(r)]
gegevens (mv.)	readings	['riːdɪŋz]

89. Huis. Deuren. Sloten

deur (de)	door	[dɔː(r)]
toegangspoort (de)	vehicle gate	['viːɪkəl geɪt]
deurkruk (de)	handle	['hændəl]
ontsluiten (ontgrendelen)	to unlock (vt)	[tə ˌʌn'lɒk]
openen (ww)	to open (vt)	[tə 'əupən]
sluiten (ww)	to close (vt)	[tə kləuz]
sleutel (de)	key	[kiː]
sleutelbos (de)	bunch	[bʌntʃ]
knarsen (bijv. scharnier)	to creak (vi)	[tə kriːk]
knarsgeluid (het)	creak	[kriːk]
scharnier (het)	hinge	[hɪndʒ]
deurmat (de)	doormat	['dɔːmæt]
slot (het)	lock	[lɒk]
sleutelgat (het)	keyhole	['kiːhəul]

grendel (de)	bolt	[bəʊlt]
schuif (de)	latch	[lætʃ]
hangslot (het)	padlock	['pædlɒk]

aanbellen (ww)	to ring (vt)	[tə rɪŋ]
bel (geluid)	ringing	['rɪŋɪŋ]
deurbel (de)	doorbell	['dɔːbel]
belknop (de)	bell-button	[bel 'bʌtən]
geklop (het)	knock	[nɒk]
kloppen (ww)	to knock (vi)	[tə nɒk]

code (de)	code	[kəʊd]
cijferslot (het)	code lock	[kəʊd ˌlɒk]
parlofoon (de)	intercom	['ɪntəkɒm]
nummer (het)	number	['nʌmbə(r)]
naambordje (het)	doorplate	['dɔːpleɪt]
deurspion (de)	peephole	['piːphəʊl]

90. Huis op het platteland

dorp (het)	village	['vɪlɪdʒ]
moestuin (de)	vegetable garden	['vedʒtəbəl 'gɑːdən]
hek (het)	fence	[fens]
houten hekwerk (het)	picket fence	['pɪkɪt fens]
tuinpoortje (het)	wicket gate	['wɪkɪt geɪt]

graanschuur (de)	granary	['grænərɪ]
wortelkelder (de)	root cellar	[ruːt 'selə(r)]
schuur (de)	shed	[ʃed]
waterput (de)	well	[wel]

kachel (de)	stove	[stəʊv]
de kachel stoken	to heat the stove	[tə hiːt ðə stəʊv]
brandhout (het)	firewood	['faɪəwʊd]
houtblok (het)	log	[lɒg]

veranda (de)	veranda	[və'rændə]
terras (het)	terrace	['terəs]
bordes (het)	front steps	['frʌnt ˌsteps]
schommel (de)	swing	[swɪŋ]

91. Villa. Herenhuis

landhuisje (het)	country house	['kʌntrɪ haʊs]
villa (de)	villa	['vɪlə]
vleugel (de)	wing	[wɪŋ]

tuin (de)	garden	['gɑːdən]
park (het)	park	[pɑːk]
oranjerie (de)	tropical greenhouse	['trɒpɪkəl 'griːnhaʊs]
onderhouden (tuin, enz.)	to look after	[tə ˌlʊk 'ɑːftə(r)]
zwembad (het)	swimming pool	['swɪmɪŋ puːl]

gym (het)	gym	[dʒɪm]
tennisveld (het)	tennis court	['tenɪs kɔ:t]
bioscoopkamer (de)	home theater room	[həʊm 'θɪətə rʊm]
garage (de)	garage	[gə'rɑ:ʒ]

| privé-eigendom (het) | private property | ['praɪvɪt 'prɒpətɪ] |
| eigen terrein (het) | private land | ['praɪvɪt lænd] |

| waarschuwing (de) | warning | ['wɔ:nɪŋ] |
| waarschuwingsbord (het) | warning sign | ['wɔ:nɪŋ saɪn] |

bewaking (de)	security	[sɪ'kjʊərətɪ]
bewaker (de)	security guard	[sɪ'kjʊərətɪ gɑ:d]
inbraakalarm (het)	burglar alarm	['bɜːglə ə'lɑ:m]

92. Kasteel. Paleis

kasteel (het)	castle	['kɑ:səl]
paleis (het)	palace	['pælɪs]
vesting (de)	fortress	['fɔ:trɪs]

ringmuur (de)	wall	[wɔ:l]
toren (de)	tower	['taʊə(r)]
donjon (de)	keep, donjon	[ki:p], ['dɒndʒən]

valhek (het)	portcullis	[ˌpɔ:t'kʌlɪs]
onderaardse gang (de)	underground passage	['ʌndəgraʊnd 'pæsɪdʒ]
slotgracht (de)	moat	[məʊt]
ketting (de)	chain	[tʃeɪn]
schietgat (het)	arrow loop	['ærəʊ lu:p]

prachtig (bn)	magnificent	[mæg'nɪfɪsənt]
majestueus (bn)	majestic	[mə'dʒestɪk]
onneembaar (bn)	impregnable	[ɪm'pregnəbəl]
middeleeuws (bn)	medieval	[ˌmedɪ'i:vəl]

93. Appartement

appartement (het)	apartment	[ə'pɑ:tmənt]
kamer (de)	room	[rʊ:m]
slaapkamer (de)	bedroom	['bedrʊm]
eetkamer (de)	dining room	['daɪnɪŋ rʊm]
salon (de)	living room	['lɪvɪŋ ru:m]
studeerkamer (de)	study	['stʌdɪ]

gang (de)	entry room	['entrɪ ru:m]
badkamer (de)	bathroom	['bɑ:θrʊm]
toilet (het)	half bath	[hɑ:f bɑ:θ]

plafond (het)	ceiling	['si:lɪŋ]
vloer (de)	floor	[flɔ:(r)]
hoek (de)	corner	['kɔ:nə(r)]

94. Appartement. Schoonmaken

schoonmaken (ww)	to clean (vi, vt)	[tə kli:n]
stof (het)	dust	[dʌst]
stoffig (bn)	dusty	['dʌstɪ]
stoffen (ww)	to dust (vt)	[tə dʌst]
stofzuiger (de)	vacuum cleaner	['vækjʊəm 'kli:nə(r)]
stofzuigen (ww)	to vacuum (vt)	[tə 'vækjʊəm]
vegen (de vloer ~)	to sweep (vi, vt)	[tə swi:p]
veegsel (het)	sweepings	['swi:pɪŋz]
orde (de)	order	['ɔ:də(r)]
wanorde (de)	disorder	[dɪs'ɔ:də(r)]
zwabber (de)	mop	[mɒp]
poetsdoek (de)	dust cloth	[dʌst klɒθ]
veger (de)	broom	[bru:m]
stofblik (het)	dustpan	['dʌstpæn]

95. Meubels. Interieur

meubels (mv.)	furniture	['fɜːnɪtʃə(r)]
tafel (de)	table	['teɪbəl]
stoel (de)	chair	[tʃeə(r)]
bed (het)	bed	[bed]
bankstel (het)	couch, sofa	[kaʊtʃ], ['səʊfə]
fauteuil (de)	armchair	['ɑ:mtʃeə(r)]
boekenkast (de)	bookcase	['bʊkkeɪs]
boekenrek (het)	shelf	[ʃelf]
stellingkast (de)	set of shelves	[set əv ʃelvz]
kledingkast (de)	wardrobe	['wɔ:drəʊb]
kapstok (de)	coat rack	['kəʊt ˌræk]
staande kapstok (de)	coat stand	['kəʊt stænd]
commode (de)	dresser	['dresə(r)]
salontafeltje (het)	coffee table	['kɒfɪ 'teɪbəl]
spiegel (de)	mirror	['mɪrə(r)]
tapijt (het)	carpet	['kɑ:pɪt]
tapijtje (het)	rug, small carpet	[rʌg], [smɔ:l 'kɑ:pɪt]
haard (de)	fireplace	['faɪəpleɪs]
kaars (de)	candle	['kændəl]
kandelaar (de)	candlestick	['kændəlstɪk]
gordijnen (mv.)	drapes	[dreɪps]
behang (het)	wallpaper	['wɔ:lˌpeɪpə(r)]
jaloezie (de)	blinds	[blaɪndz]
bureaulamp (de)	table lamp	['teɪbəl læmp]
staande lamp (de)	floor lamp	[flɔ: læmp]

luchter (de)	chandelier	[ʃændə'lɪə(r)]
poot (ov. een tafel, enz.)	leg	[leg]
armleuning (de)	armrest	['ɑːmrest]
rugleuning (de)	back	[bæk]
la (de)	drawer	[drɔː(r)]

96. Beddengoed

beddengoed (het)	bedclothes	['bedkləʊðz]
kussen (het)	pillow	['pɪləʊ]
kussenovertrek (de)	pillowcase	['pɪləʊkeɪs]
deken (de)	blanket	['blæŋkɪt]
laken (het)	sheet	[ʃiːt]
sprei (de)	bedspread	['bedspred]

97. Keuken

keuken (de)	kitchen	['kɪtʃɪn]
gas (het)	gas	[gæs]
gasfornuis (het)	gas cooker	[gæs 'kʊkə(r)]
elektrisch fornuis (het)	electric cooker	[ɪ'lektrɪk 'kʊkə(r)]
oven (de)	oven	['ʌvən]
magnetronoven (de)	microwave oven	['maɪkrəweɪv 'ʌvən]

koelkast (de)	fridge	[frɪdʒ]
diepvriezer (de)	freezer	['friːzə(r)]
vaatwasmachine (de)	dishwasher	['dɪʃwɒʃə(r)]

vleesmolen (de)	meat grinder	[miːt 'graɪndə(r)]
vruchtenpers (de)	juicer	['dʒuːsə]
toaster (de)	toaster	['təʊstə(r)]
mixer (de)	mixer	['mɪksə(r)]

koffiemachine (de)	coffee maker	['kɒfɪ 'meɪkə(r)]
koffiepot (de)	coffee pot	['kɒfɪ pɒt]
koffiemolen (de)	coffee grinder	['kɒfɪ 'graɪndə(r)]

fluitketel (de)	kettle	['ketəl]
theepot (de)	teapot	['tiːpɒt]
deksel (de/het)	lid	[lɪd]
theezeefje (het)	tea strainer	[tiː 'streɪnə(r)]

lepel (de)	spoon	[spuːn]
theelepeltje (het)	teaspoon	['tiːspuːn]
eetlepel (de)	tablespoon	['teɪbəlspuːn]
vork (de)	fork	[fɔːk]
mes (het)	knife	[naɪf]

vaatwerk (het)	tableware	['teɪbəlweə(r)]
bord (het)	plate	[pleɪt]
schoteltje (het)	saucer	['sɔːsə(r)]
likeurglas (het)	shot glass	[ʃɒt glɑːs]

| glas (het) | glass | [glɑ:s] |
| kopje (het) | cup | [kʌp] |

suikerpot (de)	sugar bowl	[ˈʃʊgə ˌbəʊl]
zoutvat (het)	salt shaker	[sɒlt ˈʃeɪkə]
pepervat (het)	pepper shaker	[ˈpepə ˈʃeɪkə]
boterschaaltje (het)	butter dish	[ˈbʌtə dɪʃ]

steelpan (de)	saucepan	[ˈsɔ:spən]
bakpan (de)	frying pan	[ˈfraɪɪŋ pæn]
pollepel (de)	ladle	[ˈleɪdəl]
vergiet (de/het)	colander	[ˈkʌləndə(r)]
dienblad (het)	tray	[treɪ]

fles (de)	bottle	[ˈbɒtəl]
glazen pot (de)	jar	[dʒɑ:(r)]
blik (conserven~)	can	[kæn]

flesopener (de)	bottle opener	[ˈbɒtəl ˈəʊpənə(r)]
blikopener (de)	can opener	[kæn ˈəʊpənə(r)]
kurkentrekker (de)	corkscrew	[ˈkɔ:kskru:]
filter (de/het)	filter	[ˈfɪltə(r)]
filteren (ww)	to filter (vt)	[tə ˈfɪltə(r)]

| huisvuil (het) | trash | [træʃ] |
| vuilnisemmer (de) | trash can | [ˈtræʃkæn] |

98. Badkamer

badkamer (de)	bathroom	[ˈbɑ:θrʊm]
water (het)	water	[ˈwɔ:tə(r)]
kraan (de)	tap, faucet	[tæp], [ˈfɔ:sɪt]
warm water (het)	hot water	[hɒt ˈwɔ:tə(r)]
koud water (het)	cold water	[ˌkəʊld ˈwɔ:tə(r)]

| tandpasta (de) | toothpaste | [ˈtu:θpeɪst] |
| tanden poetsen (ww) | to brush one's teeth | [tə brʌʃ wʌns ˈti:θ] |

zich scheren (ww)	to shave (vi)	[tə ʃeɪv]
scheercrème (de)	shaving foam	[ˈʃeɪvɪŋ fəʊm]
scheermes (het)	razor	[ˈreɪzə(r)]

wassen (ww)	to wash (vt)	[tə wɒʃ]
een bad nemen	to take a bath	[tə teɪk ə bɑ:θ]
douche (de)	shower	[ˈʃaʊə(r)]
een douche nemen	to take a shower	[tə teɪk ə ˈʃaʊə(r)]

bad (het)	bathtub	[ˈbɑ:θtʌb]
toiletpot (de)	toilet	[ˈtɔɪlɪt]
wastafel (de)	sink, washbasin	[sɪŋk], [ˈwɒʃˌbeɪsən]

zeep (de)	soap	[səʊp]
zeepbakje (het)	soap dish	[ˈsəʊpdɪʃ]
spons (de)	sponge	[spʌndʒ]

shampoo (de)	shampoo	[ʃæm'puː]
handdoek (de)	towel	['taʊəl]
badjas (de)	bathrobe	['bɑːθrəʊb]

was (bijv. handwas)	laundry	['lɔːndrɪ]
wasmachine (de)	washing machine	['wɒʃɪŋ mə'ʃiːn]
de was doen	to do the laundry	[tə duː ðə 'lɔːndrɪ]
waspoeder (de)	laundry detergent	['lɔːndrɪ dɪ'tɜːdʒənt]

99. Huishoudelijke apparaten

televisie (de)	TV set	[ˌtiː'viː set]
cassettespeler (de)	tape recorder	[teɪp rɪ'kɔːdə(r)]
videorecorder (de)	video, VCR	['vɪdɪəʊ], [ˌviːsiː'ɑː(r)]
radio (de)	radio	['reɪdɪəʊ]
speler (de)	player	['pleɪə(r)]

videoprojector (de)	video projector	['vɪdɪəʊ prə'dʒektə(r)]
home theater systeem (het)	home movie theater	[həʊm 'muːvɪ 'θɪətə(r)]
DVD-speler (de)	DVD player	[ˌdiːviː'diː 'pleɪə(r)]
versterker (de)	amplifier	['æmplɪfaɪə]
spelconsole (de)	video game console	['vɪdɪəʊ geɪm 'kɒnsəʊl]

videocamera (de)	video camera	['vɪdɪəʊ 'kæmərə]
fotocamera (de)	camera	['kæmərə]
digitale camera (de)	digital camera	['dɪdʒɪtəl 'kæmərə]

stofzuiger (de)	vacuum cleaner	['vækjʊəm 'kliːnə(r)]
strijkijzer (het)	iron	['aɪrən]
strijkplank (de)	ironing board	['aɪrənɪŋ bɔːd]

telefoon (de)	telephone	['telɪfəʊn]
mobieltje (het)	mobile phone	['məʊbaɪl fəʊn]
schrijfmachine (de)	typewriter	['taɪpˌraɪtə(r)]
naaimachine (de)	sewing machine	['səʊɪŋ mə'ʃiːn]

microfoon (de)	microphone	['maɪkrəfəʊn]
koptelefoon (de)	headphones	['hedfəʊnz]
afstandsbediening (de)	remote control	[rɪ'məʊt kən'trəʊl]

CD (de)	CD, compact disc	[ˌsiː'diː], [kəm'pækt dɪsk]
cassette (de)	cassette	[kæ'set]
vinylplaat (de)	vinyl record	['vaɪnɪl 'rekɔːd]

100. Reparaties. Renovatie

renovatie (de)	renovations	[ˌrenə'veɪʃənz]
renoveren (ww)	to renovate (vt)	[tə 'renəveɪt]
repareren (ww)	to repair (vt)	[tə rɪ'peə(r)]
op orde brengen	to put in order	[tə pʊt ɪn 'ɔːdə(r)]
overdoen (ww)	to redo (vt)	[tə ˌriː'duː]
verf (de)	paint	[peɪnt]

verven (muur ~)	to paint (vt)	[tə peɪnt]
schilder (de)	house painter	[haʊs 'peɪntə(r)]
kwast (de)	brush	[brʌʃ]

| kalk (de) | whitewash | ['waɪtwɒʃ] |
| kalken (ww) | to whitewash (vt) | [tə 'waɪtwɒʃ] |

behang (het)	wallpaper	['wɔːl‚peɪpə(r)]
behangen (ww)	to wallpaper (vt)	[tə 'wɔːl‚peɪpə]
lak (de/het)	varnish	['vɑːnɪʃ]
lakken (ww)	to varnish (vt)	[tə 'vɑːnɪʃ]

101. Loodgieterswerk

water (het)	water	['wɔːtə(r)]
warm water (het)	hot water	[hɒt 'wɔːtə(r)]
koud water (het)	cold water	[‚kəʊld 'wɔːtə(r)]
kraan (de)	tap, faucet	[tæp], ['fɔːsɪt]

druppel (de)	drop	[drɒp]
druppelen (ww)	to drip (vi)	[tə drɪp]
lekken (een lek hebben)	to leak (vi)	[tə liːk]
lekkage (de)	leak	[liːk]
plasje (het)	puddle	['pʌdəl]

buis, leiding (de)	pipe	[paɪp]
stopkraan (de)	stop valve	[stɒp vælv]
verstopt raken (ww)	to be clogged up	[tə biː ‚klɒgd 'ʌp]

gereedschap (het)	tools	[tuːlz]
Engelse sleutel (de)	adjustable wrench	[ə'dʒʌstəbəl rentʃ]
losschroeven (ww)	to unscrew (vt)	[tə ‚ʌn'skruː]
aanschroeven (ww)	to screw (vt)	[tə skruː]

ontstoppen (riool, enz.)	to unclog (vt)	[tə ‚ʌn'klɒg]
loodgieter (de)	plumber	['plʌmə(r)]
kelder (de)	basement	['beɪsmənt]
riolering (de)	sewerage	['suərɪdʒ]

102. Brand. Vuurzee

vuur (het)	fire	['faɪə(r)]
vlam (de)	flame	[fleɪm]
vonk (de)	spark	[spɑːk]
rook (de)	smoke	[sməʊk]
fakkel (de)	torch	[tɔːtʃ]
kampvuur (het)	campfire	['kæmp‚faɪə(r)]

benzine (de)	gas, gasoline	[gæs], ['gæsəliːn]
kerosine (de)	kerosene	['kerəsiːn]
brandbaar (bn)	flammable	['flæməbəl]
ontplofbaar (bn)	explosive	[ɪk'spləʊsɪv]

VERBODEN TE ROKEN!	**NO SMOKING**	[nəʊ ˈsməʊkɪŋ]
veiligheid (de)	**safety**	[ˈseɪftɪ]
gevaar (het)	**danger**	[ˈdeɪndʒə(r)]
gevaarlijk (bn)	**dangerous**	[ˈdeɪndʒərəs]
in brand vliegen (ww)	**to catch fire**	[tə kætʃ ˈfaɪə(r)]
explosie (de)	**explosion**	[ɪkˈspləʊʒən]
in brand steken (ww)	**to set fire**	[tə set ˈfaɪə(r)]
brandstichter (de)	**arsonist**	[ˈɑːsənɪst]
brandstichting (de)	**arson**	[ˈɑːsən]
vlammen (ww)	**to blaze** (vi)	[tə bleɪz]
branden (ww)	**to burn** (vi)	[tə bɜːn]
afbranden (ww)	**to burn down** (vi)	[tə bɜːn daʊn]
de brandweer bellen	**to call the fire department**	[tə kɔːl ðə ˈfaɪə dɪˈpɑːtmənt]
brandweerman (de)	**fireman**	[ˈfaɪəmən]
brandweerwagen (de)	**fire truck**	[ˈfaɪər trʌk]
brandweer (de)	**fire department**	[ˈfaɪə dɪˈpɑːtmənt]
uitschuifbare ladder (de)	**fire truck ladder**	[ˈfaɪər trʌk ˈlædə]
brandslang (de)	**fire hose**	[ˌfaɪə ˈhəʊz]
brandblusser (de)	**fire extinguisher**	[ˈfaɪər ɪkˈstɪŋgwɪʃə(r)]
helm (de)	**helmet**	[ˈhelmɪt]
sirene (de)	**siren**	[ˈsaɪərən]
roepen (ww)	**to cry** (vi)	[tə kraɪ]
hulp roepen	**to call for help**	[tə kɔːl fɔː help]
redder (de)	**rescuer**	[ˈreskjʊə(r)]
redden (ww)	**to rescue** (vt)	[tə ˈreskjuː]
aankomen (per auto, enz.)	**to arrive** (vi)	[tə əˈraɪv]
blussen (ww)	**to extinguish** (vt)	[tə ɪkˈstɪŋgwɪʃ]
water (het)	**water**	[ˈwɔːtə(r)]
zand (het)	**sand**	[sænd]
ruïnes (mv.)	**ruins**	[ˈruːɪnz]
instorten (gebouw, enz.)	**to collapse** (vi)	[tə kəˈlæps]
ineenstorten (ww)	**to fall down** (vi)	[tə fɔːl daʊn]
inzakken (ww)	**to cave in**	[tə keɪv ɪn]
brokstuk (het)	**piece of wreckage**	[piːs əv ˈrekɪdʒ]
as (de)	**ash**	[æʃ]
verstikken (ww)	**to suffocate** (vi)	[tə ˈsʌfəkeɪt]
omkomen (ww)	**to be killed**	[tə biː ˈkɪld]

MENSELIJKE ACTIVITEITEN

Baan. Business. Deel 1

103. Kantoor. Op kantoor werken

kantoor (het)	office	['ɒfɪs]
kamer (de)	office	['ɒfɪs]
secretaris (de)	secretary	['sekrətərɪ]
directeur (de)	director	[dɪ'rektə(r)]
manager (de)	manager	['mænɪdʒə(r)]
boekhouder (de)	accountant	[ə'kaʊntənt]
werknemer (de)	employee	[ɪm'plɔɪi:]
meubilair (het)	furniture	['fɜ:nɪtʃə(r)]
tafel (de)	desk	[desk]
bureaustoel (de)	desk chair	[desk ʃeə(r)]
ladeblok (het)	chest of drawers	[ˌtʃest əv 'drɔ:z]
kapstok (de)	coat stand	['kəʊt stænd]
computer (de)	computer	[kəm'pju:tə(r)]
printer (de)	printer	['prɪntə(r)]
fax (de)	fax machine	[fæks mə'ʃi:n]
kopieerapparaat (het)	photocopier	['fəʊtəʊˌkɒpɪə]
papier (het)	paper	['peɪpə(r)]
kantoorartikelen (mv.)	office supplies	['ɒfɪs sə'plaɪs]
muismat (de)	mouse pad	[maʊs pæd]
blad (het)	sheet of paper	[ʃi:t əv 'peɪpə]
catalogus (de)	catalog	['kætəlɒg]
telefoongids (de)	phone book	[fəʊn bʊk]
documentatie (de)	documentation	[ˌdɒkjʊmen'teɪʃən]
brochure (de)	brochure	[brəʊ'ʃʊr]
flyer (de)	leaflet	['li:flɪt]
monster (het), staal (de)	sample	['sɑ:mpəl]
training (de)	training meeting	['treɪnɪŋ 'mi:tɪŋ]
vergadering (de)	meeting	['mi:tɪŋ]
lunchpauze (de)	lunch time	['lʌntʃ ˌtaɪm]
een kopie maken	to make a copy	[tə meɪk ə 'kɒpɪ]
de kopieën maken	to make multiple copies	[tə meɪk 'mʌltɪpəl 'kɒpɪs]
een fax ontvangen	to receive a fax	[tə rɪ'si:v ə 'fæks]
een fax versturen	to send a fax	[tə ˌsend ə 'fæks]
opbellen (ww)	to call (vi, vt)	[tə kɔ:l]
antwoorden (ww)	to answer (vi, vt)	[tə 'ɑ:nsə(r)]

doorverbinden (ww)	to put through	[tə pʊt θruː]
afspreken (ww)	to arrange (vt)	[tə əˈreɪndʒ]
demonstreren (ww)	to demonstrate (vt)	[tə ˈdemənstreɪt]
absent zijn (ww)	to be absent	[tə bi ˈæbsənt]
afwezigheid (de)	absence	[ˈæbsəns]

104. Bedrijfsprocessen. Deel 1

bedrijf (business)	business	[ˈbɪznɪs]
firma (de)	firm	[fɜːm]
bedrijf (maatschap)	company	[ˈkʌmpənɪ]
corporatie (de)	corporation	[ˌkɔːpəˈreɪʃən]
onderneming (de)	enterprise	[ˈentəpraɪz]
agentschap (het)	agency	[ˈeɪdʒənsɪ]
overeenkomst (de)	agreement	[əˈgriːmənt]
contract (het)	contract	[ˈkɒntrækt]
transactie (de)	deal	[diːl]
bestelling (de)	order, command	[ˈɔːdə(r)], [kəˈmɑːnd]
voorwaarde (de)	term	[tɜːm]
in het groot (bw)	wholesale	[ˈhəʊlseɪl]
groothandels- (abn)	wholesale	[ˈhəʊlseɪl]
groothandel (de)	wholesale	[ˈhəʊlseɪl]
kleinhandels- (abn)	retail	[ˈriːteɪl]
kleinhandel (de)	retail	[ˈriːteɪl]
concurrent (de)	competitor	[kəmˈpetɪtə(r)]
concurrentie (de)	competition	[ˌkɒmpɪˈtɪʃən]
concurreren (ww)	to compete (vi)	[tə kəmˈpiːt]
partner (de)	partner, associate	[ˈpɑːtnə(r)], [əˈsəʊʃɪət]
partnerschap (het)	partnership	[ˈpɑːtnəʃɪp]
crisis (de)	crisis	[ˈkraɪsɪs]
bankroet (het)	bankruptcy	[ˈbæŋkrʌptsɪ]
bankroet gaan (ww)	to go bankrupt	[tə gəʊ ˈbæŋkrʌpt]
moeilijkheid (de)	difficulty	[ˈdɪfɪkəltɪ]
probleem (het)	problem	[ˈprɒbləm]
catastrofe (de)	catastrophe	[kəˈtæstrəfɪ]
economie (de)	economy	[ɪˈkɒnəmɪ]
economisch (bn)	economic	[ˌiːkəˈnɒmɪk]
economische recessie (de)	economic recession	[ˌiːkəˈnɒmɪk rɪˈseʃən]
doel (het)	goal	[gəʊl]
taak (de)	task	[tɑːsk]
handelen (handel drijven)	to trade (vi)	[tə treɪd]
netwerk (het)	network	[ˈnetwɜːk]
voorraad (de)	inventory, stock	[ˈɪnvəntərɪ], [stɒk]
assortiment (het)	assortment	[əˈsɔːtmənt]
leider (de)	leader	[ˈliːdə(r)]
groot (bn)	big, large	[bɪg], [lɑːdʒ]

monopolie (het)	monopoly	[mə'nɒpəlɪ]
theorie (de)	theory	['θɪərɪ]
praktijk (de)	practice	['præktɪs]
ervaring (de)	experience	[ɪk'spɪərɪəns]
tendentie (de)	trend	[trend]
ontwikkeling (de)	development	[dɪ'veləpmənt]

105. Bedrijfsprocessen. Deel 2

| voordeel (het) | benefit, profit | ['benɪfɪt], ['prɒfɪt] |
| voordelig (bn) | profitable | ['prɒfɪtəbəl] |

delegatie (de)	delegation	[ˌdelɪ'geɪʃən]
salaris (het)	salary	['sælərɪ]
corrigeren (fouten ~)	to correct (vt)	[tə kə'rekt]
zakenreis (de)	business trip	['bɪznɪs trɪp]
commissie (de)	commission	[kə'mɪʃən]

controleren (ww)	to control (vt)	[tə kən'trəʊl]
conferentie (de)	conference	['kɒnfərəns]
licentie (de)	license	['laɪsəns]
betrouwbaar (partner, enz.)	reliable	[rɪ'laɪəbəl]

aanzet (de)	initiative	[ɪ'nɪʃətɪv]
norm (bijv. ~ stellen)	norm	[nɔːm]
omstandigheid (de)	circumstance	['sɜːkəmstəns]
taak, plicht (de)	duty	['djuːtɪ]

organisatie (bedrijf, zaak)	organization	[ˌɔːgənaɪ'zeɪʃən]
organisatie (proces)	organization	[ˌɔːgənaɪ'zeɪʃən]
georganiseerd (bn)	organized	['ɔːgənaɪzd]
afzegging (de)	cancellation	[ˌkænsə'leɪʃən]
afzeggen (ww)	to cancel (vt)	[tə 'kænsəl]
verslag (het)	report	[rɪ'pɔːt]

patent (het)	patent	['pætənt]
patenteren (ww)	to patent (vt)	[tə 'pætənt]
plannen (ww)	to plan (vt)	[tə plæn]

premie (de)	bonus	['bəʊnəs]
professioneel (bn)	professional	[prə'feʃənəl]
procedure (de)	procedure	[prə'siːdʒə(r)]

onderzoeken (contract, enz.)	to examine (vt)	[tə ɪg'zæmɪn]
berekening (de)	calculation	[ˌkælkjʊ'leɪʃən]
reputatie (de)	reputation	[ˌrepjʊ'teɪʃən]
risico (het)	risk	[rɪsk]

beheren (managen)	to manage (vt)	[tə 'mænɪdʒ]
informatie (de)	information	[ˌɪnfə'meɪʃən]
eigendom (bezit)	property	['prɒpətɪ]
unie (de)	union	['juːnɪən]
levensverzekering (de)	life insurance	[laɪf ɪn'ʃʊə:rəns]
verzekeren (ww)	to insure (vt)	[tu ɪn'ʃʊə:(r)]

verzekering (de)	insurance	[ɪnˈʃuə:rəns]
veiling (de)	auction	[ˈɔ:kʃən]
verwittigen (ww)	to notify (vt)	[tə ˈnəʊtɪfaɪ]
beheer (het)	management	[ˈmænɪdʒmənt]
dienst (de)	service	[ˈsɜ:vɪs]

forum (het)	forum	[ˈfɔ:rəm]
functioneren (ww)	to function (vi)	[tə ˈfʌŋkʃən]
stap, etappe (de)	stage	[steɪdʒ]
juridisch (bn)	legal	[ˈli:gəl]
jurist (de)	lawyer	[ˈlɔ:jə(r)]

106. Productie. Werken

industriële installatie (fabriek)	plant	[plɑ:nt]
fabriek (de)	factory	[ˈfæktərɪ]
werkplaatsruimte (de)	workshop	[ˈwɜ:kʃɒp]
productielocatie (de)	production site	[prəˈdʌkʃən saɪt]

industrie (de)	industry	[ˈɪndʌstrɪ]
industrieel (bn)	industrial	[ɪnˈdʌstrɪəl]
zware industrie (de)	heavy industry	[ˈhevɪ ˈɪndʌstrɪ]
lichte industrie (de)	light industry	[laɪt ˈɪndʌstrɪ]

productie (de)	products	[ˈprɒdʌkts]
produceren (ww)	to produce (vt)	[tə prəˈdju:s]
grondstof (de)	raw materials	[rɔ: məˈtɪərɪəlz]

voorman, ploegbaas (de)	foreman	[ˈfɔ:mən]
ploeg (de)	workers team	[ˈwɜ:kəz ti:m]
arbeider (de)	worker	[ˈwɜ:kə(r)]

werkdag (de)	working day	[ˈwɜ:kɪŋ deɪ]
pauze (de)	pause, break	[pɔ:z], [breɪk]
samenkomst (de)	meeting	[ˈmi:tɪŋ]
bespreken (spreken over)	to discuss (vt)	[tə dɪsˈkʌs]

plan (het)	plan	[plæn]
het plan uitvoeren	to fulfill the plan	[tə fʊlˈfɪl ðə plæn]
productienorm (de)	rate of output	[reɪt əv ˈaʊtpʊt]
kwaliteit (de)	quality	[ˈkwɒlɪtɪ]
controle (de)	checking	[ˈtʃekɪŋ]
kwaliteitscontrole (de)	quality control	[ˈkwɒlɪtɪ kənˈtrəʊl]

arbeidsveiligheid (de)	work safety	[wɜ:k ˈseɪftɪ]
discipline (de)	discipline	[ˈdɪsɪplɪn]
overtreding (de)	violation	[ˌvaɪəˈleɪʃən]
overtreden (ww)	to violate (vt)	[təˈvaɪəleɪt]

staking (de)	strike	[straɪk]
staker (de)	striker	[ˈstraɪkə(r)]
staken (ww)	to be on strike	[tə bi ɒn straɪk]
vakbond (de)	labor union	[ˈleɪbə ˈju:nɪən]
uitvinden (machine, enz.)	to invent (vt)	[tə ɪnˈvent]

uitvinding (de)	invention	[ɪn'venʃən]
onderzoek (het)	research	[rɪ's3:tʃ]
verbeteren (beter maken)	to improve (vt)	[tu ɪm'pru:v]
technologie (de)	technology	[tek'nɒlədʒɪ]
technische tekening (de)	technical drawing	['teknɪkəl 'drɔ:ɪŋ]

vracht (de)	load, cargo	[ləʊd], ['kɑ:gəʊ]
lader (de)	loader	['ləʊdə(r)]
laden (vrachtwagen)	to load (vt)	[tə ləʊd]
laden (het)	loading	['ləʊdɪŋ]
lossen (ww)	to unload (vi, vt)	[tə ˌʌn'ləʊd]
lossen (het)	unloading	[ˌʌn'ləʊdɪŋ]

transport (het)	transportation	[ˌtrænspɔ:'teɪʃən]
transportbedrijf (de)	transportation company	[ˌtrænspɔ:'teɪʃən 'kʌmpənɪ]
transporteren (ww)	to transport (vt)	[tə træn'spɔ:t]

goederenwagon (de)	freight car	[freɪt kɑ:(r)]
tank (bijv. ketelwagen)	cistern	['sɪstən]
vrachtwagen (de)	truck	[trʌk]

| machine (de) | machine tool | [mə'ʃi:n tu:l] |
| mechanisme (het) | mechanism | ['mekənɪzəm] |

industrieel afval (het)	industrial waste	[ɪn'dʌstrɪəl weɪst]
verpakking (de)	packing	['pækɪŋ]
verpakken (ww)	to pack (vt)	[tə pæk]

107. Contract. Overeenstemming.

contract (het)	contract	['kɒntrækt]
overeenkomst (de)	agreement	[ə'gri:mənt]
bijlage (de)	addendum	[ə'dendəm]

| een contract sluiten | to sign a contract | [tə saɪn ə 'kɒntrækt] |
| handtekening (de) | signature | ['sɪgnətʃə(r)] |

| ondertekenen (ww) | to sign (vt) | [tə saɪn] |
| stempel (de) | stamp, seal | [stæmp], [si:l] |

| voorwerp (het) van de overeenkomst | subject of contract | ['sʌbdʒɪkt əv 'kɒntrækt] |
| clausule (de) | clause | [klɔ:z] |

| partijen (mv.) | parties | ['pɑ:tɪz] |
| vestigingsadres (het) | legal address | ['li:gəl ə'dres] |

het contract verbreken (overtreden)	to break the contract	[tə breɪk ðə 'kɒntrækt]
verplichting (de)	commitment	[kə'mɪtmənt]
verantwoordelijkheid (de)	responsibility	[rɪˌspɒnsə'bɪlɪtɪ]
overmacht (de)	force majeure	[fɔ:s mæ'ʒ3:]
geschil (het)	dispute	[dɪ'spju:t]
sancties (mv.)	penalties	['penəltɪz]

108. Import & Export

import (de)	import	['ɪmpɔ:t]
importeur (de)	importer	[ɪm'pɔ:tə(r)]
importeren (ww)	to import (vt)	[tə ɪm'pɔ:t]
import- (abn)	import	['ɪmpɔ:t]
uitvoer (export)	export	['ekspɔ:t]
exporteur (de)	exporter	[ek'spɔ:tə(r)]
exporteren (ww)	to export (vi, vt)	[tə ɪk'spɔ:t]
uitvoer- (bijv., ~goederen)	export	['ekspɔ:t]
goederen (mv.)	goods	[gʊdz]
partij (de)	consignment, lot	[ˌkən'saɪnmənt], [lɒt]
gewicht (het)	weight	[weɪt]
volume (het)	volume	['vɒlju:m]
kubieke meter (de)	cubic meter	['kju:bɪk 'mi:tə(r)]
producent (de)	manufacturer	[ˌmænjʊ'fæktʃərə(r)]
transportbedrijf (de)	transportation company	[ˌtrænspɔ:'teɪʃən 'kʌmpənɪ]
container (de)	container	[kən'teɪnə(r)]
grens (de)	border	['bɔ:də(r)]
douane (de)	customs	['kʌstəmz]
douanerecht (het)	customs duty	['kʌstəmz 'dju:tɪ]
douanier (de)	customs officer	['kʌstəmz 'ɒfɪsə(r)]
smokkelen (het)	smuggling	['smʌglɪŋ]
smokkelwaar (de)	contraband	['kɒntrəbænd]

109. Financiën

aandeel (het)	stock, share	[stɒk], [ʃeə(r)]
obligatie (de)	bond	[bɒnd]
wissel (de)	bill of exchange	[bɪl əv ɪks'tʃeɪndʒ]
beurs (de)	stock exchange	[stɒk ɪks'tʃeɪndʒ]
aandelenkoers (de)	stock price	[stɒk praɪs]
dalen (ww)	to go down	[tə gəʊ daʊn]
stijgen (ww)	to go up	[tə gəʊ ʌp]
deel (het)	shareholding	['ʃeəˌhəʊldɪŋ]
meerderheidsbelang (het)	controlling interest	[kən'trəʊlɪŋ 'ɪntrəst]
investeringen (mv.)	investment	[ɪn'vestmənt]
investeren (ww)	to invest (vi, vt)	[tu ɪn'vest]
procent (het)	percent	[pə'sent]
rente (de)	interest	['ɪntrəst]
winst (de)	profit	['prɒfɪt]
winstgevend (bn)	profitable	['prɒfɪtəbəl]
belasting (de)	tax	[tæks]

valuta (vreemde ~)	currency	['kʌrənsɪ]
nationaal (bn)	national	['næʃənəl]
ruil (de)	exchange	[ɪks'tʃeɪndʒ]

| boekhouder (de) | accountant | [ə'kaʊntənt] |
| boekhouding (de) | accounting | [ə'kaʊnts dɪ'pɑːtmənt] |

bankroet (het)	bankruptcy	['bæŋkrʌptsɪ]
geruïneerd zijn (ww)	to be ruined	[tə bi: 'ruːɪnd]
inflatie (de)	inflation	[ɪn'fleɪʃən]
devaluatie (de)	devaluation	['diːˌvæljʊ'eɪʃən]

kapitaal (het)	capital	['kæpɪtəl]
inkomen (het)	income	['ɪŋkʌm]
omzet (de)	turnover	['tɜːnˌəʊvə(r)]
middelen (mv.)	resources	[rɪ'sɔːsɪz]
financiële middelen (mv.)	monetary resources	['mʌnɪtərɪ rɪ'sɔːsɪz]

| operationele kosten (mv.) | overhead | ['əʊvəhed] |
| reduceren (kosten ~) | to reduce (vt) | [tə rɪ'djuːs] |

110. Marketing

marketing (de)	marketing	['mɑːkɪtɪŋ]
markt (de)	market	['mɑːkɪt]
marktsegment (het)	market segment	['mɑːkɪt 'segmənt]
product (het)	product	['prɒdʌkt]
goederen (mv.)	goods	[gʊdz]

| merk (het) | brand | [brænd] |
| logo (het) | logo | ['ləʊgəʊ] |

vraag (de)	demand	[dɪ'mɑːnd]
aanbod (het)	supply	[sə'plaɪ]
behoefte (de)	need	[niːd]
consument (de)	consumer	[kən'sjuːmə(r)]

analyse (de)	analysis	[ə'næləsɪs]
analyseren (ww)	to analyze (vt)	[tu 'ænəlaɪz]
positionering (de)	positioning	[pə'zɪʃənɪŋ]
positioneren (ww)	to position (vt)	[tə pə'zɪʃən]

prijs (de)	price	[praɪs]
prijspolitiek (de)	pricing policy	['praɪsɪŋ 'pɒləsɪ]
prijsvorming (de)	formation of price	[fɔː'meɪʃən əv praɪs]

111. Reclame

reclame (de)	advertising	['ædvətaɪzɪŋ]
adverteren (ww)	to advertise (vt)	[tə 'ædvətaɪz]
budget (het)	budget	['bʌdʒɪt]
advertentie, reclame (de)	advertisement	[ˌædvə'taɪzmənt]

TV-reclame (de)	TV advertising	[ˌtiːˈviː ˈædvətaɪzɪŋ]
radioreclame (de)	radio advertising	[ˈreɪdɪəʊ ˈædvətaɪzɪŋ]
buitenreclame (de)	outdoor advertising	[ˈaʊtdɔː(r) ˈædvətaɪzɪŋ]

massamedia (de)	mass media	[mæs ˈmiːdɪə]
periodiek (de)	periodical	[ˌpɪərɪˈɒdɪkəl]
imago (het)	image	[ˈɪmɪdʒ]

| slagzin (de) | slogan | [ˈsləʊɡən] |
| motto (het) | motto | [ˈmɒtəʊ] |

campagne (de)	campaign	[kæmˈpeɪn]
reclamecampagne (de)	advertising campaign	[ˈædvətaɪzɪŋ kæmˈpeɪn]
doelpubliek (het)	target group	[ˈtɑːɡɪt ɡruːp]

visitekaartje (het)	business card	[ˈbɪznɪs kɑːd]
flyer (de)	leaflet	[ˈliːflɪt]
brochure (de)	brochure	[brəʊˈʃʊr]
folder (de)	pamphlet	[ˈpæmflɪt]
nieuwsbrief (de)	newsletter	[ˈnjuːzˌletə(r)]

gevelreclame (de)	store sign	[stɔː saɪn]
poster (de)	poster	[ˈpəʊstə(r)]
aanplakbord (het)	billboard	[ˈbɪlbɔːd]

112. Bankieren

| bank (de) | bank | [bæŋk] |
| bankfiliaal (het) | branch | [brɑːntʃ] |

| bankbediende (de) | clerk, consultant | [klɜːk], [kənˈsʌltənt] |
| manager (de) | manager | [ˈmænɪdʒə(r)] |

bankrekening (de)	banking account	[bæŋkɪŋ əˈkaʊnt]
rekeningnummer (het)	account number	[əˈkaʊnt ˈnʌmbə(r)]
lopende rekening (de)	checking account	[ˈtʃekɪŋ əˈkaʊnt]
spaarrekening (de)	savings account	[ˈseɪvɪŋz əˈkaʊnt]

| een rekening openen | to open an account | [tu ˈəʊpən ən əˈkaʊnt] |
| de rekening sluiten | to close the account | [tə kləʊz ðɪ əˈkaʊnt] |

storting (de)	deposit	[dɪˈpɒzɪt]
een storting maken	to make a deposit	[tə meɪk ə dɪˈpɒzɪt]
overschrijving (de)	wire transfer	[ˈwaɪə ˈtrænsfɜː(r)]
een overschrijving maken	to wire, to transfer	[tə ˈwaɪə], [tə trænsˈfɜː]

| som (de) | sum | [sʌm] |
| Hoeveel? | How much? | [ˌhaʊ ˈmʌtʃ] |

| handtekening (de) | signature | [ˈsɪɡnətʃə(r)] |
| ondertekenen (ww) | to sign (vt) | [tə saɪn] |

| kredietkaart (de) | credit card | [ˈkredɪt kɑːd] |
| code (de) | code | [kəʊd] |

| kredietkaartnummer (het) | credit card number | ['kredɪt kɑːd 'nʌmbə(r)] |
| geldautomaat (de) | ATM | [ˌeɪtiː'em] |

cheque (de)	check	[tʃek]
een cheque uitschrijven	to write a check	[tə ˌraɪt ə 'tʃek]
chequeboekje (het)	checkbook	['tʃekˌbʊk]

lening, krediet (de)	loan	[ləʊn]
een lening aanvragen	to apply for a loan	[tə ə'plaɪ fɔːrə ləʊn]
een lening nemen	to get a loan	[tə get ə ləʊn]
een lening verlenen	to give a loan	[tə gɪv ə ləʊn]
garantie (de)	guarantee	[ˌgærən'tiː]

113. Telefoon. Telefoongesprek

telefoon (de)	telephone	['telɪfəʊn]
mobieltje (het)	mobile phone	['məʊbaɪl fəʊn]
antwoordapparaat (het)	answering machine	['ɑːnsərɪŋ mə'ʃiːn]

| bellen (ww) | to call (vi, vt) | [tə kɔːl] |
| belletje (telefoontje) | phone call | [fəʊn kɔːl] |

een nummer draaien	to dial a number	[tə 'daɪəl ə 'nʌmbə(r)]
Hallo!	Hello!	[hə'ləʊ]
vragen (ww)	to ask (vt)	[tə ɑːsk]
antwoorden (ww)	to answer (vi, vt)	[tə 'ɑːnsə(r)]

horen (ww)	to hear (vt)	[tə hɪə(r)]
goed (bw)	well	[wel]
slecht (bw)	not well	[nɒt wel]
storingen (mv.)	noises	[nɔɪzɪz]

hoorn (de)	receiver	[rɪ'siːvə(r)]
opnemen (ww)	to pick up the phone	[tə pɪk ʌp ðə fəʊn]
ophangen (ww)	to hang up	[tə hæŋ ʌp]

bezet (bn)	busy	['bɪzɪ]
overgaan (ww)	to ring (vi)	[tə rɪŋ]
telefoonboek (het)	telephone book	['telɪfəʊn bʊk]

lokaal (bn)	local	['ləʊkəl]
interlokaal (bn)	long distance	[lɒŋ 'dɪstəns]
buitenlands (bn)	international	[ˌɪntə'næʃənəl]

114. Mobiele telefoon

mobieltje (het)	mobile phone	['məʊbaɪl fəʊn]
scherm (het)	display	[dɪ'spleɪ]
toets, knop (de)	button	['bʌtən]
simkaart (de)	SIM card	[sɪm kɑːd]
batterij (de)	battery	['bætərɪ]
leeg zijn (ww)	to be dead	[tə bi ded]

acculader (de)	charger	['tʃɑːdʒə(r)]
menu (het)	menu	['menjuː]
instellingen (mv.)	settings	['setɪŋz]
melodie (beltoon)	tune	[tjuːn]
selecteren (ww)	to select (vt)	[tə sɪ'lekt]

rekenmachine (de)	calculator	['kælkjʊleɪtə(r)]
voicemail (de)	voice mail	[vɔɪs meɪl]
wekker (de)	alarm clock	[ə'lɑːm klɒk]
contacten (mv.)	contacts	['kɒntækts]

SMS-bericht (het)	SMS	[ˌesem'es]
abonnee (de)	subscriber	[səb'skraɪbə(r)]

115. Schrijfbehoeften

balpen (de)	ballpoint pen	['bɔːlpɔɪnt pen]
vulpen (de)	fountain pen	['faʊntɪn pen]

potlood (het)	pencil	['pensəl]
marker (de)	highlighter	['haɪlaɪtə(r)]
viltstift (de)	felt-tip pen	[felt tɪp pen]

notitieboekje (het)	notepad	['nəʊtpæd]
agenda (boekje)	agenda	[ə'dʒendə]

liniaal (de/het)	ruler	['ruːlə(r)]
rekenmachine (de)	calculator	['kælkjʊleɪtə(r)]
gom (de)	eraser	[ɪ'reɪsə(r)]
punaise (de)	thumbtack	['θʌmtæk]
paperclip (de)	paper clip	['peɪpə klɪp]

lijm (de)	glue	[gluː]
nietmachine (de)	stapler	['steɪplə(r)]
perforator (de)	hole punch	[həʊl pʌntʃ]
potloodslijper (de)	pencil sharpener	['pensəl 'ʃɑːpənə(r)]

116. Verschillende soorten documenten

verslag (het)	account	[ə'kaʊnt]
overeenkomst (de)	agreement	[ə'griːmənt]
aanvraagformulier (het)	application form	[ˌæplɪ'keɪʃən fɔːm]
origineel, authentiek (bn)	authentic	[ɔː'θentɪk]
badge, kaart (de)	badge	[bædʒ]
visitekaartje (het)	business card	['bɪznɪs kɑːd]

certificaat (het)	certificate	[sə'tɪfɪkət]
cheque (de)	check	[tʃek]
rekening (in restaurant)	check	[tʃek]
grondwet (de)	constitution	[ˌkɒnstɪ'tjuːʃən]
contract (het)	contract	['kɒntrækt]
kopie (de)	copy	['kɒpɪ]

exemplaar (het)	copy	['kɒpɪ]
douaneaangifte (de)	customs declaration	['kʌstəmz ˌdeklə'reɪʃən]
document (het)	document	['dɒkjʊmənt]
rijbewijs (het)	driver's license	['draɪvəz ˌlaɪsəns]
bijlage (de)	addendum	[ə'dendəm]
formulier (het)	form	[fɔːm]

identiteitskaart (de)	identity card, ID	[aɪ'dentətɪ kɑːd], [ˌaɪ'diː]
aanvraag (de)	inquiry	['ɪnkwərɪ]
uitnodigingskaart (de)	invitation card	[ˌɪnvɪ'teɪʃən kɑːd]
factuur (de)	invoice	['ɪnvɔɪs]

wet (de)	law	[lɔː]
brief (de)	letter, mail	['letə(r)], [meɪl]
briefhoofd (het)	letterhead	['letəhed]
lijst (de)	list	[lɪst]
manuscript (het)	manuscript	['mænjʊskrɪpt]
nieuwsbrief (de)	newsletter	['njuːzˌletə(r)]
briefje (het)	note	[nəʊt]

pasje (voor personeel, enz.)	pass	[pɑːs]
paspoort (het)	passport	['pɑːspɔːt]
vergunning (de)	permit	['pɜːmɪt]
CV, curriculum vitae (het)	résumé	['rezjuːmeɪ]
schuldbekentenis (de)	debt note, IOU	[det nəʊt], [ˌaɪəʊ'juː]
kwitantie (de)	receipt	[rɪ'siːt]
bon (kassabon)	sales slip, receipt	['seɪlz slɪp], [rɪ'siːt]
rapport (het)	report	[rɪ'pɔːt]

tonen (paspoort, enz.)	to show (vt)	[tə ʃəʊ]
ondertekenen (ww)	to sign (vt)	[tə saɪn]
handtekening (de)	signature	['sɪgnətʃə(r)]
stempel (de)	stamp, seal	[stæmp], [siːl]
tekst (de)	text	[tekst]
biljet (het)	ticket	['tɪkɪt]

| doorhalen (doorstrepen) | to cross out | [tə krɒs aʊt] |
| invullen (een formulier ~) | to fill out (vt) | [tə fɪl 'aʊt] |

| vrachtbrief (de) | waybill | ['weɪbɪl] |
| testament (het) | will | [wɪl] |

117. Soorten bedrijven

uitzendbureau (het)	employment agency	[ɪm'plɔɪmənt 'eɪdʒənsɪ]
bewakingsfirma (de)	security agency	[sɪ'kjʊərətɪ 'eɪdʒənsɪ]
persbureau (het)	news agency	[njuːz 'eɪdʒənsɪ]
reclamebureau (het)	advertising agency	['ædvətaɪzɪŋ 'eɪdʒənsɪ]

antiek (het)	antiquities	[æn'tɪkwətɪz]
verzekering (de)	insurance	[ɪn'ʃʊə:rəns]
naaiatelier (het)	tailors	['teɪləz]
banken (mv.)	banks	[bæŋks]
bar (de)	pub, bar	[pʌb], [bɑː(r)]

bouwbedrijven (mv.)	construction	[kən'strʌkʃən]
juwelen (mv.)	jewelry	['dʒu:əlrı]
juwelier (de)	jeweler	['dʒu:ələ(r)]

wasserette (de)	laundry	['lɔ:ndrı]
alcoholische dranken (mv.)	alcoholic drinks	[ˌælkə'hɒlık drıŋks]
nachtclub (de)	nightclub	[naıt klʌb]
handelsbeurs (de)	stock exchange	[stɒk ıks'tʃeındʒ]
bierbrouwerij (de)	brewery	['bruərı]
uitvaartcentrum (het)	funeral home	['fju:nərəl həum]

casino (het)	casino	[kə'si:nəu]
zakencentrum (het)	business center	['bıznıs 'sentə(r)]
bioscoop (de)	movie theater	['mu:vı 'θıətə(r)]
airconditioning (de)	air-conditioners	[eə kən'dıʃənəz]

handel (de)	trade	[treıd]
luchtvaartmaatschappij (de)	airline	['eəlaın]
adviesbureau (het)	consulting	[kən'sʌltıŋ]
koerierdienst (de)	parcels service	['pɑːsəls 'sɜːvıs]

tandheelkunde (de)	dental clinic	['dentəl 'klınık]
design (het)	design	[dı'zaın]
business school (de)	business school	['bıznıs sku:l]
magazijn (het)	warehouse	['weəhaus]
kunstgalerie (de)	art gallery	[ɑ:t 'gælərı]
IJsje (het)	ice-cream	[aıs kri:m]
hotel (het)	hotel	[həu'tel]

vastgoed (het)	real estate	[rıəl ı'steıt]
drukkerij (de)	printing	['prıntıŋ]
industrie (de)	industry	['ındʌstrı]
Internet (het)	Internet	['ıntənet]
investeringen (mv.)	investment	[ın'vestmənt]

krant (de)	newspaper	['nju:zˌpeıpə(r)]
boekhandel (de)	bookstore	['bukstɔ:(r)]
lichte industrie (de)	light industry	[laıt 'ındʌstrı]

winkel (de)	store	[stɔ:(r)]
uitgeverij (de)	publishing house	['pʌblıʃıŋ ˌhaus]
medicijnen (mv.)	medicine	['medsın]
meubilair (het)	furniture	['fɜ:nıtʃə(r)]
museum (het)	museum	[mju:'zi:əm]

olie (aardolie)	oil, petroleum	[ɔıl], [pı'trəulıəm]
apotheek (de)	drugstore, pharmacy	['drʌgstɔ:(r)], ['fɑ:məsı]
geneesmiddelen (mv.)	pharmaceuticals	[ˌfɑ:mə'sju:tıkəlz]
zwembad (het)	swimming pool	['swımıŋ pu:l]
stomerij (de)	dry cleaners	[ˌdraı 'kli:nəz]
voedingswaren (mv.)	food products	[fu:d 'prɒdʌkts]
reclame (de)	advertising	['ædvətaızıŋ]

radio (de)	radio	['reıdıəu]
afvalinzameling (de)	waste collection	[weıst kə'lekʃən]
restaurant (het)	restaurant	['restrɒnt]

tijdschrift (het)	**magazine**	[ˌmægə'ziːn]
schoonheidssalon (de/het)	**beauty parlor**	['bjuːtɪ 'pɑːlə(r)]
financiële diensten (mv.)	**financial services**	[faɪ'nænʃəl 'sɜːvɪsɪz]
juridische diensten (mv.)	**legal advisor**	['liːgəl əd'vaɪzə(r)]
boekhouddiensten (mv.)	**accounting services**	[ə'kaʊntɪŋ 'sɜːvɪsɪz]
audit diensten (mv.)	**audit services**	['ɔːdɪt 'sɜːvɪsɪz]
sport (de)	**sports**	[spɔːts]
supermarkt (de)	**supermarket**	['suːpəˌmɑːkɪt]
televisie (de)	**television**	['telɪˌvɪʒən]
theater (het)	**theater**	['θɪətə(r)]
toerisme (het)	**travel**	['trævəl]
transport (het)	**transportation**	[ˌtrænspɔː'teɪʃən]
postorderbedrijven (mv.)	**mail-order selling**	[meɪl 'ɔːdə 'selɪŋ]
kleding (de)	**garment**	['gɑːmənt]
dierenarts (de)	**veterinarian**	[ˌvetərɪ'neərɪən]

Baan. Business. Deel 2

118. Show. Tentoonstelling

beurs (de)	exhibition, show	[ˌeksɪ'bɪʃən], [ʃəʊ]
vakbeurs, handelsbeurs (de)	trade show	[treɪd ʃəʊ]
deelneming (de)	participation	[pɑːˌtɪsɪ'peɪʃən]
deelnemen (ww)	to participate (vi)	[tə pɑː'tɪsɪpeɪt]
deelnemer (de)	participant	[pɑː'tɪsɪpənt]
directeur (de)	director	[dɪ'rektə(r)]
organisator (de)	organizer	['ɔːɡənaɪzə(r)]
organiseren (ww)	to organize (vt)	[tə 'ɔːɡənaɪz]
deelnemingsaanvraag (de)	participation form	[pɑːˌtɪsɪ'peɪʃən fɔːm]
invullen (een formulier ~)	to fill out (vt)	[tə fɪl 'aʊt]
details (mv.)	details	[dɪ'teɪlz]
informatie (de)	information	[ˌɪnfə'meɪʃən]
prijs (de)	price	[praɪs]
inclusief (bijv. ~ BTW)	including	[ɪn'kluːdɪŋ]
inbegrepen (alles ~)	to include (vt)	[tu ɪn'kluːd]
betalen (ww)	to pay (vi, vt)	[tə peɪ]
registratietarief (het)	registration fee	[ˌredʒɪ'streɪʃən fiː]
ingang (de)	entrance	['entrəns]
paviljoen (het), hal (de)	pavilion, hall	[pə'vɪljən], [hɔːl]
registreren (ww)	to register (vt)	[tə 'redʒɪstə(r)]
badge, kaart (de)	badge	[bædʒ]
beursstand (de)	booth, stand	[buːð], [stænd]
reserveren (een stand ~)	to reserve, to book	[tə rɪ'zɜːv], [tə bʊk]
vitrine (de)	display case	[dɪ'spleɪ keɪs]
licht (het)	spotlight	['spɒtlaɪt]
design (het)	design	[dɪ'zaɪn]
plaatsen (ww)	to place (vt)	[tə pleɪs]
geplaatst zijn (ww)	to be placed	[tə bi pleɪst]
distributeur (de)	distributor	[dɪ'strɪbjʊtə(r)]
leverancier (de)	supplier	[sə'plaɪə(r)]
leveren (ww)	to supply (vt)	[tə sə'plaɪ]
land (het)	country	['kʌntrɪ]
buitenlands (bn)	foreign	['fɒrən]
product (het)	product	['prɒdʌkt]
associatie (de)	association	[əˌsəʊsɪ'eɪʃən]
conferentiezaal (de)	conference hall	['kɒnfərəns hɔːl]
congres (het)	congress	['kɒŋɡres]

wedstrijd (de)	contest	['kɒntest]
bezoeker (de)	visitor	['vɪzɪtə(r)]
bezoeken (ww)	to visit (vt)	[tə 'vɪzɪt]
afnemer (de)	customer	['kʌstəmə(r)]

119. Massamedia

krant (de)	newspaper	['nju:z̩peɪpə(r)]
tijdschrift (het)	magazine	[ˌmægə'zi:n]
pers (gedrukte media)	press	[pres]
radio (de)	radio	['reɪdɪəʊ]
radiostation (het)	radio station	['reɪdɪəʊ 'steɪʃən]
televisie (de)	television	['telɪˌvɪʒən]

presentator (de)	presenter, host	[prɪ'zentə(r)], [həʊst]
nieuwslezer (de)	newscaster	['nju:z̩kɑːstə(r)]
commentator (de)	commentator	['kɒmənˌteɪtə(r)]

journalist (de)	journalist	['dʒɜ:nəlɪst]
correspondent (de)	correspondent	[ˌkɒrɪ'spɒndənt]
fotocorrespondent (de)	press photographer	[pres fə'tɒgrəfə(r)]
reporter (de)	reporter	[rɪ'pɔ:tə(r)]

redacteur (de)	editor	['edɪtə(r)]
chef-redacteur (de)	editor-in-chief	['edɪtər ɪn tʃi:f]
zich abonneren op	to subscribe to ...	[tə səb'skraɪb tə]
abonnement (het)	subscription	[səb'skrɪpʃən]
abonnee (de)	subscriber	[səb'skraɪbə(r)]
lezen (ww)	to read (vi, vt)	[tə ri:d]
lezer (de)	reader	['ri:də(r)]

oplage (de)	circulation	[ˌsɜ:kjʊ'leɪʃən]
maand-, maandelijks (bn)	monthly	['mʌnθlɪ]
wekelijks (bn)	weekly	['wi:klɪ]
nummer (het)	issue	['ɪʃu:]
vers (~ van de pers)	new, recent	[nju:], ['ri:sənt]

kop (de)	headline	['hedlaɪn]
korte artikel (het)	short article	[ʃɔ:t 'ɑ:tɪkəl]
rubriek (de)	column	['kɒləm]
artikel (het)	article	['ɑ:tɪkəl]
pagina (de)	page	[peɪdʒ]

reportage (de)	reportage, report	[ˌrepɔ:'tɑ:ʒ], [rɪ'pɔ:t]
gebeurtenis (de)	event	[ɪ'vent]
sensatie (de)	sensation	[sen'seɪʃən]
schandaal (het)	scandal	['skændəl]
schandalig (bn)	scandalous	['skændələs]
groot (~ schandaal, enz.)	great	[greɪt]

programma (het)	program	['prəʊgræm]
interview (het)	interview	['ɪntəvju:]
live uitzending (de)	live broadcast	[laɪv 'brɔ:dkɑ:st]
kanaal (het)	channel	['tʃænəl]

120. Landbouw

landbouw (de)	agriculture	[ˈægrɪˌkʌltʃə(r)]
boer (de)	peasant	[ˈpezənt]
boerin (de)	peasant	[ˈpezənt]
landbouwer (de)	farmer	[ˈfɑːmə(r)]

tractor (de)	tractor	[ˈtræktə(r)]
maaidorser (de)	harvester	[ˈhɑːvɪstə(r)]

ploeg (de)	plow	[plaʊ]
ploegen (ww)	to plow (vi, vt)	[tə plaʊ]
akkerland (het)	plowland	[plaʊ lænd]
voor (de)	furrow	[ˈfʌrəʊ]

zaaien (ww)	to sow (vi, vt)	[tə səʊ]
zaaimachine (de)	seeder	[ˈsiːdə(r)]
zaaien (het)	sowing	[ˈsəʊɪŋ]

zeis (de)	scythe	[saɪð]
maaien (ww)	to mow, to scythe	[tə məʊ], [tə saɪð]

schop (de)	spade	[speɪd]
spitten (ww)	to till (vt)	[tə tɪl]

schoffel (de)	hoe	[həʊ]
wieden (ww)	to hoe, to weed	[tə həʊ], [tə wiːd]
onkruid (het)	weed	[wiːd]

gieter (de)	watering can	[ˈwɔːtərɪŋ kæn]
begieten (water geven)	to water (vt)	[tə ˈwɔːtə(r)]
bewatering (de)	watering	[ˈwɔːtərɪŋ]

riek, hooivork (de)	pitchfork	[ˈpɪtʃfɔːk]
hark (de)	rake	[reɪk]

meststof (de)	fertilizer	[ˈfɜːtɪlaɪzə(r)]
bemesten (ww)	to fertilize (vt)	[tə ˈfɜːtɪlaɪz]
mest (de)	manure	[məˈnjʊə(r)]

veld (het)	field	[fiːld]
wei (de)	meadow	[ˈmedəʊ]
moestuin (de)	vegetable garden	[ˈvedʒtəbəl ˈgɑːdən]
boomgaard (de)	orchard	[ˈɔːtʃəd]

weiden (ww)	to graze (vt)	[tə greɪz]
herder (de)	herdsman	[ˈhɜːdzmən]
weiland (de)	pastureland	[ˈpɑːstʃəlænd]

veehouderij (de)	cattle breeding	[ˈkætəl ˈbriːdɪŋ]
schapenteelt (de)	sheep farming	[ʃiːp ˈfɑːmɪŋ]

plantage (de)	plantation	[plænˈteɪʃən]
rijtje (het)	row	[rəʊ]
broeikas (de)	hothouse	[ˈhɒthaʊs]

| droogte (de) | drought | [draʊt] |
| droog (bn) | dry | [draɪ] |

| graan (het) | grain | [greɪn] |
| oogsten (ww) | to harvest (vt) | [tə 'hɑːvɪst] |

molenaar (de)	miller	['mɪlə(r)]
molen (de)	mill	[mɪl]
malen (graan ~)	to grind (vt)	[tə graɪnd]
bloem (bijv. tarwebloem)	flour	['flaʊə(r)]
stro (het)	straw	[strɔː]

121. Gebouw. Bouwproces

bouwplaats (de)	construction site	[kən'strʌkʃən saɪt]
bouwen (ww)	to build (vt)	[tə bɪld]
bouwvakker (de)	construction worker	[kən'strʌkʃən 'wɜːkə(r)]

project (het)	project	['prɒdʒekt]
architect (de)	architect	['ɑːkɪtekt]
arbeider (de)	worker	['wɜːkə(r)]

fundering (de)	foundation	[faʊn'deɪʃən]
dak (het)	roof	[ruːf]
heipaal (de)	foundation pile	[faʊn'deɪʃən paɪl]
muur (de)	wall	[wɔːl]

| betonstaal (het) | reinforcing bars | [ˌriːɪn'fɔːsɪŋ bɑː(r)s] |
| steigers (mv.) | scaffolding | ['skæfəldɪŋ] |

| beton (het) | concrete | ['kɒŋkriːt] |
| graniet (het) | granite | ['grænɪt] |

| steen (de) | stone | [stəʊn] |
| baksteen (de) | brick | [brɪk] |

zand (het)	sand	[sænd]
cement (de/het)	cement	[sɪ'ment]
pleister (het)	plaster	['plɑːstə(r)]
pleisteren (ww)	to plaster (vt)	[tə 'plɑːstə(r)]

verf (de)	paint	[peɪnt]
verven (muur ~)	to paint (vt)	[tə peɪnt]
ton (de)	barrel	['bærəl]

kraan (de)	crane	[kreɪn]
heffen, hijsen (ww)	to lift (vt)	[tə lɪft]
neerlaten (ww)	to lower (vt)	[tə 'ləʊə(r)]

bulldozer (de)	bulldozer	['bʊldəʊzə(r)]
graafmachine (de)	excavator	['ekskə,veɪtə(r)]
graafbak (de)	scoop, bucket	[skuːp], ['bʌkɪt]
graven (tunnel, enz.)	to dig (vt)	[tə dɪg]
helm (de)	hard hat	[hɑːd hæt]

122. Wetenschap. Onderzoek. Wetenschappers

wetenschap (de)	science	['saɪəns]
wetenschappelijk (bn)	scientific	[ˌsaɪən'tɪfɪk]
wetenschapper (de)	scientist	['saɪəntɪst]
theorie (de)	theory	['θɪərɪ]
axioma (het)	axiom	['æksɪəm]
analyse (de)	analysis	[ə'næləsɪs]
analyseren (ww)	to analyze (vt)	[tu 'ænəlaɪz]
argument (het)	argument	['ɑːgjʊmənt]
substantie (de)	substance	['sʌbstəns]
hypothese (de)	hypothesis	[haɪ'pɒθɪsɪs]
dilemma (het)	dilemma	[dɪ'lemə]
dissertatie (de)	dissertation	[ˌdɪsə'teɪʃən]
dogma (het)	dogma	['dɒgmə]
doctrine (de)	doctrine	['dɒktrɪn]
onderzoek (het)	research	[rɪ'sɜːtʃ]
onderzoeken (ww)	to research (vt)	[tə rɪ'sɜːtʃ]
toetsing (de)	testing	['testɪŋ]
laboratorium (het)	laboratory	['læbrəˌtɔːrɪ]
methode (de)	method	['meθəd]
molecule (de/het)	molecule	['mɒlɪkjuːl]
monitoring (de)	monitoring	['mɒnɪtərɪŋ]
ontdekking (de)	discovery	[dɪ'skʌvərɪ]
postulaat (het)	postulate	['pɒstjʊlət]
principe (het)	principle	['prɪnsɪpəl]
voorspelling (de)	forecast	['fɔːkɑːst]
een prognose maken	prognosticate (vt)	[prɒg'nɒstɪkeɪt]
synthese (de)	synthesis	['sɪnθəsɪs]
tendentie (de)	trend	[trend]
theorema (het)	theorem	['θɪərəm]
leerstellingen (mv.)	teachings	['tiːtʃɪŋz]
feit (het)	fact	[fækt]
expeditie (de)	expedition	[ˌekspɪ'dɪʃən]
experiment (het)	experiment	[ɪk'sperɪmənt]
academicus (de)	academician	[əˌkædə'mɪʃən]
bachelor (bijv. BA, LLB)	bachelor	['bætʃələ(r)]
doctor (de)	doctor, PhD	['dɒktə(r)], [ˌpiː'eɪtʃ'diː]
universitair docent (de)	associate professor	[ə'səʊʃɪət prə'fesə(r)]
master, magister (de)	master	['mɑːstə(r)]
professor (de)	professor	[prə'fesə(r)]

Beroepen en ambachten

123. Zoeken naar werk. Ontslag

baan (de)	job	[dʒɒb]
werknemers (mv.)	staff	[stɑ:f]
carrière (de)	career	[kə'rɪə(r)]
vooruitzichten (mv.)	prospects	['prɒspekts]
meesterschap (het)	skills, mastery	[skɪls], ['mɑ:stərɪ]
keuze (de)	selection	[sɪ'lekʃən]
uitzendbureau (het)	employment agency	[ɪm'plɔɪmənt 'eɪdʒənsɪ]
CV, curriculum vitae (het)	résumé	['rezju:meɪ]
sollicitatiegesprek (het)	interview	['ɪntəvju:]
vacature (de)	vacancy, opening	['veɪkənsɪ], ['əʊpənɪŋ]
salaris (het)	salary, pay	['sælərɪ], [peɪ]
loon (het)	pay, compensation	[peɪ], [ˌkɒmpen'seɪʃən]
betrekking (de)	position	[pə'zɪʃən]
taak, plicht (de)	duty	['dju:tɪ]
takenpakket (het)	range of duties	[reɪndʒ əv 'dju:tɪz]
bezig (~ zijn)	busy	['bɪzɪ]
ontslagen (ww)	to fire, to dismiss	[tə 'faɪə], [tə dɪs'mɪs]
ontslag (het)	dismissal	[dɪs'mɪsəl]
werkloosheid (de)	unemployment	[ˌʌnɪm'plɔɪmənt]
werkloze (de)	unemployed	[ˌʌnɪm'plɔɪd]
pensioen (het)	retirement	[rɪ'taɪəmənt]
met pensioen gaan	to retire (vi)	[tə rɪ'taɪə(r)]

124. Zakenmensen

directeur (de)	director	[dɪ'rektə(r)]
beheerder (de)	manager	['mænɪdʒə(r)]
hoofd (het)	boss	[bɒs]
baas (de)	superior	[su:'pɪərɪə]
superieuren (mv.)	superiors	[su:'pɪərɪərz]
president (de)	president	['prezɪdənt]
voorzitter (de)	chairman	['tʃeəmən]
adjunct (de)	deputy	['depjʊtɪ]
assistent (de)	assistant	[ə'sɪstənt]
secretaris (de)	secretary	['sekrətərɪ]
persoonlijke assistent (de)	personal assistant	['pɜ:sənəl ə'sɪstənt]

zakenman (de)	businessman	['bɪznɪsmæn]
ondernemer (de)	entrepreneur	[ˌɒntrəprə'nɜ:(r)]
oprichter (de)	founder	['faʊndə(r)]
oprichten	to found (vt)	[tə faʊnd]
(een nieuw bedrijf ~)		

stichter (de)	incorporator	[ɪn'kɔ:pəreɪtə]
partner (de)	partner	['pɑ:tnə(r)]
aandeelhouder (de)	stockholder	['stɒkˌhəʊldə(r)]

miljonair (de)	millionaire	[ˌmɪljə'neə(r)]
miljardair (de)	billionaire	[ˌbɪljə'neə(r)]
eigenaar (de)	owner	['əʊnə(r)]
landeigenaar (de)	landowner	['lændˌəʊnə(r)]

klant (de)	client	['klaɪənt]
vaste klant (de)	regular client	['regjʊlə 'klaɪənt]
koper (de)	buyer	['baɪə(r)]
bezoeker (de)	visitor	['vɪzɪtə(r)]

professioneel (de)	professional	[prə'feʃənəl]
expert (de)	expert	['ekspɜ:t]
specialist (de)	specialist	['speʃəlɪst]

| bankier (de) | banker | ['bæŋkə(r)] |
| makelaar (de) | broker | ['brəʊkə(r)] |

kassier (de)	cashier, teller	[kæ'ʃɪə], ['telə]
boekhouder (de)	accountant	[ə'kaʊntənt]
bewaker (de)	security guard	[sɪ'kjʊərətɪ gɑ:d]

investeerder (de)	investor	[ɪn'vestə(r)]
schuldenaar (de)	debtor	['detə(r)]
crediteur (de)	creditor	['kredɪtə(r)]
lener (de)	borrower	['bɒrəʊə(r)]

| importeur (de) | importer | [ɪm'pɔ:tə(r)] |
| exporteur (de) | exporter | [ek'spɔ:tə(r)] |

producent (de)	manufacturer	[ˌmænjʊ'fæktʃərə(r)]
distributeur (de)	distributor	[dɪ'strɪbjʊtə(r)]
bemiddelaar (de)	middleman	['mɪdəlmæn]

adviseur, consulent (de)	consultant	[kən'sʌltənt]
vertegenwoordiger (de)	sales representative	['seɪlz ˌreprɪ'zentətɪv]
agent (de)	agent	['eɪdʒənt]
verzekeringsagent (de)	insurance agent	[ɪn'ʃʊə:rəns 'eɪdʒənt]

125. Dienstverlenende beroepen

kok (de)	cook	[kʊk]
chef-kok (de)	chef	[ʃef]
barman (de)	bartender	['bɑ:rˌtendə(r)]
kelner, ober (de)	waiter	['weɪtə(r)]

serveerster (de)	waitress	['weɪtrɪs]
advocaat (de)	lawyer, attorney	['lɔ:jə(r)], [ə'tɜ:nɪ]
jurist (de)	lawyer	['lɔ:jə(r)]
notaris (de)	notary	['nəʊtərɪ]

elektricien (de)	electrician	[ˌɪlek'trɪʃən]
loodgieter (de)	plumber	['plʌmə(r)]
timmerman (de)	carpenter	['kɑ:pəntə(r)]

masseur (de)	masseur	[mæ'sʊər]
masseuse (de)	masseuse	[mæ'su:z]
dokter, arts (de)	doctor	['dɒktə(r)]

taxichauffeur (de)	taxi driver	['tæksɪ 'draɪvə(r)]
chauffeur (de)	driver	['draɪvə(r)]
koerier (de)	delivery man	[dɪ'lɪvərɪ mæn]

kamermeisje (het)	chambermaid	['tʃeɪmbəˌmeɪd]
bewaker (de)	security guard	[sɪ'kjʊərətɪ gɑ:d]
stewardess (de)	flight attendant	[ˌflaɪt ə'tendənt]

meester (de)	teacher	['ti:tʃə(r)]
bibliothecaris (de)	librarian	[laɪ'breərɪən]
vertaler (de)	translator	[træns'leɪtə(r)]
tolk (de)	interpreter	[ɪn'tɜ:prɪtə(r)]
gids (de)	guide	[gaɪd]

kapper (de)	hairdresser	['heəˌdresə(r)]
postbode (de)	mailman	['meɪlmən]
verkoper (de)	salesman	['seɪlzmən]

tuinman (de)	gardener	['gɑ:dnə(r)]
huisbediende (de)	servant	['sɜ:vənt]
dienstmeisje (het)	maid	[meɪd]
schoonmaakster (de)	cleaner	['kli:nə(r)]

126. Militaire beroepen en rangen

soldaat (rang)	private	['praɪvɪt]
sergeant (de)	sergeant	['sɑ:dʒənt]
luitenant (de)	lieutenant	[lu:'tenənt]
kapitein (de)	captain	['kæptɪn]

majoor (de)	major	['meɪdʒə(r)]
kolonel (de)	colonel	['kɜ:nəl]
generaal (de)	general	['dʒenərəl]
maarschalk (de)	marshal	['mɑ:ʃəl]
admiraal (de)	admiral	['ædmərəl]

militair (de)	military man	['mɪlɪtərɪ mæn]
soldaat (de)	soldier	['səʊldʒə(r)]
officier (de)	officer	['ɒfɪsə(r)]
commandant (de)	commander	[kə'mɑ:ndə(r)]
grenswachter (de)	border guard	['bɔ:də gɑ:d]

marconist (de)	radio operator	['reɪdɪəʊ 'ɒpəreɪtə(r)]
verkenner (de)	scout	[skaʊt]
sappeur (de)	pioneer	[ˌpaɪə'nɪə(r)]
schutter (de)	marksman	['mɑːksmən]
stuurman (de)	navigator	['nævɪgeɪtə(r)]

127. Ambtenaren. Priesters

| koning (de) | king | [kɪŋ] |
| koningin (de) | queen | [kwiːn] |

| prins (de) | prince | [prɪns] |
| prinses (de) | princess | [prɪn'ses] |

| tsaar (de) | tsar | [zɑː(r)] |
| tsarina (de) | czarina | [zɑː'riːnə] |

president (de)	President	['prezɪdənt]
minister (de)	Secretary	['sekrətərɪ]
eerste minister (de)	Prime minister	[praɪm 'mɪnɪstə(r)]
senator (de)	Senator	['senətə(r)]

diplomaat (de)	diplomat	['dɪpləmæt]
consul (de)	consul	['kɒnsəl]
ambassadeur (de)	ambassador	[æm'bæsədə(r)]
adviseur (de)	advisor	[əd'vaɪzə(r)]

ambtenaar (de)	official	[ə'fɪʃəl]
prefect (de)	prefect	['priːfekt]
burgemeester (de)	mayor	[meə(r)]

| rechter (de) | judge | [dʒʌdʒ] |
| aanklager (de) | district attorney | ['dɪstrɪkt ə'tɜːnɪ] |

missionaris (de)	missionary	['mɪʃənrɪ]
monnik (de)	monk	[mʌŋk]
abt (de)	abbot	['æbət]
rabbi, rabbijn (de)	rabbi	['ræbaɪ]

vizier (de)	vizier	[vɪ'zɪə(r)]
sjah (de)	shah	[ʃɑː]
sjeik (de)	sheikh	[ʃeɪk]

128. Agrarische beroepen

imker (de)	beekeeper	['biːˌkiːpə(r)]
herder (de)	herder	['hɜːdə(r)]
landbouwkundige (de)	agronomist	[ə'grɒnəmɪst]
veehouder (de)	cattle breeder	['kætəl 'briːdə(r)]
dierenarts (de)	veterinarian	[ˌvetərɪ'neərɪən]
landbouwer (de)	farmer	['fɑːmə(r)]
wijnmaker (de)	winemaker	['waɪn ˌmeɪkə(r)]

| zoöloog (de) | zoologist | [zəʊˈɒlədʒɪst] |
| cowboy (de) | cowboy | [ˈkaʊbɔɪ] |

129. Kunst beroepen

| acteur (de) | actor | [ˈæktə(r)] |
| actrice (de) | actress | [ˈæktrɪs] |

| zanger (de) | singer | [ˈsɪŋə(r)] |
| zangeres (de) | singer | [ˈsɪŋə(r)] |

| danser (de) | dancer | [ˈdɑːnsə(r)] |
| danseres (de) | dancer | [ˈdɑːnsə(r)] |

muzikant (de)	musician	[mjuːˈzɪʃən]
pianist (de)	pianist	[ˈpɪənɪst]
gitarist (de)	guitar player	[gɪˈtɑːr ˈpleɪə(r)]

orkestdirigent (de)	conductor	[kənˈdʌktə(r)]
componist (de)	composer	[kəmˈpəʊzə(r)]
impresario (de)	impresario	[ˌɪmprɪˈsɑːrɪəʊ]

filmregisseur (de)	movie director	[ˈmuːvɪ dɪˈrektə(r)]
filmproducent (de)	producer	[prəˈdjuːsə(r)]
scenarioschrijver (de)	scriptwriter	[ˈskrɪptˌraɪtə(r)]
criticus (de)	critic	[ˈkrɪtɪk]

schrijver (de)	writer	[ˈraɪtə(r)]
dichter (de)	poet	[ˈpəʊɪt]
beeldhouwer (de)	sculptor	[ˈskʌlptə(r)]
kunstenaar (de)	artist, painter	[ˈɑːtɪst], [ˈpeɪntə(r)]

jongleur (de)	juggler	[ˈdʒʌglə(r)]
clown (de)	clown	[klaʊn]
acrobaat (de)	acrobat	[ˈækrəbæt]
goochelaar (de)	magician	[məˈdʒɪʃən]

130. Verschillende beroepen

dokter, arts (de)	doctor	[ˈdɒktə(r)]
ziekenzuster (de)	nurse	[nɜːs]
psychiater (de)	psychiatrist	[saɪˈkaɪətrɪst]
tandarts (de)	dentist	[ˈdentɪst]
chirurg (de)	surgeon	[ˈsɜːdʒən]

astronaut (de)	astronaut	[ˈæstrənɔːt]
astronoom (de)	astronomer	[əˈstrɒnəmə(r)]
piloot (de)	pilot	[ˈpaɪlət]

chauffeur (de)	driver	[ˈdraɪvə(r)]
machinist (de)	engineer	[ˌendʒɪˈnɪə(r)]
mecanicien (de)	mechanic	[mɪˈkænɪk]

mijnwerker (de)	miner	['maɪnə(r)]
arbeider (de)	worker	['wɜ:kə(r)]
bankwerker (de)	metalworker	['metəl‚wɜ:kə(r)]
houtbewerker (de)	joiner	['dʒɔɪnə(r)]
draaier (de)	turner	['tɜ:nə(r)]
bouwvakker (de)	construction worker	[kən'strʌkʃən 'wɜ:kə(r)]
lasser (de)	welder	[weldə(r)]

professor (de)	professor	[prə'fesə(r)]
architect (de)	architect	['a:kɪtekt]
historicus (de)	historian	[hɪ'stɔ:rɪən]
wetenschapper (de)	scientist	['saɪəntɪst]
fysicus (de)	physicist	['fɪzɪsɪst]
scheikundige (de)	chemist	['kemɪst]

archeoloog (de)	archeologist	[‚a:kɪ'ɒlədʒɪst]
geoloog (de)	geologist	[dʒɪ'ɒlədʒɪst]
onderzoeker (de)	researcher	[rɪ'sɜ:tʃə(r)]

babysitter (de)	babysitter	['beɪbɪ ‚sɪtə(r)]
leraar, pedagoog (de)	teacher, educator	['ti:tʃə(r)], ['edʒʊkeɪtə(r)]

redacteur (de)	editor	['edɪtə(r)]
chef-redacteur (de)	editor-in-chief	['edɪtər ɪn tʃi:f]
correspondent (de)	correspondent	[‚kɒrɪ'spɒndənt]
typiste (de)	typist	['taɪpɪst]

designer (de)	designer	[dɪ'zaɪnə(r)]
computerexpert (de)	computer expert	[kəm'pju:tər 'ekspɜ:t]
programmeur (de)	programmer	['prəʊgræmə(r)]
ingenieur (de)	engineer	[‚endʒɪ'nɪə(r)]

matroos (de)	sailor	['seɪlə(r)]
zeeman (de)	seaman	['si:mən]
redder (de)	rescuer	['reskjʊə(r)]

brandweerman (de)	fireman	['faɪəmən]
politieagent (de)	policeman	[pə'li:smən]
nachtwaker (de)	watchman	['wɒtʃmən]
detective (de)	detective	[dɪ'tektɪv]

douanier (de)	customs officer	['kʌstəmz 'ɒfɪsə(r)]
lijfwacht (de)	bodyguard	['bɒdɪga:d]
gevangenisbewaker (de)	prison guard	['prɪzən ga:d]
inspecteur (de)	inspector	[ɪn'spektə(r)]

sportman (de)	sportsman	['spɔ:tsmən]
trainer (de)	trainer, coach	['treɪnə(r)], [kəʊtʃ]
slager, beenhouwer (de)	butcher	['bʊtʃə(r)]
schoenlapper (de)	cobbler	['kɒblə(r)]

handelaar (de)	merchant	['mɜ:tʃənt]
lader (de)	loader	['ləʊdə(r)]

kledingstilist (de)	fashion designer	['fæʃən dɪ'zaɪnə(r)]
model (het)	model	['mɒdəl]

131. Beroepen. Sociale status

scholier (de)	**schoolboy**	['skuːlbɔɪ]
student (de)	**student**	['stjuːdənt]
filosoof (de)	**philosopher**	[fɪ'lɒsəfə(r)]
econoom (de)	**economist**	[ɪ'kɒnəmɪst]
uitvinder (de)	**inventor**	[ɪn'ventə(r)]
werkloze (de)	**unemployed**	[ˌʌnɪm'plɔɪd]
gepensioneerde (de)	**retiree**	[ˌrɪtaɪə'riː]
spion (de)	**spy, secret agent**	[spaɪ], ['siːkrɪt 'eɪdʒənt]
gedetineerde (de)	**prisoner**	['prɪzənə(r)]
staker (de)	**striker**	['straɪkə(r)]
bureaucraat (de)	**bureaucrat**	['bjʊərəkræt]
reiziger (de)	**traveler**	['trævələ(r)]
homoseksueel (de)	**homosexual**	[ˌhɒmə'sekʃʊəl]
hacker (computerkraker)	**hacker**	['hækə(r)]
hippie (de)	**hippie**	['hɪpɪ]
bandiet (de)	**bandit**	['bændɪt]
huurmoordenaar (de)	**hit man, killer**	[hɪt mæn], ['kɪlə(r)]
drugsverslaafde (de)	**drug addict**	['drʌgˌædɪkt]
drugshandelaar (de)	**drug dealer**	['drʌg ˌdiːlə(r)]
prostituee (de)	**prostitute**	['prɒstɪtjuːt]
pooier (de)	**pimp**	[pɪmp]
tovenaar (de)	**sorcerer**	['sɔːsərə(r)]
tovenares (de)	**sorceress**	['sɔːsərɪs]
piraat (de)	**pirate**	['paɪrət]
slaaf (de)	**slave**	[sleɪv]
samoerai (de)	**samurai**	['sæmʊraɪ]
wilde (de)	**savage**	['sævɪdʒ]

Sport

132. Soorten sporten. Sporters

sportman (de)	sportsman	['spɔːtsmən]
soort sport (de/het)	kind of sports	[kaɪnd əv spɔːts]
basketbal (het)	basketball	['bɑːskɪtbɔːl]
basketbalspeler (de)	basketball player	['bɑːskɪtbɔːl 'pleɪə(r)]
baseball (het)	baseball	['beɪsbɔːl]
baseballspeler (de)	baseball player	['beɪsbɔːl 'pleɪə(r)]
voetbal (het)	soccer	['sɒkə(r)]
voetballer (de)	soccer player	['sɒkə 'pleɪə(r)]
doelman (de)	goalkeeper	['gəʊlˌkiːpə(r)]
hockey (het)	hockey	[ˌhɒkɪ]
hockeyspeler (de)	hockey player	[ˌhɒkɪ 'pleɪə(r)]
volleybal (het)	volleyball	['vɒlɪbɔːl]
volleybalspeler (de)	volleyball player	['vɒlɪbɔːl 'pleɪə(r)]
boksen (het)	boxing	['bɒksɪŋ]
bokser (de)	boxer	['bɒksə(r)]
worstelen (het)	wrestling	['reslɪŋ]
worstelaar (de)	wrestler	['reslə(r)]
karate (de)	karate	[kə'rɑːtɪ]
karateka (de)	karate fighter	[kə'rɑːtɪ 'faɪtər]
judo (de)	judo	['dʒuːdəʊ]
judoka (de)	judo athlete	['dʒuːdəʊ 'æθliːt]
tennis (het)	tennis	['tenɪs]
tennisspeler (de)	tennis player	['tenɪs 'pleɪə(r)]
zwemmen (het)	swimming	['swɪmɪŋ]
zwemmer (de)	swimmer	['swɪmə(r)]
schermen (het)	fencing	['fensɪŋ]
schermer (de)	fencer	['fensə(r)]
schaak (het)	chess	[tʃes]
schaker (de)	chess player	[tʃes 'pleɪə(r)]
alpinisme (het)	alpinism	['ælpɪnɪzəm]
alpinist (de)	alpinist	['ælpɪnɪst]
hardlopen (het)	running	['rʌnɪŋ]

renner (de)	runner	['rʌnə(r)]
atletiek (de)	athletics	[æθ'letɪks]
atleet (de)	athlete	['æθliːt]

| paardensport (de) | horseback riding | ['hɔːsbæk 'raɪdɪŋ] |
| ruiter (de) | horse rider | [hɔːs 'raɪdə(r)] |

kunstschaatsen (het)	figure skating	['fɪgjə 'skeɪtɪŋ]
kunstschaatser (de)	figure skater	['fɪgjə 'skeɪtə(r)]
kunstschaatsster (de)	figure skater	['fɪgjə 'skeɪtə(r)]

| gewichtheffen (het) | weightlifting | ['weɪtˌlɪftɪŋ] |
| gewichtheffer (de) | weightlifter | ['weɪtˌlɪftə(r)] |

| autoraces (mv.) | car racing | [kɑː 'reɪsɪŋ] |
| coureur (de) | racing driver | ['reɪsɪŋ 'draɪvə(r)] |

| wielersport (de) | cycling | ['saɪklɪŋ] |
| wielrenner (de) | cyclist | ['saɪklɪst] |

verspringen (het)	broad jump	[brɔːd dʒʌmp]
polsstokspringen (het)	pole vault	[pəʊl 'vɔːlt]
verspringer (de)	jumper	['dʒʌmpə(r)]

133. Soorten sporten. Diversen

Amerikaans voetbal (het)	football	['fʊtˌbɔːl]
badminton (het)	badminton	['bædmɪntən]
biatlon (de)	biathlon	[baɪ'æθlon]
biljart (het)	billiards	['bɪljədz]

bobsleeën (het)	bobsled	['bobsled]
bodybuilding (de)	bodybuilding	['bodɪˌbɪldɪŋ]
waterpolo (het)	water polo	['wɔːtə 'pəʊləʊ]
handbal (de)	handball	['hændbɔːl]
golf (het)	golf	[golf]

roeisport (de)	rowing	['rəʊɪŋ]
duiken (het)	scuba diving	['skuːbə 'daɪvɪŋ]
langlaufen (het)	cross-country skiing	[krɒs 'kʌntrɪ 'skiːɪŋ]
tafeltennis (het)	ping-pong	['pɪŋpɒŋ]

zeilen (het)	sailing	['seɪlɪŋ]
rally (de)	rally racing	['rælɪ 'reɪsɪŋ]
rugby (het)	rugby	['rʌgbɪ]
snowboarden (het)	snowboarding	['snəʊbɔːdɪŋ]
boogschieten (het)	archery	['ɑːtʃərɪ]

134. Fitnessruimte

| lange halter (de) | barbell | ['bɑːbel] |
| halters (mv.) | dumbbells | ['dʌmbelz] |

training machine (de)	training machine	['treɪnɪŋ məʃiːn]
hometrainer (de)	bicycle trainer	['baɪsɪkəl 'treɪnə(r)]
loopband (de)	treadmill	['tredmɪl]

rekstok (de)	horizontal bar	[ˌhɒrɪ'zɒntəl bɑː(r)]
brug (de) gelijke leggers	parallel bars	['pærəlel bɑːz]
paardsprong (de)	vaulting horse	['vɔːltɪŋ hɔːs]
mat (de)	mat	[mæt]

springtouw (het)	jump rope	['dʒʌmp rəʊp]
aerobics (de)	aerobics	[eə'rəʊbɪks]
yoga (de)	yoga	['jəʊɡə]

135. Hockey

hockey (het)	hockey	[ˌhɒkɪ]
hockeyspeler (de)	hockey player	[ˌhɒkɪ 'pleɪə(r)]
hockey spelen	to play hockey	[tə pleɪ 'hɒkɪ]
IJs (het)	ice	[aɪs]

puck (de)	puck	[pʌk]
hockeystick (de)	hockey stick	[ˌhɒkɪ stɪk]
schaatsen (mv.)	ice skates	['aɪs ˌskeɪts]

| boarding (de) | board | [bɔːd] |
| schot (het) | shot | [ʃɒt] |

doelman (de)	goaltender	['ɡəʊlˌtendə(r)]
goal (de)	goal	[ɡəʊl]
een goal scoren	to score a goal	[tə skɔːrə ɡəʊl]

periode (de)	period	['pɪərɪəd]
tweede periode (de)	2-nd period	['sekənd 'pɪərɪəd]
reservebank (de)	substitutes bench	['sʌbstɪtjuːts bentʃ]

136. Voetbal

voetbal (het)	soccer	['sɒkə(r)]
voetballer (de)	soccer player	['sɒkə 'pleɪə(r)]
voetbal spelen	to play soccer	[tə pleɪ 'sɒkə(r)]

eredivisie (de)	major league	['meɪdʒə liːɡ]
voetbalclub (de)	soccer club	['sɒkə klʌb]
trainer (de)	coach	[kəʊtʃ]
eigenaar (de)	owner	['əʊnə(r)]

team (het)	team	[tiːm]
aanvoerder (de)	team captain	[tiːm 'kæptɪn]
speler (de)	player	['pleɪə(r)]
reservespeler (de)	substitute	['sʌbstɪtjuːt]
aanvaller (de)	forward	['fɔːwəd]
centrale aanvaller (de)	center forward	['sentə 'fɔːwəd]

doelpuntmaker (de)	striker, scorer	['straɪkə], ['skɔːrə]
verdediger (de)	defender, back	[dɪ'fendə(r)], [bæk]
middenvelder (de)	halfback	['hɑːfbæk]

match, wedstrijd (de)	match	[mætʃ]
elkaar ontmoeten (ww)	to meet (vi, vt)	[tə miːt]
finale (de)	final	['faɪnəl]
halve finale (de)	semi-final	[ˌsemɪ 'faɪnəl]
kampioenschap (het)	championship	['tʃæmpjənʃɪp]

helft (de)	period, half	['pɪərɪəd], [hɑːf]
eerste helft (de)	first period	[fɜːst 'pɪərɪəd]
pauze (de)	half-time	[hɑːf taɪm]

doel (het)	goal	[gəʊl]
doelman (de)	goalkeeper	['gəʊlˌkiːpə(r)]
doelpaal (de)	goalpost	['gəʊlpəʊst]
lat (de)	crossbar	['krɒsbɑː(r)]
doelnet (het)	net	[net]
een goal incasseren	to concede a goal	[tə kən'siːd ə gəʊl]

bal (de)	ball	[bɔːl]
pass (de)	pass	[pɑːs]
schot (het), schop (de)	kick	[kɪk]
schieten (de bal ~)	to kick (vt)	[tə kɪk]
vrije schop (directe ~)	free kick	[friː kɪk]
hoekschop, corner (de)	corner kick	['kɔːnə kɪk]

aanval (de)	attack	[ə'tæk]
tegenaanval (de)	counterattack	[ˌkaʊntərə'tæk]
combinatie (de)	combination	[ˌkɒmbɪ'neɪʃən]

scheidsrechter (de)	referee	[ˌrefə'riː]
fluiten (ww)	to whistle (vi)	[tə 'wɪsəl]
fluitsignaal (het)	whistle	['wɪsəl]
overtreding (de)	foul, misconduct	[faʊl], [ˌmɪs'kɒndʌkt]
een overtreding maken	to commit a foul	[tə kə'mɪt ə faʊl]
uit het veld te sturen	to send off	[tə send ɒf]

gele kaart (de)	yellow card	['jeləʊ ˌkɑːd]
rode kaart (de)	red card	[red kɑːd]
diskwalificatie (de)	disqualification	[dɪsˌkwɒlɪfɪ'keɪʃən]
diskwalificeren (ww)	to disqualify (vt)	[tə ˌdɪs'kwɒlɪfaɪ]

strafschop, penalty (de)	penalty kick	['penəltɪ kɪk]
muur (de)	wall	[wɔːl]
scoren (ww)	to score (vi, vt)	[tə skɔː(r)]
goal (de), doelpunt (het)	goal	[gəʊl]
een goal scoren	to score a goal	[tə skɔːrə gəʊl]

vervanging (de)	substitution	[ˌsʌbstɪ'tjuːʃən]
vervangen (ov.ww.)	to replace (vt)	[tə rɪ'pleɪs]
regels (mv.)	rules	[ruːlz]
tactiek (de)	tactics	['tæktɪks]
stadion (het)	stadium	['steɪdjəm]
tribune (de)	stand, bleachers	[stænd], ['bliːtʃəz]

fan, supporter (de)	**fan, supporter**	[fæn], [se'pɔːtə(r)]
schreeuwen (ww)	**to shout** (vi)	[te ʃaʊt]
scorebord (het)	**scoreboard**	['skɔːbɔːd]
stand (~ is 3-1)	**score**	[skɔː(r)]
nederlaag (de)	**defeat**	[dɪ'fiːt]
verliezen (ww)	**to lose** (vi)	[te luːz]
gelijkspel (het)	**draw**	[drɔː]
in gelijk spel eindigen	**to draw** (vi)	[te drɔː]
overwinning (de)	**victory**	['vɪktərɪ]
overwinnen (ww)	**to win** (vi)	[te wɪn]
kampioen (de)	**champion**	['tʃæmpjən]
best (bn)	**best**	[best]
feliciteren (ww)	**to congratulate** (vt)	[te kən'grætʃʊleɪt]
commentator (de)	**commentator**	['kɒmən͵teɪtə(r)]
becommentariëren (ww)	**to commentate** (vt)	[te 'kɒmənteɪt]
uitzending (de)	**broadcast**	['brɔːdkɑːst]

137. Alpine skiën

ski's (mv.)	**skis**	[skiːz]
skiën (ww)	**to ski** (vi)	[te skiː]
skigebied (het)	**mountain-ski resort**	['maʊntɪŋ skiː rɪ'zɔːt]
skilift (de)	**ski lift**	[skiː lɪft]
skistokken (mv.)	**ski poles**	[skiː pəʊlz]
helling (de)	**slope**	[sləʊp]
slalom (de)	**slalom**	['slɑːləm]

138. Tennis. Golf

golf (het)	**golf**	[gɒlf]
golfclub (de)	**golf club**	[gɒlf klʌb]
golfer (de)	**golfer**	['gɒlfə(r)]
hole (de)	**hole**	[həʊl]
golfclub (de)	**club**	[klʌb]
trolley (de)	**golf trolley**	[gɒlf 'trɒlɪ]
tennis (het)	**tennis**	['tenɪs]
tennisveld (het)	**tennis court**	['tenɪs kɔːt]
opslag (de)	**serve**	[sɜːv]
serveren, opslaan (ww)	**to serve** (vt)	[te sɜːv]
racket (het)	**racket**	['rækɪt]
net (het)	**net**	[net]
bal (de)	**ball**	[bɔːl]

139. Schaken

schaak (het)	chess	[tʃes]
schaakstukken (mv.)	chessmen	['tʃesmen]
schaker (de)	chess player	[tʃes 'pleɪə(r)]
schaakbord (het)	chessboard	['tʃesbɔːd]
schaakstuk (het)	chessman	['tʃesmæn]
witte stukken (mv.)	White	[waɪt]
zwarte stukken (mv.)	Black	[blæk]
pion (de)	pawn	[pɔːn]
loper (de)	bishop	['bɪʃəp]
paard (het)	knight	[naɪt]
toren (de)	rook	[rʊk]
koningin (de)	queen	[kwiːn]
koning (de)	king	[kɪŋ]
zet (de)	move	[muːv]
zetten (ww)	to move (vt)	[tə muːv]
opofferen (ww)	to sacrifice (vt)	[tə 'sækrɪfaɪs]
rokade (de)	castling	['kɑːslɪŋ]
schaak (het)	check	[tʃek]
schaakmat (het)	checkmate	['tʃekmeɪt]
schaakwedstrijd (de)	chess tournament	[tʃes 'tɔːnəmənt]
grootmeester (de)	Grand Master	[grænd 'mɑːstə(r)]
combinatie (de)	combination	[ˌkɒmbɪ'neɪʃən]
partij (de)	game	[geɪm]
dammen (de)	checkers	['tʃekəz]

140. Boksen

boksen (het)	boxing	['bɒksɪŋ]
boksgevecht (het)	fight	[faɪt]
bokswedstrijd (de)	boxing match	['bɒksɪŋ mætʃ]
ronde (de)	round	[raʊnd]
ring (de)	ring	[rɪŋ]
gong (de)	gong	[gɒŋ]
stoot (de)	punch	[pʌntʃ]
knock-down (de)	knock-down	['nɒkˌdaʊn]
knock-out (de)	knockout	['nɒkaʊt]
knock-out slaan (ww)	to knock out	[tə 'nɒkaʊt]
bokshandschoen (de)	boxing glove	['bɒksɪŋ glʌv]
referee (de)	referee	[ˌrefə'riː]
lichtgewicht (het)	lightweight	['laɪtweɪt]
middengewicht (het)	middleweight	['mɪdəlweɪt]
zwaargewicht (het)	heavyweight	['hevɪ weɪt]

141. Sporten. Diversen

Olympische Spelen (mv.)	**Olympic Games**	[ə'lɪmpɪk geɪmz]
winnaar (de)	**winner**	['wɪnə(r)]
winnen (ww)	**to win** (vi)	[tə wɪn]
leider (de)	**leader**	['li:də(r)]
leiden (ww)	**to lead** (vi)	[tə li:d]
eerste plaats (de)	**first place**	[fɜːst pleɪs]
tweede plaats (de)	**second place**	['sekənd pleɪs]
derde plaats (de)	**third place**	[θɜːd pleɪs]
medaille (de)	**medal**	['medəl]
trofee (de)	**trophy**	['trəʊfɪ]
beker (de)	**prize cup**	[praɪz kʌp]
prijs (de)	**prize**	[praɪz]
hoofdprijs (de)	**main prize**	[meɪn praɪz]
record (het)	**record**	['rekɔːd]
een record breken	**to set a record**	[tə set ə 'rekɔːd]
finale (de)	**final**	['faɪnəl]
finale (bn)	**final**	['faɪnəl]
kampioen (de)	**champion**	['tʃæmpjən]
kampioenschap (het)	**championship**	['tʃæmpjənʃɪp]
stadion (het)	**stadium**	['steɪdjəm]
tribune (de)	**stand, bleachers**	[stænd], ['bli:tʃəz]
fan, supporter (de)	**fan, supporter**	[fæn], [sə'pɔːtə(r)]
tegenstander (de)	**opponent, rival**	[ə'pəʊnənt], ['raɪvəl]
start (de)	**start**	[stɑːt]
finish (de)	**finish line**	['fɪnɪʃ laɪn]
rechter (de)	**referee**	[ˌrefə'ri:]
jury (de)	**jury**	['dʒʊərɪ]
stand (~ is 3-1)	**score**	[skɔː(r)]
gelijkspel (het)	**draw**	[drɔː]
in gelijk spel eindigen	**to draw** (vi)	[tə drɔː]
punt (het)	**point**	[pɔɪnt]
uitslag (de)	**result**	[rɪ'zʌlt]
periode (de)	**period**	['pɪərɪəd]
pauze (de)	**half-time**	[hɑːf taɪm]
doping (de)	**doping**	['dəʊpɪŋ]
straffen (ww)	**to penalize** (vt)	[tə 'pi:nəlaɪz]
diskwalificeren (ww)	**to disqualify** (vt)	[tə ˌdɪs'kwɒlɪfaɪ]
toestel (het)	**apparatus**	[ˌæpə'reɪtəs]
speer (de)	**javelin**	['dʒævəlɪn]
kogel (de)	**shot put ball**	[ʃɒt pʊt bɔːl]
bal (de)	**ball**	[bɔːl]

doel (het)	**aim, target**	[eɪm], [ˈtɑːgɪt]
schietkaart (de)	**target**	[ˈtɑːgɪt]
schieten (ww)	**to shoot** (vi)	[tə ʃuːt]
precies (bijv. precieze schot)	**precise**	[prɪˈsaɪs]
trainer, coach (de)	**trainer, coach**	[ˈtreɪnə(r)], [kəʊtʃ]
trainen (ww)	**to train** (vt)	[tə treɪn]
zich trainen (ww)	**to train** (vi)	[tə treɪn]
training (de)	**training**	[ˈtreɪnɪŋ]
gymnastiekzaal (de)	**gym**	[dʒɪm]
oefening (de)	**exercise**	[ˈeksəsaɪz]
opwarming (de)	**warm-up**	[ˌwɔːmˈʌp]

Onderwijs

142. School

school (de)	school	[sku:l]
schooldirecteur (de)	headmaster	[ˌhedˈmɑːstə(r)]
leerling (de)	pupil	[ˈpjuːpəl]
leerlinge (de)	pupil	[ˈpjuːpəl]
scholier (de)	schoolboy	[ˈskuːlbɔɪ]
scholiere (de)	schoolgirl	[ˈskuːlgɜːl]
leren (lesgeven)	to teach (vt)	[tə tiːtʃ]
studeren (bijv. een taal ~)	to learn (vt)	[tə lɜːn]
van buiten leren	to learn by heart	[tə lɜːn baɪ hɑːt]
leren (bijv. ~ tellen)	to learn (vt)	[tə lɜːn]
naar school gaan	to go to school	[tə gəʊ tə skuːl]
alfabet (het)	alphabet	[ˈælfəbet]
vak (schoolvak)	subject	[ˈsʌbdʒɪkt]
klaslokaal (het)	classroom	[ˈklɑːsrʊm]
les (de)	lesson	[ˈlesən]
pauze (de)	recess	[ˈriːses]
bel (de)	school bell	[skuːl bel]
schooltafel (de)	desk	[desk]
schoolbord (het)	chalkboard	[ˈtʃɔːkbɔːd]
cijfer (het)	grade	[greɪd]
goed cijfer (het)	good grade	[gʊd greɪd]
slecht cijfer (het)	bad grade	[bæd greɪd]
een cijfer geven	to give a grade	[tə gɪv ə greɪd]
fout (de)	mistake	[mɪˈsteɪk]
fouten maken	to make mistakes	[tə meɪk mɪˈsteɪks]
corrigeren (fouten ~)	to correct (vt)	[tə kəˈrekt]
spiekbriefje (het)	cheat sheet	[ˈtʃiːt ʃiːt]
huiswerk (het)	homework	[ˈhəʊmwɜːk]
oefening (de)	exercise	[ˈeksəsaɪz]
aanwezig zijn (ww)	to be present	[tə bi ˈprezənt]
absent zijn (ww)	to be absent	[tə bi ˈæbsənt]
school verzuimen	to miss school	[tə mɪs skuːl]
bestraffen (een stout kind ~)	to punish (vt)	[tə ˈpʌnɪʃ]
bestraffing (de)	punishment	[ˈpʌnɪʃmənt]
gedrag (het)	conduct	[ˈkɒndʌkt]
cijferlijst (de)	report card	[rɪˈpɔːt kɑːd]

potlood (het)	pencil	['pensəl]
gom (de)	eraser	[ɪ'reɪsə(r)]
krijt (het)	chalk	[tʃɔ:k]
pennendoos (de)	pencil case	['pensəl keɪs]

boekentas (de)	schoolbag	['sku:lbæg]
pen (de)	pen	[pen]
schrift (de)	school notebook	[sku:l 'nəutbʊk]
leerboek (het)	textbook	['tekstbʊk]
passer (de)	compasses	['kʌmpəsɪz]

| technisch tekenen (ww) | to make technical drawings | [tə meɪk 'teknɪkəl 'drɔ:ɪŋs] |
| technische tekening (de) | technical drawing | ['teknɪkəl 'drɔ:ɪŋ] |

gedicht (het)	poem	['pəʊɪm]
van buiten (bw)	by heart	[baɪ hɑ:t]
van buiten leren	to learn by heart	[tə lɜ:n baɪ hɑ:t]

vakantie (de)	school vacation	[sku:l və'keɪʃən]
met vakantie zijn	to be on vacation	[tə bi ɒn və'keɪʃən]
vakantie doorbrengen	to spend one's vacation	[tə spend wʌns və'keɪʃən]

toets (schriftelijke ~)	test	[test]
opstel (het)	essay	['eseɪ]
dictee (het)	dictation	[dɪk'teɪʃən]

examen (het)	exam	[ɪg'zæm]
examen afleggen	to take an exam	[tə ˌteɪk ən ɪg'zæm]
experiment (het)	experiment	[ɪk'sperɪmənt]

143. Hogeschool. Universiteit

academie (de)	academy	[ə'kædəmɪ]
universiteit (de)	university	[ˌju:nɪ'vɜ:sətɪ]
faculteit (de)	faculty	['fækəltɪ]

student (de)	student	['stju:dənt]
studente (de)	student	['stju:dənt]
leraar (de)	lecturer	['lektʃərə(r)]

| collegezaal (de) | lecture hall | ['lektʃə hɔ:l] |
| afgestudeerde (de) | graduate | ['grædʒʊət] |

| diploma (het) | diploma | [dɪ'pləʊmə] |
| dissertatie (de) | dissertation | [ˌdɪsə'teɪʃən] |

| onderzoek (het) | study | ['stʌdɪ] |
| laboratorium (het) | laboratory | ['læbrəˌtɔ:rɪ] |

| college (het) | lecture | ['lektʃə(r)] |
| medestudent (de) | course mate | [kɔ:s meɪt] |

| studiebeurs (de) | scholarship | ['skɒləʃɪp] |
| academische graad (de) | academic degree | [ˌækə'demɪk dɪ'gri:] |

144. Wetenschappen. Disciplines

wiskunde (de)	mathematics	[ˌmæθəˈmætɪks]
algebra (de)	algebra	[ˈældʒɪbrə]
meetkunde (de)	geometry	[dʒɪˈɒmətrɪ]
astronomie (de)	astronomy	[əˈstrɒnəmɪ]
biologie (de)	biology	[baɪˈɒlədʒɪ]
geografie (de)	geography	[dʒɪˈɒgrəfɪ]
geologie (de)	geology	[dʒɪˈɒlədʒɪ]
geschiedenis (de)	history	[ˈhɪstərɪ]
geneeskunde (de)	medicine	[ˈmedsɪn]
pedagogiek (de)	pedagogy	[ˈpedəgɒdʒɪ]
rechten (mv.)	law	[lɔː]
fysica, natuurkunde (de)	physics	[ˈfɪzɪks]
scheikunde (de)	chemistry	[ˈkemɪstrɪ]
filosofie (de)	philosophy	[fɪˈlɒsəfɪ]
psychologie (de)	psychology	[saɪˈkɒlədʒɪ]

145. Schrift. Spelling

grammatica (de)	grammar	[ˈgræmə(r)]
vocabulaire (het)	vocabulary	[vəˈkæbjʊlərɪ]
fonetiek (de)	phonetics	[fəˈnetɪks]
zelfstandig naamwoord (het)	noun	[naʊn]
bijvoeglijk naamwoord (het)	adjective	[ˈædʒɪktɪv]
werkwoord (het)	verb	[vɜːb]
bijwoord (het)	adverb	[ˈædvɜːb]
voornaamwoord (het)	pronoun	[ˈprəʊnaʊn]
tussenwerpsel (het)	interjection	[ˌɪntəˈdʒekʃən]
voorzetsel (het)	preposition	[ˌprepəˈzɪʃən]
stam (de)	root	[ruːt]
achtervoegsel (het)	ending	[ˈendɪŋ]
voorvoegsel (het)	prefix	[ˈpriːfɪks]
lettergreep (de)	syllable	[ˈsɪləbəl]
achtervoegsel (het)	suffix	[ˈsʌfɪks]
nadruk (de)	stress mark	[ˈstres ˌmɑːk]
afkappingsteken (het)	apostrophe	[əˈpɒstrəfɪ]
punt (de)	period, dot	[ˈpɪərɪəd], [dɒt]
komma (de/het)	comma	[ˈkɒmə]
puntkomma (de)	semicolon	[ˌsemɪˈkəʊlən]
dubbelpunt (de)	colon	[ˈkəʊlən]
beletselteken (het)	ellipsis	[ɪˈlɪpsɪs]
vraagteken (het)	question mark	[ˈkwestʃən mɑːk]
uitroepteken (het)	exclamation point	[ˌekskləˈmeɪʃən pɔɪnt]

aanhalingstekens (mv.)	**quotation marks**	[kwəʊ'teɪʃən mɑːks]
tussen aanhalingstekens (bw)	**in quotation marks**	[ɪn kwəʊ'teɪʃən mɑːks]
haakjes (mv.)	**parenthesis**	[pə'renθɪsɪs]
tussen haakjes (bw)	**in parenthesis**	[ɪn pə'renθɪsɪs]

streepje (het)	**hyphen**	['haɪfən]
gedachtestreepje (het)	**dash**	[dæʃ]
spatie	**space**	[speɪs]
(~ tussen twee woorden)		

letter (de)	**letter**	['letə(r)]
hoofdletter (de)	**capital letter**	['kæpɪtəl 'letə(r)]

klinker (de)	**vowel**	['vaʊəl]
medeklinker (de)	**consonant**	['kɒnsənənt]

zin (de)	**sentence**	['sentəns]
onderwerp (het)	**subject**	['sʌbdʒɪkt]
gezegde (het)	**predicate**	['predɪkət]

regel (in een tekst)	**line**	[laɪn]
op een nieuwe regel (bw)	**on a new line**	[ɒn ə njuː laɪn]
alinea (de)	**paragraph**	['pærəgrɑːf]

woord (het)	**word**	[wɜːd]
woordgroep (de)	**group of words**	[gruːp əf wɜːdz]
uitdrukking (de)	**expression**	[ɪk'spreʃən]
synoniem (het)	**synonym**	['sɪnənɪm]
antoniem (het)	**antonym**	['æntənɪm]

regel (de)	**rule**	[ruːl]
uitzondering (de)	**exception**	[ɪk'sepʃən]
correct (bijv. ~e spelling)	**correct**	[kə'rekt]

vervoeging, conjugatie (de)	**conjugation**	[ˌkɒndʒʊ'geɪʃən]
naamval (de)	**nominal case**	['nɒmɪnəl keɪs]
vraag (de)	**question**	['kwestʃən]
onderstrepen (ww)	**to underline** (vt)	[tə ˌʌndə'laɪn]
stippellijn (de)	**dotted line**	['dɒtɪd laɪn]

146. Vreemde talen

taal (de)	**language**	['læŋgwɪdʒ]
vreemd (bn)	**foreign**	['fɒrən]
leren (bijv. van buiten ~)	**to study** (vt)	[tə 'stʌdɪ]
studeren (Nederlands ~)	**to learn** (vt)	[tə lɜːn]

lezen (ww)	**to read** (vi, vt)	[tə riːd]
spreken (ww)	**to speak** (vi, vt)	[tə spiːk]
begrijpen (ww)	**to understand** (vt)	[tə ˌʌndə'stænd]
schrijven (ww)	**to write** (vt)	[tə raɪt]

snel (bw)	**quickly, fast**	['kwɪklɪ], [fɑːst]
langzaam (bw)	**slowly**	['sləʊlɪ]

vloeiend (bw)	fluently	['flu:əntlɪ]
regels (mv.)	rules	[ru:lz]
grammatica (de)	grammar	['græmə(r)]
vocabulaire (het)	vocabulary	[və'kæbjʊlərɪ]
fonetiek (de)	phonetics	[fə'netɪks]

leerboek (het)	textbook	['tekstbʊk]
woordenboek (het)	dictionary	['dɪkʃənərɪ]
leerboek (het) voor zelfstudie	teach-yourself book	[ti:tʃ jɔ:'self bʊk]
taalgids (de)	phrasebook	['freɪzbʊk]

cassette (de)	cassette	[kæ'set]
videocassette (de)	videotape	['vɪdɪəʊteɪp]
CD (de)	CD, compact disc	[ˌsi:'di:], [kəm'pækt dɪsk]
DVD (de)	DVD	[ˌdi:vi:'di:]

alfabet (het)	alphabet	['ælfəbet]
spellen (ww)	to spell (vt)	[tə spel]
uitspraak (de)	pronunciation	[prəˌnʌnsɪ'eɪʃən]

accent (het)	accent	['æksent]
met een accent (bw)	with an accent	[wɪð ən 'æksent]
zonder accent (bw)	without an accent	[wɪ'ðaʊt ən 'æksent]

| woord (het) | word | [wɜ:d] |
| betekenis (de) | meaning | ['mi:nɪŋ] |

cursus (de)	course	[kɔ:s]
zich inschrijven (ww)	to sign up (vi)	[tə saɪn ʌp]
leraar (de)	teacher	['ti:tʃə(r)]

vertaling (tekst)	translation	[træns'leɪʃən]
vertaler (de)	translator	[træns'leɪtə(r)]
tolk (de)	interpreter	[ɪn'tɜ:prɪtə(r)]

| polyglot (de) | polyglot | ['pɒlɪglɒt] |
| geheugen (het) | memory | ['memərɪ] |

147. Sprookjesfiguren

Sinterklaas (de)	Santa Claus	['sæntə klɔ:z]
Assepoester (de)	Cinderella	[ˌsɪndə'relə]
zeemeermin (de)	mermaid	['mɜ:meɪd]
Neptunus (de)	Neptune	['neptju:n]

magiër, tovenaar (de)	magician	[mə'dʒɪʃən]
goede heks (de)	fairy	['feərɪ]
magisch (bn)	magic	['mædʒɪk]
toverstokje (het)	magic wand	['mædʒɪk ˌwɒnd]
sprookje (het)	fairy tale	['feərɪ teɪl]
wonder (het)	miracle	['mɪrəkəl]
dwerg (de)	dwarf	[dwɔ:f]
veranderen in ... (anders worden)	to turn into ... (vi)	[tə tɜ:n 'ɪntʊ]

geest (de)	**ghost**	['gəʊst]
spook (het)	**phantom**	['fæntəm]
monster (het)	**monster**	['mɒnstə(r)]
draak (de)	**dragon**	['drægən]
reus (de)	**giant**	['dʒaɪənt]

148. Dierenriem

Ram (de)	**Aries**	['eəri:z]
Stier (de)	**Taurus**	['tɔ:rəs]
Tweelingen (mv.)	**Gemini**	['dʒemɪnaɪ]
Kreeft (de)	**Cancer**	['kænsə(r)]
Leeuw (de)	**Leo**	['li:əʊ]
Maagd (de)	**Virgo**	['vɜ:gəʊ]
Weegschaal (de)	**Libra**	['li:brə]
Schorpioen (de)	**Scorpio**	['skɔ:pɪəʊ]
Boogschutter (de)	**Sagittarius**	[ˌsædʒɪ'teərɪəs]
Steenbok (de)	**Capricorn**	['kæprɪkɔ:n]
Waterman (de)	**Aquarius**	[ə'kweərɪəs]
Vissen (mv.)	**Pisces**	['paɪsi:z]
karakter (het)	**character**	['kærəktə(r)]
karaktertrekken (mv.)	**features of character**	['fi:tʃez əv 'kærəktə]
gedrag (het)	**behavior**	[bɪ'heɪvjə(r)]
waarzeggen (ww)	**to tell fortunes**	[tə tel 'fɔ:tʃu:nz]
waarzegster (de)	**fortune-teller**	['fɔ:tʃu:n 'telə(r)]
horoscoop (de)	**horoscope**	['hɒrəskəʊp]

Kunst

149. Theater

theater (het)	theater	['θɪətə(r)]
opera (de)	opera	['ɒpərə]
operette (de)	operetta	[ˌɒpə'retə]
ballet (het)	ballet	['bæleɪ]

affiche (de/het)	theater poster	['θɪətə 'pəʊstə(r)]
theatergezelschap (het)	company	['kʌmpənɪ]
tournee (de)	tour	[tʊə(r)]
op tournee zijn	to be on tour	[tə bi ɒn tʊə(r)]
repeteren (ww)	to rehearse (vi, vt)	[tə rɪ'hɜːs]
repetitie (de)	rehearsal	[rɪ'hɜːsəl]
repertoire (het)	repertoire	['repətwɑː(r)]

voorstelling (de)	performance	[pə'fɔːməns]
spektakel (het)	show, play	[ʃəʊ], [pleɪ]
toneelstuk (het)	play	[pleɪ]

biljet (het)	ticket	['tɪkɪt]
kassa (de)	Box office	[bɒks 'ɒfɪs]
foyer (de)	lobby	['lɒbɪ]
garderobe (de)	coat check	[kəʊt tʃek]
garderobe nummer (het)	coat check tag	[kəʊt tʃek tæg]
verrekijker (de)	binoculars	[bɪ'nɒkjʊləz]
plaatsaanwijzer (de)	usher	['ʌʃə(r)]

parterre (de)	orchestra seats	['ɔːkɪstrə siːts]
balkon (het)	balcony	['bælkənɪ]
gouden rang (de)	dress circle	[dres 'sɜːkəl]
loge (de)	box	[bɒks]
rij (de)	row	[rəʊ]
plaats (de)	seat	[siːt]

publiek (het)	audience	['ɔːdɪəns]
kijker (de)	spectator	[spek'teɪtə(r)]
klappen (ww)	to clap (vi, vt)	[tə klæp]
applaus (het)	applause	[ə'plɔːz]
ovatie (de)	ovation	[əʊ'veɪʃən]

toneel (op het ~ staan)	stage	[steɪdʒ]
gordijn, doek (het)	curtain	['kɜːtən]
toneeldecor (het)	scenery	['siːnərɪ]
backstage (de)	backstage	[ˌbæk'steɪdʒ]

scène (de)	scene	[siːn]
bedrijf (het)	act	[ækt]
pauze (de)	intermission	[ˌɪntə'mɪʃən]

150. Bioscoop

acteur (de)	actor	['æktə(r)]
actrice (de)	actress	['æktrɪs]
bioscoop (de)	movies	['mu:vɪz]
speelfilm (de)	movie	['mu:vɪ]
aflevering (de)	episode	['epɪsəʊd]
detectivefilm (de)	detective	[dɪ'tektɪv]
actiefilm (de)	action movie	['ækʃən 'mu:vɪ]
avonturenfilm (de)	adventure movie	[əd'ventʃə 'mu:vɪ]
sciencefictionfilm (de)	science fiction movie	['saɪəns 'fɪkʃən 'mu:vɪ]
griezelfilm (de)	horror movie	['hɒrə 'mu:vɪ]
komedie (de)	comedy movie	['kɒmədɪ 'mu:vɪ]
melodrama (het)	melodrama	['melə‚drɑːmə]
drama (het)	drama	['drɑːmə]
speelfilm (de)	fictional movie	['fɪkʃənəl 'mu:vɪ]
documentaire (de)	documentary	[‚dɒkjʊ'mentərɪ]
tekenfilm (de)	cartoon	[kɑː'tu:n]
stomme film (de)	silent movies	['saɪlənt 'mu:vɪz]
rol (de)	role	[rəʊl]
hoofdrol (de)	leading role	['liːdɪŋ rəʊl]
spelen (ww)	to play (vi, vt)	[tə pleɪ]
filmster (de)	movie star	['mu:vɪ stɑː(r)]
bekend (bn)	well-known	[wel'nəʊn]
beroemd (bn)	famous	['feɪməs]
populair (bn)	popular	['pɒpjʊlə(r)]
scenario (het)	script	[skrɪpt]
scenarioschrijver (de)	scriptwriter	['skrɪpt‚raɪtə(r)]
regisseur (de)	movie director	['mu:vɪ dɪ'rektə(r)]
filmproducent (de)	producer	[prə'dju:sə(r)]
assistent (de)	assistant	[ə'sɪstənt]
cameraman (de)	cameraman	['kæmərəmæn]
stuntman (de)	stuntman	[stʌnt mæn]
een film maken	to shoot a movie	[tə ʃu:t ə 'mu:vɪ]
auditie (de)	audition	[ɔ:'dɪʃən]
opnamen (mv.)	shooting	['ʃu:tɪŋ]
filmploeg (de)	movie crew	['mu:vɪ kru:]
filmset (de)	movie set	['mu:vɪ set]
filmcamera (de)	camera	['kæmərə]
bioscoop (de)	movie theater	['mu:vɪ 'θɪətə(r)]
scherm (het)	screen	[skri:n]
een film vertonen	to show a movie	[tə ʃəʊ ə 'mu:vɪ]
geluidsspoor (de)	soundtrack	['saʊndtræk]
speciale effecten (mv.)	special effects	['speʃəl ɪ'fekts]
ondertiteling (de)	subtitles	['sʌb‚taɪtəlz]

| voortiteling, aftiteling (de) | credits | ['kredɪts] |
| vertaling (de) | translation | [træns'leɪʃən] |

151. Schilderij

kunst (de)	art	[ɑːt]
schone kunsten (mv.)	fine arts	['faɪn ˌɑːts]
kunstgalerie (de)	art gallery	[ɑːt 'gælərɪ]
kunsttentoonstelling (de)	art exhibition	[ɑːt ˌeksɪ'bɪʃən]

schilderkunst (de)	painting	['peɪntɪŋ]
grafiek (de)	graphic art	['græfɪk ɑːt]
abstracte kunst (de)	abstract art	['æbstrækt ɑːt]
impressionisme (het)	impressionism	[ɪm'preʃənɪzəm]

schilderij (het)	picture	['pɪktʃə(r)]
tekening (de)	drawing	['drɔːɪŋ]
poster (de)	poster	['pəʊstə(r)]

illustratie (de)	illustration	[ˌɪlə'streɪʃən]
miniatuur (de)	miniature	['mɪnətʃə(r)]
kopie (de)	copy	['kɒpɪ]
reproductie (de)	reproduction	[ˌriːprə'dʌkʃən]

mozaïek (het)	mosaic	[məʊ'zeɪɪk]
gebrandschilderd glas (het)	stained glass	[steɪnd glɑːs]
fresco (het)	fresco	['freskəʊ]
gravure (de)	engraving	[ɪn'greɪvɪŋ]

buste (de)	bust	[bʌst]
beeldhouwwerk (het)	sculpture	['skʌlptʃə(r)]
beeld (bronzen ~)	statue	['stætʃuː]
gips (het)	plaster of Paris	['plɑːstərəv 'pærɪs]
gipsen (bn)	plaster	['plɑːstə(r)]

portret (het)	portrait	['pɔːtreɪt]
zelfportret (het)	self-portrait	[self 'pɔːtreɪt]
landschap (het)	landscape	['lændskeɪp]
stilleven (het)	still life	[stɪl laɪf]
karikatuur (de)	caricature	['kærɪkəˌtjʊə(r)]

verf (de)	paint	[peɪnt]
aquarel (de)	watercolor	['wɔːtəˌkʌlə]
olieverf (de)	oil	[ɔɪl]
potlood (het)	pencil	['pensəl]
Oostindische inkt (de)	Indian ink	['ɪndɪən ɪŋk]
houtskool (de)	charcoal	['tʃɑːkəʊl]

| tekenen (met krijt) | to draw (vi, vt) | [tə drɔː] |
| schilderen (ww) | to paint (vi, vt) | [tə peɪnt] |

poseren (ww)	to pose (vi)	[tə pəʊz]
naaktmodel (man)	artist's model	['ɑːtɪsts 'mɒdəl]
naaktmodel (vrouw)	artist's model	['ɑːtɪsts 'mɒdəl]

kunstenaar (de)	artist, painter	['ɑːtɪst], ['peɪntə(r)]
kunstwerk (het)	work of art	[wɜːk əv ɑːt]
meesterwerk (het)	masterpiece	['mɑːstəpiːs]
studio, werkruimte (de)	workshop	['wɜːkʃɒp]

schildersdoek (het)	canvas	['kænvəs]
schildersezel (de)	easel	['iːzəl]
palet (het)	palette	['pælət]

lijst (een vergulde ~)	frame	[freɪm]
restauratie (de)	restoration	[ˌrestə'reɪʃən]
restaureren (ww)	to restore (vt)	[tə rɪ'stɔː(r)]

152. Literatuur & Poëzie

literatuur (de)	literature	['lɪtrətʃə]
auteur (de)	author	['ɔːθə]
pseudoniem (het)	pseudonym	['sjuːdəʊnɪm]

boek (het)	book	[bʊk]
boekdeel (het)	volume	['vɒljuːm]
inhoudsopgave (de)	table of contents	['teɪbəl əv 'kɒntents]
pagina (de)	page	[peɪdʒ]
hoofdpersoon (de)	main character	[meɪn 'kærəktə(r)]
handtekening (de)	autograph	['ɔːtəɡrɑːf]

verhaal (het)	short story	[ʃɔːt 'stɔːrɪ]
novelle (de)	story	['stɔːrɪ]
roman (de)	novel	['nɒvəl]
werk (literatuur)	work	[wɜːk]
fabel (de)	fable	['feɪbəl]
detectiveroman (de)	detective novel	[dɪ'tektɪv 'nɒvəl]

gedicht (het)	poem, verse	['pəʊɪm], [vɜːs]
poëzie (de)	poetry	['pəʊɪtrɪ]
epos (het)	poem	['pəʊɪm]
dichter (de)	poet	['pəʊɪt]

fictie (de)	fiction	['fɪkʃən]
sciencefiction (de)	science fiction	['saɪəns 'fɪkʃən]
avonturenroman (de)	adventures	[əd'ventʃez]
opvoedkundige literatuur (de)	educational literature	[ˌedʒʊ'keɪʃənəl 'lɪtrətʃə]
kinderliteratuur (de)	children's literature	['tʃɪldrənz 'lɪtrətʃə]

153. Circus

circus (de/het)	circus	['sɜːkəs]
chapiteau circus (de/het)	chapiteau circus	[ʃapito 'sɜːkəs]
programma (het)	program	['prəʊɡræm]
voorstelling (de)	performance	[pə'fɔːməns]
nummer (circus ~)	act	[ækt]
arena (de)	circus ring	['sɜːkəs rɪŋ]

pantomime (de)	pantomime	['pæntəmaim]
clown (de)	clown	[klaʊn]
acrobaat (de)	acrobat	['ækrəbæt]
acrobatiek (de)	acrobatics	[ˌækrə'bætɪks]
gymnast (de)	gymnast	['dʒɪmnæst]
gymnastiek (de)	gymnastics	[dʒɪm'næstɪks]
salto (de)	somersault	['sʌməsɔːlt]
sterke man (de)	strongman	['strɒŋmæn]
temmer (de)	animal-tamer	['ænɪməl 'teɪmə(r)]
ruiter (de)	equestrian	[ɪ'kwestrɪən]
assistent (de)	assistant	[ə'sɪstənt]
stunt (de)	stunt	[stʌnt]
goocheltruc (de)	magic trick	['mædʒɪk trɪk]
goochelaar (de)	magician	[mə'dʒɪʃən]
jongleur (de)	juggler	['dʒʌglə(r)]
jongleren (ww)	to juggle (vi, vt)	[tə 'dʒʌgəl]
dierentrainer (de)	animal trainer	['ænɪməl 'treɪnə(r)]
dressuur (de)	animal training	['ænɪməl 'treɪnɪŋ]
dresseren (ww)	to train (vt)	[tə treɪn]

154. Muziek. Popmuziek

muziek (de)	music	['mjuːzɪk]
muzikant (de)	musician	[mjuː'zɪʃən]
muziekinstrument (het)	musical instrument	['mjuːzɪkəl 'ɪnstrʊmənt]
spelen (bijv. gitaar ~)	to play ...	[tə pleɪ]
gitaar (de)	guitar	[gɪ'tɑː(r)]
viool (de)	violin	[ˌvaɪə'lɪn]
cello (de)	cello	['tʃeləʊ]
contrabas (de)	double bass	['dʌbəl beɪs]
harp (de)	harp	[hɑːp]
piano (de)	piano	[pɪ'ænəʊ]
vleugel (de)	grand piano	[grænd pɪ'ænəʊ]
orgel (het)	organ	['ɔːgən]
blaasinstrumenten (mv.)	wind instruments	[wɪnd 'ɪnstrʊmənts]
hobo (de)	oboe	['əʊbəʊ]
saxofoon (de)	saxophone	['sæksəfəʊn]
klarinet (de)	clarinet	[ˌklærə'net]
fluit (de)	flute	[fluːt]
trompet (de)	trumpet	['trʌmpɪt]
accordeon (de/het)	accordion	[ə'kɔːdɪən]
trommel (de)	drum	[drʌm]
duet (het)	duo	['djuːəʊ]
trio (het)	trio	['triːəʊ]
kwartet (het)	quartet	[kwɔː'tet]

koor (het)	**choir**	[ˈkwaɪə(r)]
orkest (het)	**orchestra**	[ˈɔːkɪstrə]
popmuziek (de)	**pop music**	[pɒp ˈmjuːzɪk]
rockmuziek (de)	**rock music**	[rɒk ˈmjuːzɪk]
rockgroep (de)	**rock group**	[rɒk gruːp]
jazz (de)	**jazz**	[dʒæz]
idool (het)	**idol**	[ˈaɪdəl]
bewonderaar (de)	**admirer, fan**	[ədˈmaɪərə], [fæn]
concert (het)	**concert**	[ˈkɒnsət]
symfonie (de)	**symphony**	[ˈsɪmfənɪ]
compositie (de)	**composition**	[ˌkɒmpəˈzɪʃən]
componeren (muziek ~)	**to compose** (vt)	[tə kəmˈpəʊz]
zang (de)	**singing**	[ˈsɪŋɪŋ]
lied (het)	**song**	[sɒŋ]
melodie (de)	**tune**	[tjuːn]
ritme (het)	**rhythm**	[ˈrɪðəm]
blues (de)	**blues**	[bluːz]
bladmuziek (de)	**sheet music**	[ʃiːt ˈmjuːzɪk]
dirigeerstok (baton)	**baton**	[ˈbætən]
strijkstok (de)	**bow**	[bəʊ]
snaar (de)	**string**	[strɪŋ]
koffer (de)	**case**	[keɪs]

Rusten. Entertainment. Reizen

155. Trip. Reizen

toerisme (het)	tourism	['tʊərɪzəm]
toerist (de)	tourist	['tʊərɪst]
reis (de)	trip	[trɪp]
avontuur (het)	adventure	[əd'ventʃə(r)]
tocht (de)	trip, journey	[trɪp], ['dʒɜːnɪ]
vakantie (de)	vacation	[və'keɪʃən]
met vakantie zijn	to be on vacation	[tə bi ɒn və'keɪʃən]
rust (de)	rest	[rest]
trein (de)	train	[treɪn]
met de trein	by train	[baɪ treɪn]
vliegtuig (het)	airplane	['eəpleɪn]
met het vliegtuig	by airplane	[baɪ 'eəpleɪn]
met de auto	by car	[baɪ kɑː(r)]
per schip (bw)	by ship	[baɪ ʃɪp]
bagage (de)	luggage	['lʌgɪdʒ]
valies (de)	suitcase, luggage	['suːtkeɪs], ['lʌgɪdʒ]
bagagekarretje (het)	luggage cart	['lʌgɪdʒ kɑːt]
paspoort (het)	passport	['pɑːspɔːt]
visum (het)	visa	['viːzə]
kaartje (het)	ticket	['tɪkɪt]
vliegticket (het)	air ticket	['eə 'tɪkɪt]
reisgids (de)	guidebook	['gaɪdbʊk]
kaart (de)	map	[mæp]
gebied (landelijk ~)	area	['eərɪə]
plaats (de)	place, site	[pleɪs], [saɪt]
exotische bestemming (de)	exotic	[ɪg'zɒtɪk]
exotisch (bn)	exotic	[ɪg'zɒtɪk]
verwonderlijk (bn)	amazing	[ə'meɪzɪŋ]
groep (de)	group	[gruːp]
rondleiding (de)	excursion	[ɪk'skɜːʃən]
gids (de)	guide	[gaɪd]

156. Hotel

motel (het)	motel	[məʊ'tel]
3-sterren	three-star	[θri: stɑː(r)]
5-sterren	five-star	[ˌfaɪv 'stɑː(r)]

overnachten (ww)	to stay (vi)	[tə steɪ]
kamer (de)	room	[rʊːm]
eenpersoonskamer (de)	single room	[ˈsɪŋɡəl ruːm]
tweepersoonskamer (de)	double room	[ˈdʌbəl ruːm]
een kamer reserveren	to book a room	[tə bʊk ə ruːm]

halfpension (het)	half board	[hɑːf bɔːd]
volpension (het)	full board	[fʊl bɔːd]

met badkamer	with bath	[wɪð bɑːθ]
met douche	with shower	[wɪð ˈʃaʊə(r)]
satelliet-tv (de)	satellite television	[ˈsætəlaɪt ˈtelɪˌvɪʒən]
airconditioner (de)	air-conditioner	[eə kənˈdɪʃənə]
handdoek (de)	towel	[ˈtaʊəl]
sleutel (de)	key	[kiː]

administrateur (de)	administrator	[ədˈmɪnɪstreɪtə(r)]
kamermeisje (het)	chambermaid	[ˈtʃeɪmbəˌmeɪd]
piccolo (de)	porter, bellboy	[ˈpɔːtə(r)], [ˈbelbɔɪ]
portier (de)	doorman	[ˈdɔːmən]

restaurant (het)	restaurant	[ˈrestrɒnt]
bar (de)	pub, bar	[pʌb], [bɑː(r)]
ontbijt (het)	breakfast	[ˈbrekfəst]
avondeten (het)	dinner	[ˈdɪnə(r)]
buffet (het)	buffet	[bəˈfeɪ]

lift (de)	elevator	[ˈelɪveɪtə(r)]
NIET STOREN	DO NOT DISTURB	[du nɒt dɪˈstɜːb]
VERBODEN TE ROKEN!	NO SMOKING	[nəʊ ˈsməʊkɪŋ]

157. Boeken. Lezen

boek (het)	book	[bʊk]
auteur (de)	author	[ˈɔːθə]
schrijver (de)	writer	[ˈraɪtə(r)]
schrijven (een boek)	to write (vt)	[tə raɪt]

lezer (de)	reader	[ˈriːdə(r)]
lezen (ww)	to read (vi, vt)	[tə riːd]
lezen (het)	reading	[ˈriːdɪŋ]

stil (~ lezen)	silently	[ˈsaɪləntlɪ]
hardop (~ lezen)	aloud	[əˈlaʊd]

uitgeven (boek ~)	to publish (vt)	[tə ˈpʌblɪʃ]
uitgeven (het)	publishing	[ˈpʌblɪʃɪŋ]
uitgever (de)	publisher	[ˈpʌblɪʃə(r)]
uitgeverij (de)	publishing house	[ˈpʌblɪʃɪŋ ˌhaʊs]

verschijnen (bijv. boek)	to come out	[tə kʌm aʊt]
verschijnen (het)	release	[rɪˈliːs]
oplage (de)	print run	[prɪnt rʌn]
boekhandel (de)	bookstore	[ˈbʊkstɔː(r)]

bibliotheek (de)	library	['laɪbrərɪ]
novelle (de)	story	['stɔːrɪ]
verhaal (het)	short story	[ʃɔːt 'stɔːrɪ]
roman (de)	novel	['nɒvəl]
detectiveroman (de)	detective novel	[dɪ'tektɪv 'nɒvəl]

memoires (mv.)	memoirs	['memwɑːz]
legende (de)	legend	['ledʒənd]
mythe (de)	myth	[mɪθ]

| gedichten (mv.) | poetry, poems | ['pəʊɪtrɪ], ['pəʊɪmz] |
| autobiografie (de) | autobiography | [ˌɔːtəbaɪ'ɒgrəfɪ] |

| bloemlezing (de) | selected works | [sɪ'lektɪd wɜːks] |
| sciencefiction (de) | science fiction | ['saɪəns 'fɪkʃən] |

naam (de)	title	['taɪtəl]
inleiding (de)	introduction	[ˌɪntrə'dʌkʃən]
voorblad (het)	title page	['taɪtəl peɪdʒ]

hoofdstuk (het)	chapter	['tʃæptə(r)]
fragment (het)	extract	['ekstrækt]
episode (de)	episode	['epɪsəʊd]

intrige (de)	plot, storyline	[plɒt], ['stɔːrɪlaɪn]
inhoud (de)	contents	['kɒntents]
hoofdpersonage (het)	main character	[meɪn 'kærəktə(r)]

boekdeel (het)	volume	['vɒljuːm]
omslag (de/het)	cover	['kʌvə(r)]
bladwijzer (de)	bookmark	['bʊkmɑːk]

pagina (de)	page	[peɪdʒ]
bladeren (ww)	to page through	[tə peɪdʒ θruː]
marges (mv.)	margins	['mɑːdʒɪnz]

| annotatie (de) | annotation | [ˌænə'teɪʃən] |
| opmerking (de) | footnote | ['fʊtnəʊt] |

tekst (de)	text	[tekst]
lettertype (het)	type, font	[taɪp], [fɒnt]
drukfout (de)	misprint, typo	['mɪsprɪnt], ['taɪpəʊ]

vertaling (de)	translation	[træns'leɪʃən]
vertalen (ww)	to translate (vt)	[tə træns'leɪt]
origineel (het)	original	[ɒ'rɪdʒɪnəl]

| beroemd (bn) | famous | ['feɪməs] |
| onbekend (bn) | unknown | [ˌʌn'nəʊn] |

| interessant (bn) | interesting | ['ɪntrəstɪŋ] |
| bestseller (de) | bestseller | [best 'selə(r)] |

woordenboek (het)	dictionary	['dɪkʃənərɪ]
leerboek (het)	textbook	['tekstbʊk]
encyclopedie (de)	encyclopedia	[ɪnˌsaɪkləʊ'piːdjə]

158. Jacht. Vissen.

jacht (de)	hunting	['hʌntɪŋ]
jagen (ww)	to hunt (vi, vt)	[tə hʌnt]
jager (de)	hunter	['hʌntə(r)]
schieten (ww)	to shoot (vi)	[tə ʃuːt]
geweer (het)	rifle	['raɪfəl]
patroon (de)	bullet, cartridge	['bʊlɪt], ['kɑːtrɪdʒ]
hagel (de)	shot	[ʃɒt]
val (de)	trap	[træp]
valstrik (de)	snare	[sneə(r)]
in de val trappen	to fall into the trap	[tə fɔːl 'ɪntʊ ðə træp]
een val zetten	to lay a trap	[tə ˌleɪ ə 'træp]
stroper (de)	poacher	['pəʊtʃə(r)]
wild (het)	game	[geɪm]
jachthond (de)	hound dog	[haʊnd dɒg]
safari (de)	safari	[səˈfɑːrɪ]
opgezet dier (het)	mounted animal	['maʊntɪd 'ænɪməl]
visser (de)	fisherman	['fɪʃəmən]
visvangst (de)	fishing	['fɪʃɪŋ]
vissen (vv)	to fish (vi)	[tə fɪʃ]
hengel (de)	fishing rod	['fɪʃɪŋ ˌrɒd]
vislijn (de)	fishing line	['fɪʃɪŋ ˌlaɪn]
haak (de)	hook	[hʊk]
dobber (de)	float	[fləʊt]
aas (het)	bait	[beɪt]
de hengel uitwerpen	to cast a line	[tə kɑːst ə laɪn]
bijten (ov. de vissen)	to bite (vi)	[tə baɪt]
vangst (de)	catch of fish	[kætʃ əv fɪʃ]
wak (het)	ice-hole	['aɪs ˌhəʊl]
net (het)	net	[net]
boot (de)	boat	[bəʊt]
vissen met netten	to net (vi, vt)	[tə net]
het net uitwerpen	to cast the net	[tə kɑːst ðə net]
het net binnenhalen	to haul in the net	[tə hɔːl ɪn ðə net]
in het net vallen	to fall into the net	[tə fɔːl 'ɪntʊ ðə net]
walvisvangst (de)	whaler	['weɪlə(r)]
walvisvaarder (de)	whaleboat	['weɪlbəʊt]
harpoen (de)	harpoon	[hɑːˈpuːn]

159. Spellen. Biljart

biljart (het)	billiards	['bɪljədz]
biljartzaal (de)	billiard room	['bɪljədz ruːm]
biljartbal (de)	ball	[bɔːl]

een bal in het gat jagen	to pocket a ball	[tə 'pɒkɪt ə bɔːl]
keu (de)	cue	[kjuː]
gat (het)	pocket	['pɒkɪt]

160. Spellen. Speelkaarten

ruiten (mv.)	diamonds	['daɪəməndz]
schoppen (mv.)	spades	[speɪdz]
klaveren (mv.)	hearts	[hɑːts]
harten (mv.)	clubs	[klʌbz]

aas (de)	ace	[eɪs]
koning (de)	king	[kɪŋ]
dame (de)	queen	[kwiːn]
boer (de)	jack, knave	[dʒæk], [neɪv]

speelkaart (de)	playing card	['pleɪɪŋ kɑːd]
kaarten (mv.)	cards	[kɑːdz]
troef (de)	trump	[trʌmp]
pak (het) kaarten	deck of cards	[dek əv kɑːdz]

punt (bijv. vijftig ~en)	point	[pɔɪnt]
uitdelen (kaarten ~)	to deal (vi, vt)	[tə diːl]
schudden (de kaarten ~)	to shuffle (vt)	[tə 'ʃʌfəl]
beurt (de)	lead, turn	[led], [tɜːn]
valsspeler (de)	cardsharp	[kɑːd 'ʃɑːp]

161. Casino. Roulette

casino (het)	casino	[kə'siːnəʊ]
roulette (de)	roulette	[ruː'let]
inzet (de)	bet, stake	[bet], [steɪk]
een bod doen	to place bets	[tə pleɪs bets]

rood (de)	red	[red]
zwart (de)	black	[blæk]
inzetten op rood	to bet on red	[tə bet ɒn red]
inzetten op zwart	to bet on black	[tə bet ɒn blæk]

croupier (de)	croupier	['kruːpɪə(r)]
de cilinder draaien	to turn the wheel	[tə tɜːn ðə wiːl]
spelregels (mv.)	rules	[ruːlz]
fiche (pokerfiche, etc.)	chip	[tʃɪp]

winnen (ww)	to win (vi, vt)	[tə wɪn]
winst (de)	winnings	['wɪnɪŋz]

verliezen (ww)	to lose (vt)	[tə luːz]
verlies (het)	loss	[lɒs]

speler (de)	player	['pleɪə(r)]
blackjack (kaartspel)	blackjack	['blæk‚dʒæk]

dobbelspel (het)	craps, dice	[kræps], [daɪs]
dobbelstenen (mv.)	dice	[daɪs]
speelautomaat (de)	slot machine	[slɒt mə'ʃiːn]

162. Rusten. Spellen. Diversen

wandelen (on.ww.)	to stroll (vi, vt)	[tə strəʊl]
wandeling (de)	walk, stroll	[wɔːk], [strəʊl]
trip (per auto)	pleasure-ride, trip	['pleʒə raɪd], [trɪp]
avontuur (het)	adventure	[əd'ventʃə(r)]
picknick (de)	picnic	['pɪknɪk]

spel (het)	game	[geɪm]
speler (de)	player	['pleɪə(r)]
partij (de)	game	[geɪm]

collectioneur (de)	collector	[kə'lektə(r)]
collectioneren (ww)	to collect (vt)	[tə kə'lekt]
collectie (de)	collection	[kə'lekʃən]

kruiswoordraadsel (het)	crossword puzzle	['krɒswɜːd 'pʌzəl]
hippodroom (de)	racetrack	['reɪstræk]
discotheek (de)	discotheque	['dɪskəʊtek]

| sauna (de) | sauna | ['sɔːnə] |
| loterij (de) | lottery | ['lɒtərɪ] |

trektocht (kampeertocht)	camping trip	['kæmpɪŋ trɪp]
kamp (het)	camp	[kæmp]
tent (de)	tent	[tent]
kompas (het)	compass	['kʌmpəs]
rugzaktoerist (de)	camper	['kæmpə(r)]

bekijken (een film ~)	to watch (vt)	[tə wɒtʃ]
kijker (televisie~)	viewer	['vjuːə(r)]
televisie-uitzending (de)	TV show	[ˌtiː'viː ʃəʊ]

163. Fotografie

| fotocamera (de) | camera | ['kæmərə] |
| foto (de) | photo, picture | ['fəʊtəʊ], ['pɪktʃə(r)] |

fotograaf (de)	photographer	[fə'tɒgrəfə(r)]
fotostudio (de)	photo studio	['fəʊtəʊ 'stjuːdɪəʊ]
fotoalbum (het)	photo album	['fəʊtəʊ 'ælbəm]

lens (de), objectief (het)	camera lens	['kæmərə lenz]
telelens (de)	telephoto lens	[ˌtelɪ'fəʊtəʊ lenz]
filter (de/het)	filter	['fɪltə(r)]
lens (de)	lens	[lenz]
optiek (de)	optics	['ɒptɪks]
diafragma (het)	diaphragm, aperture	['daɪəfræm], ['æpəˌtjʊə]

belichtingstijd (de)	**exposure time**	[ɪk'spəʊʒə ˌtaɪm]
zoeker (de)	**viewfinder**	['vjuːˌfaɪndə(r)]
digitale camera (de)	**digital camera**	['dɪdʒɪtəl 'kæmərə]
statief (het)	**tripod**	['traɪpɒd]
flits (de)	**flash**	[flæʃ]
fotograferen (ww)	**to photograph** (vt)	[tə 'fəʊtəɡrɑːf]
kieken (foto's maken)	**to take pictures**	[tə ˌteɪk 'pɪktʃəz]
focus (de)	**focus**	['fəʊkəs]
scherpstellen (ww)	**to adjust the focus**	[tə ə'dʒʌst ðə 'fəʊkəs]
scherp (bn)	**sharp**	[ʃɑːp]
scherpte (de)	**sharpness**	['ʃɑːpnɪs]
contrast (het)	**contrast**	['kɒntrɑːst]
contrastrijk (bn)	**contrasty**	['kɒntrɑːstɪ]
kiekje (het)	**picture**	['pɪktʃə(r)]
negatief (het)	**negative**	['neɡətɪv]
filmpje (het)	**film**	[fɪlm]
beeld (frame)	**frame**	[freɪm]
afdrukken (foto's ~)	**to print** (vt)	[tə prɪnt]

164. Strand. Zwemmen

strand (het)	**beach**	[biːtʃ]
zand (het)	**sand**	[sænd]
leeg (~ strand)	**deserted**	[dɪ'zɜːtɪd]
bruine kleur (de)	**suntan**	['sʌntæn]
zonnebaden (ww)	**to get a tan**	[tə ɡet ə tæn]
gebruind (bn)	**tan**	[tæn]
zonnecrème (de)	**sunscreen**	['sʌnskriːn]
bikini (de)	**bikini**	[bɪ'kiːnɪ]
badpak (het)	**bathing suit**	['beɪðɪŋ suːt]
zwembroek (de)	**swim briefs**	['swɪm briːfs]
zwembad (het)	**swimming pool**	['swɪmɪŋ puːl]
zwemmen (ww)	**to swim** (vi)	[tə swɪm]
douche (de)	**shower**	['ʃaʊə(r)]
zich omkleden (ww)	**to change** (vi)	[tə tʃeɪndʒ]
handdoek (de)	**towel**	['taʊəl]
boot (de)	**boat**	[bəʊt]
motorboot (de)	**motorboat**	['məʊtəbəʊt]
waterski's (mv.)	**water ski**	['wɔːtə skiː]
waterfiets (de)	**paddle boat**	['pædəl bəʊt]
surfen (het)	**surfing**	['sɜːfɪŋ]
surfer (de)	**surfer**	['sɜːfə(r)]
scuba, aqualong (de)	**scuba set**	['skuːbə set]
zwemvliezen (mv.)	**flippers**	['flɪpəz]

duikmasker (het)	**mask**	[mɑ:sk]
duiker (de)	**diver**	[ˈdaɪvə(r)]
duiken (ww)	**to dive** (vi)	[tə daɪv]
onder water (bw)	**underwater**	[ˌʌndəˈwɔ:tə(r)]
parasol (de)	**beach umbrella**	[bi:tʃ ʌmˈbrelə]
ligstoel (de)	**beach chair**	[bi:tʃ tʃeə]
zonnebril (de)	**sunglasses**	[ˈsʌnˌglɑ:sɪz]
luchtmatras (de/het)	**air mattress**	[eə ˈmætrɪs]
spelen (ww)	**to play** (vi)	[tə pleɪ]
gaan zwemmen (ww)	**to go for a swim**	[tə gəʊ fɔrə swɪm]
bal (de)	**beach ball**	[bi:tʃ bɔ:l]
opblazen (oppompen)	**to inflate** (vt)	[tə ɪnˈfleɪt]
lucht-, opblaasbare (bn)	**inflatable, air**	[ɪnˈfleɪtəbəl], [eə]
golf (hoge ~)	**wave**	[weɪv]
boei (de)	**buoy**	[ˈbu:ɪ]
verdrinken (ww)	**to drown** (vi)	[tə draʊn]
redden (ww)	**to save, to rescue**	[tə seɪv], [tə ˈreskju:]
reddingsvest (de)	**life vest**	[ˈlaɪf vest]
waarnemen (ww)	**to observe, to watch**	[tə əbˈzɜ:v], [tə wɒtʃ]

TECHNISCHE APPARATUUR. VERVOER

Technische apparatuur

165. Computer

computer (de)	computer	[kəm'pju:tə(r)]
laptop (de)	notebook, laptop	['nəʊtbʊk], ['læptɒp]
aanzetten (ww)	to switch on (vt)	[tə swɪtʃ ɒn]
uitzetten (ww)	to turn off (vt)	[tə tɜ:n ɒf]
toetsenbord (het)	keyboard	['ki:bɔ:d]
toets (enter~)	key	[ki:]
muis (de)	mouse	[maʊs]
muismat (de)	mouse pad	[maʊs pæd]
knopje (het)	button	['bʌtən]
cursor (de)	cursor	['kɜ:sə(r)]
monitor (de)	monitor	['mɒnɪtə(r)]
scherm (het)	screen	[skri:n]
harde schijf (de)	hard disk	[hɑ:d dɪsk]
volume (het)	hard disk volume	[hɑ:d dɪsk 'vɒlju:m]
van de harde schijf		
geheugen (het)	memory	['memərɪ]
RAM-geheugen (het)	random access memory	['rændəm 'ækses 'memərɪ]
bestand (het)	file	[faɪl]
folder (de)	folder	['fəʊldə(r)]
openen (ww)	to open (vt)	[tə 'əʊpən]
sluiten (ww)	to close (vt)	[tə kləʊz]
opslaan (ww)	to save (vt)	[tə seɪv]
verwijderen (wissen)	to delete (vt)	[tə dɪ'li:t]
kopiëren (ww)	to copy (vt)	[tə 'kɒpɪ]
sorteren (ww)	to sort (vt)	[tə sɔ:t]
programma (het)	program	['prəʊgræm]
software (de)	software	['sɒftweə(r)]
programmeur (de)	programmer	['prəʊgræmə(r)]
programmeren (ww)	to program (vt)	[tə 'prəʊgræm]
hacker (computerkraker)	hacker	['hækə(r)]
wachtwoord (het)	password	['pɑ:swɜ:d]
virus (het)	virus	['vaɪrəs]
ontdekken (virus ~)	to find, to detect	[tə faɪnd], [tə dɪ'tekt]
byte (de)	byte	[baɪt]

megabyte (de)	**megabyte**	['megəbaɪt]
data (de)	**data**	['deɪtə]
databank (de)	**database**	['deɪtəbeɪs]

kabel (USB-~, enz.)	**cable**	['keɪbəl]
afsluiten (ww)	**to disconnect** (vt)	[tə ˌdɪskə'nekt]
aansluiten op (ww)	**to connect** (vt)	[tə kə'nekt]

166. Internet. E-mail

internet (het)	**Internet**	['ɪntənet]
browser (de)	**browser**	['braʊzə(r)]
zoekmachine (de)	**search engine**	[sɜːtʃ 'endʒɪn]
internetprovider (de)	**provider**	[prə'vaɪdə(r)]

webmaster (de)	**web master**	[web 'mɑːstə(r)]
website (de)	**website**	['websaɪt]
webpagina (de)	**web page**	[web peɪdʒ]

adres (het)	**address**	[ə'dres]
adresboek (het)	**address book**	[ə'dres bʊk]

postvak (het)	**mailbox**	['meɪlbɒks]
post (de)	**mail**	[meɪl]
vol (~ postvak)	**full**	[fʊl]

bericht (het)	**message**	['mesɪdʒ]
binnenkomende berichten (mv.)	**incoming messages**	['ɪnˌkʌmɪŋ 'mesɪdʒɪz]
uitgaande berichten (mv.)	**outgoing messages**	['aʊtˌgəʊɪŋ 'mesɪdʒɪz]

verzender (de)	**sender**	['sendə(r)]
verzenden (ww)	**to send** (vt)	[tə send]
verzending (de)	**sending**	['sendɪŋ]

ontvanger (de)	**receiver**	[rɪ'siːvə(r)]
ontvangen (ww)	**to receive** (vt)	[tə rɪ'siːv]

correspondentie (de)	**correspondence**	[ˌkɒrɪ'spɒndəns]
corresponderen (met ...)	**to correspond** (vi)	[tə ˌkɒrɪ'spɒnd]

bestand (het)	**file**	[faɪl]
downloaden (ww)	**to download** (vt)	[tə 'daʊnləʊd]
creëren (ww)	**to create** (vt)	[tə kriː'eɪt]
verwijderen (een bestand ~)	**to delete** (vt)	[tə dɪ'liːt]
verwijderd (bn)	**deleted**	[dɪ'liːtɪd]

verbinding (de)	**connection**	[kə'nekʃən]
snelheid (de)	**speed**	[spiːd]
modem (de)	**modem**	['məʊdem]
toegang (de)	**access**	['ækses]
poort (de)	**port**	[pɔːt]
aansluiting (de)	**connection**	[kə'nekʃən]
zich aansluiten (ww)	**to connect to ...**	[tə kə'nekt tə]

| selecteren (ww) | to select (vt) | [tə sɪ'lekt] |
| zoeken (ww) | to search for ... | [tə sɜ:tʃ fɔ:(r)] |

167. Elektriciteit

elektriciteit (de)	electricity	[ˌɪlek'trɪsətɪ]
elektrisch (bn)	electrical	[ɪ'lektrɪkəl]
elektriciteitscentrale (de)	electric power station	[ɪ'lektrɪk 'paʊə 'steɪʃən]
energie (de)	energy	['enədʒɪ]
elektrisch vermogen (het)	electric power	[ɪ'lektrɪk 'paʊə]

lamp (de)	light bulb	['laɪt ˌbʌlb]
zaklamp (de)	flashlight	['flæʃlaɪt]
straatlantaarn (de)	street light	['stri:t laɪt]

licht (elektriciteit)	light	[laɪt]
aandoen (ww)	to turn on (vt)	[tə tɜ:n ɒn]
uitdoen (ww)	to turn off (vt)	[tə tɜ:n ɒf]
het licht uitdoen	to turn off the light	[tə tɜ:n ɒf ðə laɪt]

doorbranden (gloeilamp)	to burn out (vi)	[tə bɜ:n aʊt]
kortsluiting (de)	short circuit	[ʃɔ:t 'sɜ:kɪt]
onderbreking (de)	broken wire	['brəʊkən 'waɪə]
contact (het)	contact	['kɒntækt]

schakelaar (de)	switch	[swɪtʃ]
stopcontact (het)	wall socket	[wɔ:l 'sɒkɪt]
stekker (de)	plug	[plʌg]
verlengsnoer (de)	extension cord	[ɪk'stenʃən ˌkɔ:d]

zekering (de)	fuze, fuse	[fju:z]
kabel (de)	cable, wire	['keɪbəl], ['waɪə]
bedrading (de)	wiring	['waɪərɪŋ]

ampère (de)	ampere	['æmpeə(r)]
stroomsterkte (de)	amperage	['æmpərɪdʒ]
volt (de)	volt	[vəʊlt]
spanning (de)	voltage	['vəʊltɪdʒ]

| elektrisch toestel (het) | electrical device | [ɪ'lektrɪkəl dɪ'vaɪs] |
| indicator (de) | indicator | ['ɪndɪkeɪtə(r)] |

elektricien (de)	electrician	[ˌɪlek'trɪʃən]
solderen (ww)	to solder (vt)	[tə 'səʊldə]
soldeerbout (de)	soldering iron	['səʊldərɪŋ 'aɪrən]
stroom (de)	current	['kʌrənt]

168. Gereedschappen

werktuig (stuk gereedschap)	tool, instrument	[tu:l], ['ɪnstrʊmənt]
gereedschap (het)	tools	[tu:lz]
uitrusting (de)	equipment	[ɪ'kwɪpmənt]

hamer (de)	hammer	['hæmə(r)]
schroevendraaier (de)	screwdriver	['skruːˌdraɪvə(r)]
bijl (de)	ax	[æks]

zaag (de)	saw	[sɔː]
zagen (ww)	to saw (vt)	[tə sɔː]
schaaf (de)	plane	[pleɪn]
schaven (ww)	to plane (vt)	[tə pleɪn]
soldeerbout (de)	soldering iron	['səʊldərɪŋ 'aɪrən]
solderen (ww)	to solder (vt)	[tə 'səʊldə]

vijl (de)	file	[faɪl]
nijptang (de)	carpenter pincers	['kɑːpəntə 'pɪnsəz]
combinatietang (de)	lineman's pliers	['laɪnməns 'plaɪəz]
beitel (de)	chisel	['tʃɪzəl]

boorkop (de)	drill bit	[drɪl bɪt]
boormachine (de)	electric drill	[ɪ'lektrɪk drɪl]
boren (ww)	to drill (vi, vt)	[tə drɪl]

mes (het)	knife	[naɪf]
zakmes (het)	pocket knife	['pɒkɪt ˌnaɪf]
knip- (abn)	folding	['fəʊldɪŋ]
lemmet (het)	blade	[bleɪd]

scherp (bijv. ~ mes)	sharp	[ʃɑːp]
bot (bn)	blunt	[blʌnt]
bot raken (ww)	to get blunt	[tə get blʌnt]
slijpen (een mes ~)	to sharpen (vt)	[tə 'ʃɑːpən]

bout (de)	bolt	[bəʊlt]
moer (de)	nut	[nʌt]
schroefdraad (de)	thread	[θred]
houtschroef (de)	wood screw	[wʊd skruː]

| nagel (de) | nail | [neɪl] |
| kop (de) | nailhead | ['neɪlhed] |

liniaal (de/het)	ruler	['ruːlə(r)]
rolmeter (de)	tape measure	[teɪp 'meʒə(r)]
waterpas (de/het)	spirit level	['spɪrɪt 'levəl]
loep (de)	magnifying glass	['mægnɪfaɪɪŋ glɑːs]

meetinstrument (het)	measuring instrument	['meʒərɪŋ 'ɪnstrʊmənt]
opmeten (ww)	to measure (vt)	[tə 'meʒə(r)]
schaal (meetschaal)	scale	[skeɪl]
gegevens (mv.)	readings	['riːdɪŋz]

| compressor (de) | compressor | [kəm'presə] |
| microscoop (de) | microscope | ['maɪkrəskəʊp] |

pomp (de)	pump	[pʌmp]
robot (de)	robot	['rəʊbɒt]
laser (de)	laser	['leɪzə(r)]
moersleutel (de)	wrench	[rentʃ]
plakband (de)	adhesive tape	[əd'hiːsɪv teɪp]

lijm (de)	glue	[glu:]
schuurpapier (het)	emery paper	['eməri 'peipə]
veer (de)	spring	[sprɪŋ]
magneet (de)	magnet	['mægnɪt]
handschoenen (mv.)	gloves	[glʌvz]

touw (bijv. henneptouw)	rope	['rəʊp]
snoer (het)	cord	[kɔ:d]
draad (de)	wire	['waɪə(r)]
kabel (de)	cable	['keɪbəl]

moker (de)	sledgehammer	['sledʒˌhæmə(r)]
breekijzer (het)	crowbar	['krəʊbɑ:(r)]
ladder (de)	ladder	['lædə]
trapje (inklapbaar ~)	stepladder	['stepˌlædə(r)]

aanschroeven (ww)	to screw (vt)	[tə skru:]
losschroeven (ww)	to unscrew (vt)	[tə ˌʌn'skru:]
dichtpersen (ww)	to tighten (vt)	[tə 'taɪtən]
vastlijmen (ww)	to glue, to stick	[tə glu:], [tə stɪk]
snijden (ww)	to cut (vt)	[tə kʌt]

defect (het)	malfunction	[ˌmæl'fʌŋkʃən]
reparatie (de)	repair	[rɪ'peə(r)]
repareren (ww)	to repair (vt)	[tə rɪ'peə(r)]
regelen (een machine ~)	to adjust (vt)	[tə ə'dʒʌst]

nakijken (ww)	to check (vt)	[tə tʃek]
controle (de)	checking	['tʃekɪŋ]
gegevens (mv.)	readings	['ri:dɪŋz]

| degelijk (bijv. ~ machine) | reliable | [rɪ'laɪəbəl] |
| ingewikkeld (bn) | complicated | ['kɒmplɪkeɪtɪd] |

roesten (ww)	to rust (vi)	[tə rʌst]
roestig (bn)	rusty, rusted	['rʌstɪ], ['rʌstɪd]
roest (de/het)	rust	[rʌst]

Vervoer

169. Vliegtuig

vliegtuig (het)	airplane	['eəpleɪn]
vliegticket (het)	air ticket	['eə 'tɪkɪt]
luchtvaartmaatschappij (de)	airline	['eəlaɪn]
luchthaven (de)	airport	['eəpɔːt]
supersonisch (bn)	supersonic	[ˌsuːpə'sɒnɪk]
gezagvoerder (de)	captain	['kæptɪn]
bemanning (de)	crew	[kruː]
piloot (de)	pilot	['paɪlət]
stewardess (de)	flight attendant	[ˌflaɪt ə'tendənt]
stuurman (de)	navigator	['nævɪgeɪtə(r)]
vleugels (mv.)	wings	[wɪŋz]
staart (de)	tail	[teɪl]
cabine (de)	cockpit	['kɒkpɪt]
motor (de)	engine	['endʒɪn]
landingsgestel (het)	undercarriage	['ʌndəˌkærɪdʒ]
turbine (de)	turbine	['tɜːbaɪn]
propeller (de)	propeller	[prə'pelə(r)]
zwarte doos (de)	black box	[blæk bɒks]
stuur (het)	control column	[kən'trəʊl 'kɒləm]
brandstof (de)	fuel	[fjʊəl]
veiligheidskaart (de)	safety card	['seɪftɪ kɑːd]
zuurstofmasker (het)	oxygen mask	['ɒksɪdʒən mɑːsk]
uniform (het)	uniform	['juːnɪfɔːm]
reddingsvest (de)	life vest	['laɪf vest]
parachute (de)	parachute	['pærəʃuːt]
opstijgen (het)	takeoff	[teɪkɒf]
opstijgen (ww)	to take off (vi)	[tə teɪk ɒf]
startbaan (de)	runway	['rʌnˌweɪ]
zicht (het)	visibility	[ˌvɪzɪ'bɪlɪtɪ]
vlucht (de)	flight	[flaɪt]
hoogte (de)	altitude	['æltɪtjuːd]
luchtzak (de)	air pocket	[eə 'pɒkɪt]
plaats (de)	seat	[siːt]
koptelefoon (de)	headphones	['hedfəʊnz]
tafeltje (het)	folding tray	['fəʊldɪŋ treɪ]
venster (het)	window	['wɪndəʊ]
gangpad (het)	aisle	[aɪl]

170. Trein

trein (de)	train	[treɪn]
elektrische trein (de)	suburban train	[sə'bɜːbən treɪn]
sneltrein (de)	express train	[ɪk'spres treɪn]
diesellocomotief (de)	diesel locomotive	['diːzəl ˌləʊkə'məʊtɪv]
locomotief (de)	steam engine	[stiːm 'endʒɪn]

| rijtuig (het) | passenger car | ['pæsɪndʒə kɑː(r)] |
| restauratierijtuig (het) | dining car | ['daɪnɪŋ kɑː] |

rails (mv.)	rails	[reɪlz]
spoorweg (de)	railroad	['reɪlrəʊd]
dwarsligger (de)	railway tie	['reɪlweɪ taɪ]

perron (het)	platform	['plætfɔːm]
spoor (het)	track	[træk]
semafoor (de)	semaphore	['seməfɔː(r)]
halte (bijv. kleine treinhalte)	station	['steɪʃən]

machinist (de)	engineer	[ˌendʒɪ'nɪə(r)]
kruier (de)	porter	['pɔːtə(r)]
conducteur (de)	train steward	['treɪn 'stjʊəd]
passagier (de)	passenger	['pæsɪndʒə(r)]
controleur (de)	conductor	[kən'dʌktə(r)]

gang (in een trein)	corridor	['kɒrɪˌdɔː(r)]
noodrem (de)	emergency break	[ɪ'mɜːdʒənsɪ breɪk]
coupé (de)	compartment	[kəm'pɑːtmənt]
bed (slaapplaats)	berth	[bɜːθ]
bovenste bed (het)	upper berth	['ʌpə bɜːθ]
onderste bed (het)	lower berth	['ləʊə 'bɜːθ]
beddengoed (het)	bed linen	[bed 'lɪnɪn]

kaartje (het)	ticket	['tɪkɪt]
dienstregeling (de)	schedule	['skedʒʊl]
informatiebord (het)	information display	[ˌɪnfə'meɪʃən dɪ'spleɪ]

vertrekken (De trein vertrekt ...)	to leave, to depart	[tə liːv], [tə dɪ'pɑːt]
vertrek (ov. een trein)	departure	[dɪ'pɑːtʃə(r)]
aankomen (ov. de treinen)	to arrive (vi)	[tə ə'raɪv]
aankomst (de)	arrival	[ə'raɪvəl]

aankomen per trein	to arrive by train	[tə ə'raɪv baɪ treɪn]
in de trein stappen	to get on the train	[tə ˌget ɒn ðə 'treɪn]
uit de trein stappen	to get off the train	[tə ˌget ev ðə 'treɪn]

| treinwrak (het) | train wreck | [treɪn rek] |
| ontspoord zijn | to be derailed | [tə bi dɪ'reɪld] |

locomotief (de)	steam engine	[stiːm 'endʒɪn]
stoker (de)	stoker, fireman	['stəʊkə], ['faɪəmən]
stookplaats (de)	firebox	['faɪəbɒks]
steenkool (de)	coal	[kəʊl]

171. Schip

schip (het)	ship	[ʃɪp]
vaartuig (het)	vessel	['vesəl]
stoomboot (de)	steamship	['stiːmʃɪp]
motorschip (het)	riverboat	['rɪvə‚bəʊt]
lijnschip (het)	ocean liner	['əʊʃən 'laɪnə(r)]
kruiser (de)	cruiser	['kruːzə(r)]
jacht (het)	yacht	[jɒt]
sleepboot (de)	tugboat	['tʌgbəʊt]
duwbak (de)	barge	[bɑːdʒ]
ferryboot (de)	ferry	['ferɪ]
zeilboot (de)	sailing ship	['seɪlɪŋ ʃɪp]
brigantijn (de)	brigantine	['brɪgəntiːn]
IJsbreker (de)	ice breaker	['aɪs‚breɪkə(r)]
duikboot (de)	submarine	[‚sʌbmə'riːn]
boot (de)	boat	[bəʊt]
sloep (de)	dinghy	['dɪŋgɪ]
reddingssloep (de)	lifeboat	['laɪfbəʊt]
motorboot (de)	motorboat	['məʊtəbəʊt]
kapitein (de)	captain	['kæptɪn]
zeeman (de)	seaman	['siːmən]
matroos (de)	sailor	['seɪlə(r)]
bemanning (de)	crew	[kruː]
bootsman (de)	boatswain	['bəʊsən]
scheepsjongen (de)	ship's boy	[ʃɪps bɔɪ]
kok (de)	cook	[kʊk]
scheepsarts (de)	ship's doctor	[ʃɪps 'dɒktə(r)]
dek (het)	deck	[dek]
mast (de)	mast	[mɑːst]
zeil (het)	sail	[seɪl]
ruim (het)	hold	[həʊld]
voorsteven (de)	bow	[baʊ]
achtersteven (de)	stern	[stɜːn]
roeispaan (de)	oar	[ɔː(r)]
schroef (de)	propeller	[prə'pelə(r)]
kajuit (de)	cabin	['kæbɪn]
officierskamer (de)	wardroom	['wɔːdrʊm]
machinekamer (de)	engine room	['endʒɪn ‚ruːm]
brug (de)	bridge	[brɪdʒ]
radiokamer (de)	radio room	['reɪdɪəʊ rʊm]
radiogolf (de)	wave	[weɪv]
logboek (het)	logbook	['lɒgbʊk]
verrekijker (de)	spyglass	['spaɪglɑːs]
klok (de)	bell	[bel]

vlag (de)	flag	[flæg]
kabel (de)	rope	['rəʊp]
knoop (de)	knot	[nɒt]

| trapleuning (de) | deckrail | ['dekreɪl] |
| trap (de) | gangway | ['gæŋweɪ] |

anker (het)	anchor	['æŋkə(r)]
het anker lichten	to weigh anchor	[tə weɪ 'æŋkə(r)]
het anker neerlaten	to drop anchor	[tə drɒp 'æŋkə(r)]
ankerketting (de)	anchor chain	['æŋkə ˌtʃeɪn]

haven (bijv. containerhaven)	port	[pɔ:t]
kaai (de)	berth, wharf	[bɜ:θ], [wɔ:f]
aanleggen (ww)	to berth, to moor	[tə bɜ:θ], [tə mɔ:(r)]
wegvaren (ww)	to cast off	[tə kɑ:st ɒf]

reis (de)	trip	[trɪp]
cruise (de)	cruise	[kru:z]
koers (de)	course	[kɔ:s]
route (de)	route	[raʊt]

vaarwater (het)	fairway	['feəweɪ]
zandbank (de)	shallows	['ʃæləʊz]
stranden (ww)	to run aground	[tə rʌn ə'graʊnd]

storm (de)	storm	[stɔ:m]
signaal (het)	signal	['sɪgnəl]
zinken (ov. een boot)	to sink (vi)	[tə sɪŋk]
Man overboord!	Man overboard!	[ˌmæn 'əʊvəbɔ:d]
SOS (noodsignaal)	SOS	[ˌesəʊ'es]
reddingsboei (de)	ring buoy	[rɪŋ bɔɪ]

172. Vliegveld

luchthaven (de)	airport	['eəpɔ:t]
vliegtuig (het)	airplane	['eəpleɪn]
luchtvaartmaatschappij (de)	airline	['eəlaɪn]
luchtverkeersleider (de)	air-traffic controller	['eə 'træfɪk kən'trəʊlə]

vertrek (het)	departure	[dɪ'pɑ:tʃə(r)]
aankomst (de)	arrival	[ə'raɪvəl]
aankomen (per vliegtuig)	to arrive (vi)	[tə ə'raɪv]

| vertrektijd (de) | departure time | [dɪ'pɑ:tʃə ˌtaɪm] |
| aankomstuur (het) | arrival time | [ə'raɪvəl taɪm] |

| vertraagd zijn (ww) | to be delayed | [tə bi dɪ'leɪd] |
| vluchtvertraging (de) | flight delay | [flaɪt dɪ'leɪ] |

informatiebord (het)	information board	[ˌɪnfə'meɪʃən bɔ:d]
informatie (de)	information	[ˌɪnfə'meɪʃən]
aankondigen (ww)	to announce (vt)	[tə ə'naʊns]
vlucht (bijv. KLM ~)	flight	[flaɪt]

| douane (de) | customs | ['kʌstəmz] |
| douanier (de) | customs officer | ['kʌstəmz 'ɒfɪsə(r)] |

douaneaangifte (de)	customs declaration	['kʌstəmz ˌdeklə'reɪʃən]
invullen (douaneaangifte ~)	to fill out (vt)	[tə fɪl 'aʊt]
paspoortcontrole (de)	passport control	['pɑːspoːt kən'trəʊl]

bagage (de)	luggage	['lʌgɪdʒ]
handbagage (de)	hand luggage	['hænd.lʌgɪdʒ]
Gevonden voorwerpen	LOST-AND-FOUND	[lɒst ənd faʊnd]
bagagekarretje (het)	luggage cart	['lʌgɪdʒ kɑːt]

landing (de)	landing	['lændɪŋ]
landingsbaan (de)	runway	['rʌnˌweɪ]
landen (ww)	to land (vi)	[tə lænd]
vliegtuigtrap (de)	airstairs	[eə'steəz]

inchecken (het)	check-in	['tʃek ɪn]
incheckbalie (de)	check-in desk	['tʃek ɪn desk]
inchecken (ww)	to check-in (vi)	[tə tʃek ɪn]
instapkaart (de)	boarding pass	['bɔːdɪŋ pɑːs]
gate (de)	departure gate	[dɪ'pɑːtʃə ˌgeɪt]

transit (de)	transit	['trænsɪt]
wachten (ww)	to wait (vt)	[tə weɪt]
wachtzaal (de)	departure lounge	[dɪ'pɑːtʃə laʊndʒ]

173. Fiets. Motorfiets

fiets (de)	bicycle	['baɪsɪkəl]
bromfiets (de)	scooter	['skuːtə(r)]
motorfiets (de)	motorcycle, bike	['məʊtəˌsaɪkəl], [baɪk]

met de fiets rijden	to go by bicycle	[tə gəʊ baɪ 'baɪsɪkəl]
stuur (het)	handlebars	['hændəlbɑːz]
pedaal (de/het)	pedal	['pedəl]
remmen (mv.)	brakes	[breɪks]
fietszadel (de/het)	bicycle seat	['baɪsɪkəl siːt]

pomp (de)	pump	[pʌmp]
bagagedrager (de)	luggage rack	['lʌgɪdʒ ræk]
fietslicht (het)	front lamp	[frʌnt læmp]
helm (de)	helmet	['helmɪt]

wiel (het)	wheel	[wiːl]
spatbord (het)	fender	['fendə(r)]
velg (de)	rim	[rɪm]
spaak (de)	spoke	[spəʊk]

Auto's

174. Soorten auto's

auto (de)	automobile, car	['ɔ:təməbi:l], [kɑ:(r)]
sportauto (de)	sports car	['spɔ:ts kɑ:(r)]
limousine (de)	limousine	['lɪməzi:n]
terreinwagen (de)	off-road vehicle	[ɒf'rəʊd 'vi:ɪkəl]
cabriolet (de)	convertible	[kən'vɜ:təbəl]
minibus (de)	minibus	['mɪnɪbʌs]
ambulance (de)	ambulance	['æmbjʊləns]
sneeuwruimer (de)	snowplow	['snəʊplaʊ]
vrachtwagen (de)	truck	[trʌk]
tankwagen (de)	tank truck	['tæŋk trʌk]
bestelwagen (de)	van	[væn]
trekker (de)	trailer truck	['treɪlə trʌk]
aanhangwagen (de)	trailer	['treɪlə(r)]
comfortabel (bn)	comfortable	['kʌmfətəbəl]
tweedehands (bn)	second hand	['sekənd ˌhænd]

175. Auto's. Carrosserie

motorkap (de)	hood	[hʊd]
spatbord (het)	fender	['fendə(r)]
dak (het)	roof	[ru:f]
voorruit (de)	windshield	['wɪndʃi:ld]
achterruit (de)	rear-view mirror	['rɪəvju: 'mɪrə(r)]
ruitensproeier (de)	windshield washer	['wɪndʃi:ld 'wɒʃə(r)]
wisserbladen (mv.)	windshield wipers	['wɪndʃi:ld 'waɪpəz]
zijruit (de)	side window	[ˌsaɪd 'wɪndəʊ]
raamlift (de)	window lift	['wɪndəʊ lɪft]
antenne (de)	antenna	[æn'tenə]
zonnedak (het)	sun roof	['sʌnru:f]
bumper (de)	bumper	['bʌmpə(r)]
koffer (de)	trunk	[trʌŋk]
imperiaal (de/het)	roof luggage rack	[ru:f 'lʌgɪdʒ ræk]
portier (het)	door	[dɔ:(r)]
handvat (het)	door handle	['dɔ: ˌhændəl]
slot (het)	door lock	[dɔ: lɒk]
nummerplaat (de)	license plate	['laɪsəns pleɪt]
knalpot (de)	muffler	['mʌflə(r)]

| benzinetank (de) | gas tank | [gæs tæŋk] |
| uitlaatpijp (de) | tail pipe | [teɪl paɪp] |

gas (het)	gas, accelerator	[gæs], [ək'seləreɪtə(r)]
pedaal (de/het)	pedal	['pedəl]
gaspedaal (de/het)	gas pedal	[gæs 'pedəl]

rem (de)	brake	[breɪk]
rempedaal (de/het)	brake pedal	[ˌbreɪk 'pedəl]
remmen (ww)	to brake (vi)	[tə breɪk]
handrem (de)	parking brake	['pɑːkɪŋ breɪk]

koppeling (de)	clutch	[klʌtʃ]
koppelingspedaal (de/het)	clutch pedal	[klʌtʃ 'pedəl]
koppelingsschijf (de)	clutch plate	[klʌtʃ pleɪt]
schokdemper (de)	shock absorber	[ʃɒk əb'sɔːbə]

wiel (het)	wheel	[wiːl]
reservewiel (het)	spare tire	[speə 'taɪə(r)]
band (de)	tire	['taɪə(r)]
wieldop (de)	hubcap	['hʌbkæp]

aandrijfwielen (mv.)	driving wheels	['draɪvɪŋ ˌwiːlz]
met voorwielaandrijving	front-wheel drive	['frʌnt wiːl ˌdraɪv]
met achterwielaandrijving	rear-wheel drive	[ˌrɪə 'wiːl 'draɪv]
met vierwielaandrijving	all-wheel drive	[ˌɔːl wiːl 'draɪv]

versnellingsbak (de)	gearbox	['gɪəbɒks]
automatisch (bn)	automatic	[ˌɔːtə'mætɪk]
mechanisch (bn)	mechanical	[mɪ'kænɪkəl]
versnellingspook (de)	gear shift	[gɪə ʃɪft]

| voorlicht (het) | headlight | ['hedlaɪt] |
| voorlichten (mv.) | headlights | ['hedlaɪts] |

dimlicht (het)	low beam	[ləʊ biːm]
grootlicht (het)	high beam	[haɪ biːm]
stoplicht (het)	brake light	['breɪklaɪt]

standlichten (mv.)	parking lights	['pɑːkɪŋ laɪts]
noodverlichting (de)	hazard lights	['hæzəd laɪts]
mistlichten (mv.)	fog lights	[fɒg laɪts]
pinker (de)	turn signal	[tɜːn 'sɪgnəl]
achteruitrijdlicht (het)	back-up light	['bækʌp laɪt]

176. Auto's. Passagiersruimte

interieur (het)	car inside	[kɑːrɪn'saɪd]
leren (van leer gemaak)	leather	['leðə(r)]
fluwelen (abn)	velour	[və'lʊə(r)]
bekleding (de)	upholstery	[ˌʌp'həʊlstərɪ]

| toestel (het) | instrument | ['ɪnstrʊmənt] |
| instrumentenbord (het) | dashboard | ['dæʃbɔːd] |

| snelheidsmeter (de) | speedometer | [spɪˈdɒmɪtə(r)] |
| pijltje (het) | needle | [ˈniːdəl] |

kilometerteller (de)	odometer	[əʊˈdɒmɪtə(r)]
sensor (de)	indicator, sensor	[ˈɪndɪkeɪtə], [ˈsensə]
niveau (het)	level	[ˈlevəl]
controlelampje (het)	warning light	[ˈwɔːnɪŋ laɪt]

stuur (het)	steering wheel	[ˈstɪərɪŋ wiːl]
toeter (de)	horn	[hɔːn]
knopje (het)	button	[ˈbʌtən]
schakelaar (de)	switch	[swɪtʃ]

stoel (bestuurders~)	seat	[siːt]
rugleuning (de)	backrest	[ˈbækrest]
hoofdsteun (de)	headrest	[ˈhedrest]
veiligheidsgordel (de)	seat belt	[siːt belt]
de gordel aandoen	to fasten the belt	[tə ˈfɑːsən ðə belt]
regeling (de)	adjustment	[əˈdʒʌstmənt]

| airbag (de) | airbag | [ˈeəbæg] |
| airconditioner (de) | air-conditioner | [eə kənˈdɪʃənə] |

radio (de)	radio	[ˈreɪdɪəʊ]
CD-speler (de)	CD Player	[ˌsiːˈdiː ˈpleɪə(r)]
aanzetten (bijv. radio ~)	to turn on (vt)	[tə tɜːn ɒn]
antenne (de)	antenna	[ænˈtenə]
handschoenenkastje (het)	glove box	[ˈglʌvˌbɒks]
asbak (de)	ashtray	[ˈæʃtreɪ]

177. Auto's. Motor

| diesel- (abn) | diesel | [ˈdiːzəl] |
| benzine- (~motor) | gasoline | [ˈgæsəliːn] |

motorinhoud (de)	engine volume	[ˈendʒɪn ˈvɒljuːm]
vermogen (het)	power	[ˈpaʊə(r)]
paardenkracht (de)	horsepower	[ˈhɔːsˌpaʊə(r)]
zuiger (de)	piston	[ˈpɪstən]
cilinder (de)	cylinder	[ˈsɪlɪndə(r)]
klep (de)	valve	[vælv]

injectie (de)	injector	[ɪnˈdʒektə(r)]
generator (de)	generator	[ˈdʒenəreɪtə(r)]
carburator (de)	carburetor	[ˌkɑːbəˈretə(r)]
motorolie (de)	engine oil	[ˈendʒɪn ˌɔɪl]

radiator (de)	radiator	[ˈreɪdɪeɪtə(r)]
koelvloeistof (de)	coolant	[ˈkuːlənt]
ventilator (de)	cooling fan	[ˈkuːlɪŋ fæn]

accu (de)	battery	[ˈbætərɪ]
starter (de)	starter	[ˈstɑːtə(r)]
contact (ontsteking)	ignition	[ɪgˈnɪʃən]

bougie (de)	spark plug	['spɑːk plʌg]
pool (de)	terminal	['tɜːmɪnəl]
positieve pool (de)	positive terminal	['pɒzɪtɪv 'tɜːmɪnəl]
negatieve pool (de)	negative terminal	['negətɪv 'tɜːmɪnəl]
zekering (de)	fuze, fuse	[fjuːz]

luchtfilter (de)	air filter	[eə 'fɪltə(r)]
oliefilter (de)	oil filter	[ɔɪl 'fɪltə(r)]
benzinefilter (de)	fuel filter	[fjʊəl 'fɪltə(r)]

178. Auto's. Botsing. Reparatie

auto-ongeval (het)	car accident	[kɑːr'æksɪdənt]
verkeersongeluk (het)	road accident	[rəʊd 'æksɪdənt]
aanrijden	to smash (vi)	[tə smæʃ]
(tegen een boom, enz.)		
verongelukken (ww)	to get smashed up	[tə get smæʃt ʌp]
beschadiging (de)	damage	['dæmɪdʒ]
heelhuids (bn)	intact	[ɪn'tækt]

pech (de)	breakdown	['breɪkdaʊn]
kapot gaan (zijn gebroken)	to break down (vi)	[tə 'breɪkdaʊn]
sleeptouw (het)	towrope	['təʊrəʊp]

lek (het)	puncture	['pʌŋktʃə]
lekke krijgen (band)	to be flat	[tə bi flæt]
oppompen (ww)	to pump up	[tə pʌmp ʌp]
druk (de)	pressure	['preʃə(r)]
checken (controleren)	to check (vt)	[tə tʃek]

reparatie (de)	repair	[rɪ'peə(r)]
garage (de)	auto repair shop	['ɔːtəʊ rɪ'peə ʃɒp]
wisselstuk (het)	spare part	[speə pɑːt]
onderdeel (het)	part	[pɑːt]

bout (de)	bolt	[bəʊlt]
schroef (de)	screw bolt	[skruː bəʊlt]
moer (de)	nut	[nʌt]
sluitring (de)	washer	['wɒʃə(r)]
kogellager (de/het)	bearing	['beərɪŋ]

pijp (de)	tube	[tjuːb]
pakking (de)	gasket	['gæskɪt]
kabel (de)	cable, wire	['keɪbəl], ['waɪə]

dommekracht (de)	jack	[dʒæk]
moersleutel (de)	wrench	[rentʃ]
hamer (de)	hammer	['hæmə(r)]
pomp (de)	pump	[pʌmp]
schroevendraaier (de)	screwdriver	['skruːˌdraɪvə(r)]
brandblusser (de)	fire extinguisher	['faɪər ɪk'stɪŋgwɪʃə(r)]
gevarendriehoek (de)	warning triangle	['wɔːnɪŋ 'traɪæŋgəl]
afslaan	to stall (vi)	[tə stɔːl]
(ophouden te werken)		

| uitvallen (het) | stalling | ['stɔːlɪŋ] |
| zijn gebroken | to be broken | [tə bi 'brəʊkən] |

ververhitten (ww)	to overheat (vi)	[tə ˌəʊvə'hiːt]
verstopt raken (ww)	to be clogged up	[tə biː ˌklɒgd 'ʌp]
bevriezen (autodeur, enz.)	to freeze up	[tə ˌfriːz 'ʌp]
barsten (leidingen, enz.)	to burst (vi)	[tə bɜːst]

druk (de)	pressure	['preʃə(r)]
niveau (bijv. olieniveau)	level	['levəl]
slap (de drijfriem is ~)	slack	[slæk]

deuk (de)	dent	[dent]
geklop (vreemde geluiden)	abnormal noise	[æb'nɔːməl nɔɪz]
barst (de)	crack	[kræk]
kras (de)	scratch	[skrætʃ]

179. Auto's. Weg

weg (de)	road	[rəʊd]
snelweg (de)	highway	['haɪweɪ]
autoweg (de)	freeway	['friːweɪ]
richting (de)	direction	[dɪ'rekʃən]
afstand (de)	distance	['dɪstəns]

brug (de)	bridge	[brɪdʒ]
parking (de)	parking lot	['pɑːkɪŋ lɒt]
plein (het)	square	[skweə(r)]
verkeersknooppunt (het)	interchange	['ɪntətʃeɪndʒ]
tunnel (de)	tunnel	['tʌnəl]

benzinestation (het)	gas station	[gæs 'steɪʃən]
parking (de)	parking lot	['pɑːkɪŋ lɒt]
benzinepomp (de)	gas pump	[gæs pʌmp]
garage (de)	auto repair shop	['ɔːtəʊ rɪ'peə ʃɒp]
tanken (ww)	to get gas	[tə get gæs]
brandstof (de)	fuel	[fjʊəl]
jerrycan (de)	jerrycan	['dʒerɪkæn]

asfalt (het)	asphalt	['æsfælt]
markering (de)	road markings	[rəʊd 'mɑːkɪŋz]
trottoirband (de)	curb	[kɜːb]
geleiderail (de)	guardrail	['gɑːdreɪl]
greppel (de)	ditch	[dɪtʃ]
vluchtstrook (de)	roadside	['rəʊdsaɪd]
lichtmast (de)	lamppost	['læmppəʊst]

besturen (een auto ~)	to drive (vi, vt)	[tə draɪv]
afslaan (naar rechts ~)	to turn (vi)	[tə tɜːn]
U-bocht maken (ww)	to make a U-turn	[tə meɪk ə juː-tɜːn]
achteruit (de)	reverse	[rɪ'vɜːs]

| toeteren (ww) | to honk (vi) | [tə hɒŋk] |
| toeter (de) | honk | [hɒŋk] |

vastzitten (in modder)	to get stuck	[tə get stʌk]
spinnen (wielen gaan ~)	to spin the wheels	[tə spɪn ðə wiːlz]
uitzetten (ww)	to stop, to turn off	[tə stɒp], [tə tɜːn ɒf]

snelheid (de)	speed	[spiːd]
een snelheidsovertreding maken	to exceed the speed limit	[tə ɪkˈsiːd ðə spiːd ˈlɪmɪt]
bekeuren (ww)	to give sb a ticket	[tə gɪv … ə ˈtɪkɪt]
verkeerslicht (het)	traffic lights	[ˈtræfɪk laɪts]
rijbewijs (het)	driver's license	[ˈdraɪvəz ˌlaɪsəns]

overgang (de)	grade crossing	[greɪd ˈkrɒsɪŋ]
kruispunt (het)	intersection	[ˌɪntəˈsekʃən]
zebrapad (oversteekplaats)	crosswalk	[ˈkrɒswɔːk]
bocht (de)	turn	[tɜːn]
voetgangerszone (de)	pedestrian zone	[pɪˈdestrɪən ˌzəʊn]

180. Verkeersborden

verkeersregels (mv.)	rules of the road	[ruːlz əv ðə rəʊd]
verkeersbord (het)	traffic sign	[ˈtræfɪk saɪn]
inhalen (het)	passing	[ˈpɑːsɪŋ]
bocht (de)	curve	[kɜːv]
U-bocht, kering (de)	U-turn	[juː tɜːn]
Rotonde (de)	traffic circle	[ˈtræfɪk ˈsɜːkəl]

Verboden richting	No entry	[nəʊ ˈentrɪ]
Verboden toegang	No vehicles allowed	[nəʊ ˈviːɪkəlz əˈlaʊd]
Inhalen verboden	No passing	[nəʊ ˈpɑːsɪŋ]
Parkeerverbod	No parking	[nəʊ ˈpɑːkɪŋ]
Verbod stil te staan	No stopping	[nəʊ ˈstɒpɪŋ]

Gevaarlijke bocht	dangerous turn	[ˈdeɪndʒərəs tɜːn]
Gevaarlijke daling	steep descent	[stiːp dɪˈsent]
Eenrichtingsweg	one-way traffic	[wʌn weɪ ˈtræfɪk]
Voetgangers	crosswalk	[ˈkrɒswɔːk]
Slipgevaar	slippery road	[ˈslɪpərɪ rəʊd]
Voorrang verlenen	YIELD	[jiːld]

MENSEN. GEBEURTENISSEN IN HET LEVEN

Gebeurtenissen in het leven

181. Vakanties. Evenement

feest (het)	celebration, holiday	[ˌselɪ'breɪʃən], ['hɒlɪdeɪ]
nationale feestdag (de)	national day	['næʃənəl deɪ]
feestdag (de)	public holiday	['pʌblɪk 'hɒlɪdeɪ]
herdenken (ww)	to commemorate (vt)	[tə kə'meməˌreɪt]
gebeurtenis (de)	event	[ɪ'vent]
evenement (het)	event	[ɪ'vent]
banket (het)	banquet	['bæŋkwɪt]
receptie (de)	reception	[rɪ'sepʃən]
feestmaal (het)	feast	[fi:st]
verjaardag (de)	anniversary	[ænɪ'vɜ:sərɪ]
jubileum (het)	jubilee	['dʒu:bɪli:]
vieren (ww)	to celebrate (vt)	[tə 'selɪbreɪt]
Nieuwjaar (het)	New Year	[nju: jɪə(r)]
Gelukkig Nieuwjaar!	Happy New Year!	['hæpɪ nju: jɪə(r)]
Sinterklaas (de)	Santa Claus	['sæntə klɔ:z]
Kerstfeest (het)	Christmas	['krɪsməs]
Vrolijk kerstfeest!	Merry Christmas!	[ˌmerɪ 'krɪsməs]
kerstboom (de)	Christmas tree	['krɪsməs tri:]
vuurwerk (het)	fireworks	['faɪəwɜ:ks]
bruiloft (de)	wedding	['wedɪŋ]
bruidegom (de)	groom	[gru:m]
bruid (de)	bride	[braɪd]
uitnodigen (ww)	to invite (vt)	[tə ɪn'vaɪt]
uitnodiging (de)	invitation card	[ˌɪnvɪ'teɪʃən kɑ:d]
gast (de)	guest	[gest]
op bezoek gaan	to visit with ...	[tə 'vɪzɪt wɪð]
gasten verwelkomen	to greet the guests	[tə gri:t ðə gest]
geschenk, cadeau (het)	gift, present	[gɪft], ['prezənt]
geven (iets cadeau ~)	to give (vt)	[tə gɪv]
geschenken ontvangen	to receive gifts	[tə rɪ'si:v gɪfts]
boeket (het)	bouquet	[bʊ'keɪ]
felicitaties (mv.)	congratulations	[kənˌgrætʃʊ'leɪʃənz]
feliciteren (ww)	to congratulate (vt)	[tə kən'grætʃʊleɪt]
wenskaart (de)	greeting card	['gri:tɪŋ kɑ:d]

| een kaartje versturen | to send a postcard | [tə ˌsend ə ˈpəʊstkɑːd] |
| een kaartje ontvangen | to get a postcard | [tə get ə ˈpəʊstkɑːd] |

toast (de)	toast	[təʊst]
aanbieden (een drankje ~)	to offer (vt)	[tə ˈɒfə(r)]
champagne (de)	champagne	[ʃæmˈpeɪn]

plezier hebben (ww)	to enjoy oneself	[tə ɪnˈdʒɔɪ wʌnˈself]
plezier (het)	fun, merriment	[fʌn], [ˈmerɪmənt]
vreugde (de)	joy	[dʒɔɪ]

| dans (de) | dance | [dɑːns] |
| dansen (ww) | to dance (vi, vt) | [tə dɑːns] |

| wals (de) | waltz | [wɔːls] |
| tango (de) | tango | [ˈtæŋɡəʊ] |

182. Begrafenissen. Begrafenis

kerkhof (het)	cemetery	[ˈsemɪtrɪ]
graf (het)	grave, tomb	[greɪv], [tuːm]
grafsteen (de)	gravestone	[ˈgreɪvstəʊn]
omheining (de)	fence	[fens]
kapel (de)	chapel	[ˈtʃæpəl]

dood (de)	death	[deθ]
sterven (ww)	to die (vi)	[tə daɪ]
overledene (de)	the deceased	[ðə dɪˈsiːst]
rouw (de)	mourning	[ˈmɔːnɪŋ]

begraven (ww)	to bury (vt)	[tə ˈberɪ]
begrafenisonderneming (de)	funeral home	[ˈfjuːnərəl həʊm]
begrafenis (de)	funeral	[ˈfjuːnərəl]

krans (de)	wreath	[riːθ]
doodskist (de)	casket	[ˈkɑːskɪt]
lijkwagen (de)	hearse	[hɜːs]
lijkkleed (de)	shroud	[ʃraʊd]

begrafenisstoet (de)	funeral procession	[ˈfjuːnərəl prəˈseʃən]
urn (de)	cremation urn	[krɪˈmeɪʃən ˌɜːn]
crematorium (het)	crematory	[ˈkreməˌtəʊrɪ]

overlijdensbericht (het)	obituary	[əˈbɪtʃʊərɪ]
huilen (wenen)	to cry (vi)	[tə kraɪ]
snikken (huilen)	to sob (vi)	[tə sɒb]

183. Oorlog. Soldaten

peloton (het)	platoon	[pləˈtuːn]
compagnie (de)	company	[ˈkʌmpənɪ]
regiment (het)	regiment	[ˈredʒɪmənt]

leger (armee)	army	[ˈɑːmɪ]
divisie (de)	division	[dɪˈvɪʒən]

sectie (de)	section, squad	[ˈsekʃən], [skwɒd]
troep (de)	host	[həʊst]

soldaat (militair)	soldier	[ˈsəʊldʒə(r)]
officier (de)	officer	[ˈɒfɪsə(r)]

soldaat (rang)	private	[ˈpraɪvɪt]
sergeant (de)	sergeant	[ˈsɑːdʒənt]
luitenant (de)	lieutenant	[luːˈtenənt]

kapitein (de)	captain	[ˈkæptɪn]
majoor (de)	major	[ˈmeɪdʒə(r)]
kolonel (de)	colonel	[ˈkɜːnəl]
generaal (de)	general	[ˈdʒenərəl]

matroos (de)	sailor	[ˈseɪlə(r)]
kapitein (de)	captain	[ˈkæptɪn]
bootsman (de)	boatswain	[ˈbəʊsən]

artillerist (de)	artilleryman	[ɑːˈtɪlərɪmən]
valschermjager (de)	paratrooper	[ˈpærətruːpə(r)]
piloot (de)	pilot	[ˈpaɪlət]
stuurman (de)	navigator	[ˈnævɪgeɪtə(r)]
mecanicien (de)	mechanic	[mɪˈkænɪk]

sappeur (de)	pioneer	[ˌpaɪəˈnɪə(r)]
parachutist (de)	parachutist	[ˈpærəʃuːtɪst]

verkenner (de)	scout	[skaʊt]
scherpschutter (de)	sniper	[ˈsnaɪpə(r)]

patrouille (de)	patrol	[pəˈtrəʊl]
patrouilleren (ww)	to patrol (vi, vt)	[tə pəˈtrəʊl]
wacht (de)	sentry, guard	[ˈsentrɪ], [gɑːd]

krijger (de)	warrior	[ˈwɒrɪə(r)]
held (de)	hero	[ˈhɪərəʊ]
heldin (de)	heroine	[ˈherəʊɪn]
patriot (de)	patriot	[ˈpeɪtrɪət]

verrader (de)	traitor	[ˈtreɪtə(r)]
verraden (ww)	to betray (vt)	[tə bɪˈtreɪ]

deserteur (de)	deserter	[dɪˈzɜːtə(r)]
deserteren (ww)	to desert (vi)	[tə dɪˈzɜːt]

huurling (de)	mercenary	[ˈmɜːsɪnərɪ]
rekruut (de)	recruit	[rɪˈkruːt]
vrijwilliger (de)	volunteer	[ˌvɒlənˈtɪə(r)]

gedode (de)	dead	[ded]
gewonde (de)	wounded	[ˈwuːndɪd]
krijgsgevangene (de)	prisoner of war	[ˈprɪzənə əv wɔː]

184. Oorlog. Militaire acties. Deel 1

oorlog (de)	war	[wɔː(r)]
oorlog voeren (ww)	to be at war	[tə bi ət wɔː]
burgeroorlog (de)	civil war	['sɪvəl wɔː]
achterbaks (bw)	treacherously	['tretʃərəslɪ]
oorlogsverklaring (de)	declaration of war	[‚deklə'reɪʃən əv wɔː]
verklaren (de oorlog ~)	to declare (vt)	[tə dɪ'kleə(r)]
agressie (de)	aggression	[ə'greʃən]
aanvallen (binnenvallen)	to attack (vt)	[tə ə'tæk]
binnenvallen (ww)	to invade (vt)	[tu ɪn'veɪd]
invaller (de)	invader	[ɪn'veɪdə(r)]
veroveraar (de)	conqueror	['kɒŋkərə(r)]
verdediging (de)	defense	[dɪ'fens]
verdedigen (je land ~)	to defend (vt)	[tə dɪ'fend]
zich verdedigen (ww)	to defend (against ...)	[tə dɪ'fend]
vijand (de)	enemy, hostile	['enɪmɪ], ['hɒstəl]
vijandelijk (bn)	enemy	['enɪmɪ]
strategie (de)	strategy	['strætɪdʒɪ]
tactiek (de)	tactics	['tæktɪks]
order (de)	order	['ɔːdə(r)]
bevel (het)	command	[kə'mɑːnd]
bevelen (ww)	to order (vt)	[tə 'ɔːdə(r)]
opdracht (de)	mission	['mɪʃən]
geheim (bn)	secret	['siːkrɪt]
veldslag (de)	battle	['bætəl]
strijd (de)	combat	['kɒmbæt]
aanval (de)	attack	[ə'tæk]
bestorming (de)	storming	['stɔːmɪŋ]
bestormen (ww)	to storm (vt)	[tə stɔːm]
bezetting (de)	siege	[siːdʒ]
aanval (de)	offensive	[ə'fensɪv]
in het offensief te gaan	to go on the offensive	[tə gəʊ ɒn ðɪ ə'fensɪv]
terugtrekking (de)	retreat	[rɪ'triːt]
zich terugtrekken (ww)	to retreat (vi)	[tə rɪ'triːt]
omsingeling (de)	encirclement	[ɪn'sɜːkəlmənt]
omsingelen (ww)	to encircle (vt)	[tə ɪn'sɜːkəl]
bombardement (het)	bombing	['bɒmɪŋ]
een bom gooien	to drop a bomb	[tə drɒp ə bɒm]
bombarderen (ww)	to bomb (vt)	[tə bɒm]
ontploffing (de)	explosion	[ɪk'spleʊʒən]
schot (het)	shot	[ʃɒt]
een schot lossen	to fire a shot	[tə ‚faɪə ə 'ʃɒt]

schieten (het)	firing	['faɪərɪŋ]
mikken op (ww)	to aim (vt)	[tə eɪm]
aanleggen (een wapen ~)	to point (vt)	[tə pɔɪnt]
treffen (doelwit ~)	to hit (vt)	[tə hɪt]

zinken (tot zinken brengen)	to sink (vt)	[tə sɪŋk]
kogelgat (het)	hole	[həʋl]
zinken (gezonken zijn)	to founder, to sink (vi)	[tə 'faʋndə(r)], [tə sɪŋk]

front (het)	front	[frʌnt]
hinterland (het)	rear, homefront	[rɪə(r)], [həʋmfrʌnt]
evacuatie (de)	evacuation	[ɪˌvækjʊ'eɪʃən]
evacueren (ww)	to evacuate (vt)	[tə ɪ'vækjʋeɪt]

loopgraaf (de)	trench	[trentʃ]
prikkeldraad (de)	barbwire	['bɑːbˌwaɪə(r)]
verdedigingsobstakel (het)	barrier	['bærɪə(r)]
wachttoren (de)	watchtower	['wɒtʃˌtaʋə(r)]

hospitaal (het)	hospital	['hɒspɪtəl]
verwonden (ww)	to wound (vt)	[tə wuːnd]
wond (de)	wound	[wuːnd]
gewonde (de)	wounded	['wuːndɪd]
gewond raken (ww)	to be wounded	[tə bi 'wuːndɪd]
ernstig (~e wond)	serious	['sɪərɪəs]

185. Oorlog. Militaire acties. Deel 2

krijgsgevangenschap (de)	captivity	[kæp'tɪvətɪ]
krijgsgevangen nemen	to take sb captive	[tə teɪk ... 'kæptɪv]
krijgsgevangene zijn	to be in captivity	[tə bi ɪn kæp'tɪvətɪ]
krijgsgevangen genomen worden	to be taken prisoner	[tə bi 'teɪkən 'prɪzənə(r)]

concentratiekamp (het)	concentration camp	[ˌkɒnsən'treɪʃən kæmp]
krijgsgevangene (de)	prisoner of war	['prɪzənə əv wɔː]
vluchten (ww)	to escape (vi)	[tə ɪ'skeɪp]

| fusilleren (executeren) | to execute (vt) | [tə 'eksɪkjuːt] |
| executie (de) | execution | [ˌeksɪ'kjuːʃən] |

uitrusting (de)	equipment	[ɪ'kwɪpmənt]
schouderstuk (het)	shoulder board	['ʃəʋldə bɔːd]
gasmasker (het)	gas mask	['gæs mɑːsk]

portofoon (de)	radio transmitter	['reɪdɪəʋ trænz'mɪtə]
geheime code (de)	cipher, code	['saɪfə(r)], [kəʋd]
samenzwering (de)	secrecy	['siːkrəsɪ]
wachtwoord (het)	password	['pɑːswɜːd]

mijn (landmijn)	land mine	[lænd maɪn]
ondermijnen (legden mijnen)	to mine (vt)	[tə maɪn]
mijnenveld (het)	minefield	['maɪnfiːld]
luchtalarm (het)	air-raid warning	[eə reɪd 'wɔːnɪŋ]

alarm (het)	alarm	[ə'lɑ:m]
signaal (het)	signal	['sɪgnəl]
vuurpijl (de)	signal flare	['sɪgnəl fleə(r)]

staf (generale ~)	headquarters	[ˌhed'kwɔ:təz]
verkenningstocht (de)	reconnaissance	[rɪ'kɒnɪsəns]
toestand (de)	situation	[ˌsɪtjʊ'eɪʃən]
rapport (het)	report	[rɪ'pɔ:t]
hinderlaag (de)	ambush	['æmbʊʃ]
versterking (de)	reinforcement	[ˌri:ɪn'fɔ:smənt]

doel (bewegend ~)	target	['tɑ:gɪt]
proefterrein (het)	proving ground	['pru:vɪŋ graʊnd]
manoeuvres (mv.)	military exercise	['mɪlɪtərɪ 'eksəsaɪz]

paniek (de)	panic	['pænɪk]
verwoesting (de)	devastation	[ˌdevə'steɪʃən]
verwoestingen (mv.)	destruction, ruins	[dɪ'strʌkʃən], ['ru:ɪnz]
verwoesten (ww)	to destroy (vt)	[tə dɪ'strɔɪ]

overleven (ww)	to survive (vi, vt)	[tə sə'vaɪv]
ontwapenen (ww)	to disarm (vt)	[tə dɪs'ɑ:m]
behandelen (een pistool ~)	to handle (vt)	[tə 'hændəl]

| Geeft acht! | Attention! | [ə'tenʃən] |
| Op de plaats rust! | At ease! | [ət 'i:z] |

heldendaad (de)	feat	[fi:t]
eed (de)	oath	[əʊθ]
zweren (een eed doen)	to swear (vi, vt)	[tə sweə(r)]

decoratie (de)	decoration	[ˌdekə'reɪʃən]
onderscheiden	to award (vt)	[tə ə'wɔ:d]
(een ereteken geven)		
medaille (de)	medal	['medəl]
orde (de)	order	['ɔ:də(r)]

overwinning (de)	victory	['vɪktərɪ]
verlies (het)	defeat	[dɪ'fi:t]
wapenstilstand (de)	armistice	['ɑ:mɪstɪs]

wimpel (vaandel)	banner, standard	['bænə], ['stændəd]
roem (de)	glory	['glɔ:rɪ]
parade (de)	parade	[pə'reɪd]
marcheren (ww)	to march (vi)	[tə mɑ:tʃ]

186. Wapens

wapens (mv.)	weapons	['wepənz]
vuurwapens (mv.)	firearm	['faɪərɑ:m]
koude wapens (mv.)	cold weapons	[ˌkəʊld 'wepənz]

| chemische wapens (mv.) | chemical weapons | ['kemɪkəl 'wepənz] |
| kern-, nucleair (bn) | nuclear | ['nju:klɪə(r)] |

kernwapens (mv.)	nuclear weapons	['nju:klɪə 'wepənz]
bom (de)	bomb	[bɒm]
atoombom (de)	atomic bomb	[ə'tɒmɪk bɒm]

pistool (het)	pistol	['pɪstəl]
geweer (het)	rifle	['raɪfəl]
machinepistool (het)	submachine gun	[ˌsʌbmə'ʃi:n gʌn]
machinegeweer (het)	machine gun	[mə'ʃi:n gʌn]

loop (schietbuis)	muzzle	['mʌzəl]
loop (bijv. geweer met kortere ~)	barrel	['bærəl]
kaliber (het)	caliber	['kælɪbə(r)]

trekker (de)	trigger	['trɪgə(r)]
korrel (de)	sight	[saɪt]
magazijn (het)	magazine	[ˌmægə'zi:n]
geweerkolf (de)	butt	[bʌt]

granaat (handgranaat)	hand grenade	[hænd grə'neɪd]
explosieven (mv.)	explosive	[ɪk'spləʊsɪv]

kogel (de)	bullet	['bʊlɪt]
patroon (de)	cartridge	['ka:trɪdʒ]
lading (de)	charge	[tʃa:dʒ]
ammunitie (de)	ammunition	[ˌæmjʊ'nɪʃən]

bommenwerper (de)	bomber	['bɒmə(r)]
straaljager (de)	fighter	['faɪtə(r)]
helikopter (de)	helicopter	['helɪkɒptə(r)]

afweergeschut (het)	anti-aircraft gun	['æntɪ 'eəkra:ft gʌn]
tank (de)	tank	[tæŋk]
kanon (tank met een ~ van 76 mm)	tank gun	['tæŋk ˌgʌn]

artillerie (de)	artillery	[a:'tɪlərɪ]
kanon (het)	cannon	['kænən]

projectiel (het)	shell	[ʃel]
mortiergranaat (de)	mortar bomb	['mɔ:tə bɒm]
mortier (de)	mortar	['mɔ:tə(r)]
granaatscherf (de)	splinter	['splɪntə(r)]

duikboot (de)	submarine	[ˌsʌbmə'ri:n]
torpedo (de)	torpedo	[tɔ:'pi:dəʊ]
raket (de)	missile	['mɪsəl]

laden (geweer, kanon)	to load (vt)	[tə ləʊd]
schieten (ww)	to shoot (vi)	[tə ʃu:t]
richten op (mikken)	to take aim at ...	[tə teɪk eɪm ət]
bajonet (de)	bayonet	['beɪənɪt]

degen (de)	epee	['eɪpeɪ]
sabel (de)	saber	['seɪbə(r)]
speer (de)	spear	[spɪə(r)]

boog (de)	**bow**	[bəʊ]
pijl (de)	**arrow**	['ærəʊ]
musket (de)	**musket**	['mʌskɪt]
kruisboog (de)	**crossbow**	['krɒsbəʊ]

187. Oude mensen

primitief (bn)	**primitive**	['prɪmɪtɪv]
voorhistorisch (bn)	**prehistoric**	[ˌpriːhɪ'stɒrɪk]
eeuwenoude (~ beschaving)	**ancient**	['eɪnʃənt]
Steentijd (de)	**Stone Age**	[ˌstəʊn 'eɪdʒ]
Bronstijd (de)	**Bronze Age**	['brɒnz ˌeɪdʒ]
IJstijd (de)	**Ice Age**	['aɪs ˌeɪdʒ]
stam (de)	**tribe**	[traɪb]
menseneter (de)	**cannibal**	['kænɪbəl]
jager (de)	**hunter**	['hʌntə(r)]
jagen (ww)	**to hunt** (vi, vt)	[tə hʌnt]
mammoet (de)	**mammoth**	['mæməθ]
grot (de)	**cave**	[keɪv]
vuur (het)	**fire**	['faɪə(r)]
kampvuur (het)	**campfire**	['kæmpˌfaɪə(r)]
rotstekening (de)	**rock painting**	[rɒk 'peɪntɪŋ]
werkinstrument (het)	**tool**	[tuːl]
speer (de)	**spear**	[spɪə(r)]
stenen bijl (de)	**stone ax**	[stəʊn æks]
oorlog voeren (ww)	**to be at war**	[tə bi ət wɔː]
temmen (bijv. wolf ~)	**to domesticate** (vt)	[tə də'mestɪkeɪt]
idool (het)	**idol**	['aɪdəl]
aanbidden (ww)	**to worship** (vt)	[tə 'wɜːʃɪp]
bijgeloof (het)	**superstition**	[ˌsuːpə'stɪʃən]
ritueel (het)	**rite**	[raɪt]
evolutie (de)	**evolution**	[ˌiːvə'luːʃən]
ontwikkeling (de)	**development**	[dɪ'veləpmənt]
verdwijning (de)	**disappearance**	[ˌdɪsə'pɪərəns]
zich aanpassen (ww)	**to adapt oneself**	[tə ə'dæpt wʌn'self]
archeologie (de)	**archeology**	[ˌɑːkɪ'ɒlədʒɪ]
archeoloog (de)	**archeologist**	[ˌɑːkɪ'ɒlədʒɪst]
archeologisch (bn)	**archeological**	[ˌɑːkɪə'lɒdʒɪkəl]
opgravingsplaats (de)	**excavation site**	[ˌekskə'veɪʃən saɪt]
opgravingen (mv.)	**excavations**	[ˌekskə'veɪʃənz]
vondst (de)	**find**	[faɪnd]
fragment (het)	**fragment**	['frægmənt]

188. Middeleeuwen

volk (het)	people	['pi:pəl]
volkeren (mv.)	peoples	['pi:pəlz]
stam (de)	tribe	[traɪb]
stammen (mv.)	tribes	[traɪbz]

barbaren (mv.)	barbarians	[bɑ:'beərɪənz]
Galliërs (mv.)	Gauls	[gɔ:lz]
Goten (mv.)	Goths	[gɒθs]
Slaven (mv.)	Slavs	[slɑ:vz]
Vikings (mv.)	Vikings	['vaɪkɪŋz]

Romeinen (mv.)	Romans	['reʊmənz]
Romeins (bn)	Roman	['reʊmən]

Byzantijnen (mv.)	Byzantines	['bɪzənti:nz]
Byzantium (het)	Byzantium	[bɪ'zæntɪəm]
Byzantijns (bn)	Byzantine	['bɪzənti:n]

keizer (bijv. Romeinse ~)	emperor	['empərə(r)]
opperhoofd (het)	leader, chief	['li:də], [tʃi:f]
machtig (bn)	powerful	['paʊəfʊl]
koning (de)	king	[kɪŋ]
heerser (de)	ruler	['ru:lə(r)]

ridder (de)	knight	[naɪt]
feodaal (de)	feudal lord	['fju:dəl lɔ:d]
feodaal (bn)	feudal	['fju:dəl]
vazal (de)	vassal	['væsəl]

hertog (de)	duke	[du:k]
graaf (de)	earl	[ɜ:l]
baron (de)	baron	['bærən]
bisschop (de)	bishop	['bɪʃəp]

harnas (het)	armor	['ɑ:mə(r)]
schild (het)	shield	[ʃi:ld]
zwaard (het)	sword	[sɔ:d]
vizier (het)	visor	['vaɪzə(r)]
maliënkolder (de)	chainmail	[tʃeɪn meɪl]

kruistocht (de)	crusade	[kru:'seɪd]
kruisvaarder (de)	crusader	[kru:'seɪdə(r)]

gebied (bijv. bezette ~en)	territory	['terətrɪ]
aanvallen (binnenvallen)	to attack (vt)	[tə ə'tæk]
veroveren (ww)	to conquer (vt)	[tə 'kɒŋkə(r)]
innemen (binnenvallen)	to occupy (vt)	[tə 'ɒkjʊpaɪ]

bezetting (de)	siege	[si:dʒ]
bezet (bn)	besieged	[bɪ'si:dʒd]
belegeren (ww)	to besiege (vt)	[tə bɪ'si:dʒ]
inquisitie (de)	inquisition	[ˌɪnkwɪ'zɪʃən]
inquisiteur (de)	inquisitor	[ɪn'kwɪzɪtə(r)]

foltering (de)	torture	['tɔːtʃə(r)]
wreed (bn)	cruel	[krʊəl]
ketter (de)	heretic	['herətɪk]
ketterij (de)	heresy	['herəsɪ]

zeevaart (de)	seafaring	['siːˌfeərɪŋ]
piraat (de)	pirate	['paɪrət]
piraterij (de)	piracy	['paɪrəsɪ]
enteren (het)	boarding	['bɔːdɪŋ]
buit (de)	loot	[luːt]
schatten (mv.)	treasures	['treʒəz]

ontdekking (de)	discovery	[dɪ'skʌvərɪ]
ontdekken (bijv. nieuw land)	to discover (vt)	[tə dɪ'skʌvə(r)]
expeditie (de)	expedition	[ˌekspɪ'dɪʃən]

musketier (de)	musketeer	[ˌmʌskɪ'tɪə(r)]
kardinaal (de)	cardinal	['kɑːdɪnəl]
heraldiek (de)	heraldry	['herəldrɪ]
heraldisch (bn)	heraldic	[he'rældɪk]

189. Leider. Baas. Autoriteiten

koning (de)	king	[kɪŋ]
koningin (de)	queen	[kwiːn]
koninklijk (bn)	royal	['rɔɪəl]
koninkrijk (het)	kingdom	['kɪŋdəm]

prins (de)	prince	[prɪns]
prinses (de)	princess	[prɪn'ses]

president (de)	president	['prezɪdənt]
vicepresident (de)	vice-president	[vaɪs 'prezɪdənt]
senator (de)	senator	['senətə(r)]

monarch (de)	monarch	['mɒnək]
heerser (de)	ruler	['ruːlə(r)]
dictator (de)	dictator	[dɪk'teɪtə(r)]
tiran (de)	tyrant	['taɪrənt]
magnaat (de)	magnate	['mægneɪt]

directeur (de)	director	[dɪ'rektə(r)]
chef (de)	chief	[tʃiːf]
beheerder (de)	manager	['mænɪdʒə(r)]
baas (de)	boss	[bɒs]
eigenaar (de)	owner	['əʊnə(r)]

leider (de)	leader	['liːdə(r)]
hoofd (bijv. ~ van de delegatie)	head	[hed]
autoriteiten (mv.)	authorities	[ɔː'θɒrətɪz]
superieuren (mv.)	superiors	[suː'pɪərɪərz]
gouverneur (de)	governor	['gʌvənə(r)]
consul (de)	consul	['kɒnsəl]

diplomaat (de)	diplomat	['dɪpləmæt]
burgemeester (de)	mayor	[meə(r)]
sheriff (de)	sheriff	['ʃerɪf]

keizer (bijv. Romeinse ~)	emperor	['empərə(r)]
tsaar (de)	tsar	[zɑ:(r)]
farao (de)	pharaoh	['feərəʊ]
kan (de)	khan	[kɑ:n]

190. Weg. Weg. Routebeschrijving

weg (de)	road	[rəʊd]
route (de kortste ~)	way	[weɪ]

autoweg (de)	freeway	['fri:weɪ]
snelweg (de)	highway	['haɪweɪ]
rijksweg (de)	interstate	['ɪntəsteɪt]

hoofdweg (de)	main road	[meɪn rəʊd]
landweg (de)	dirt road	[dɜ:t rəʊd]

pad (het)	pathway	['pɑ:θweɪ]
paadje (het)	footpath	['fʊtpɑ:θ]

Waar?	Where?	[weə]
Waarheen?	Where?	[weə]
Waaruit?	Where ... from?	[weə frɒm]

richting (de)	direction	[dɪ'rekʃən]
aanwijzen (de weg ~)	to point (vt)	[tə pɔɪnt]

naar links (bw)	to the left	[tə ðə left]
naar rechts (bw)	to the right	[tə ðə raɪt]
rechtdoor (bw)	straight ahead	[streɪt ə'hed]
terug (bijv. ~ keren)	back	[bæk]

bocht (de)	turn, curve	[tɜ:n], [kɜ:v]
afslaan (naar rechts ~)	to turn (vi)	[tə tɜ:n]
U-bocht maken (ww)	to make a U-turn	[tə meɪk ə ju:-tɜ:n]

zichtbaar worden (ww)	to be visible	[tə bi 'vɪzəbəl]
verschijnen (in zicht komen)	to appear (vi)	[tə ə'pɪə(r)]

stop (korte onderbreking)	stop, halt	[stɒp], [hɔ:lt]
zich verpozen (uitrusten)	to rest, to pause (vi)	[tə rest], [tə pɔ:z]
rust (de)	rest	[rest]

verdwalen (de weg kwijt zijn)	to lose one's way	[tə lu:z wʌnz weɪ]
leiden naar ... (de weg)	to lead to ...	[tə li:d tu:]
bereiken (ergens aankomen)	to come out	[tə kʌm aʊt]
deel (~ van de weg)	stretch	[stretʃ]

asfalt (het)	asphalt	['æsfælt]
trottoirband (de)	curb	[kɜ:b]

greppel (de)	ditch	[dɪtʃ]
putdeksel (het)	manhole	['mænhəʊl]
vluchtstrook (de)	roadside	['rəʊdsaɪd]
kuil (de)	pit, pothole	[pɪt], ['pɒθəʊl]

| gaan (te voet) | to go (vi) | [tə gəʊ] |
| inhalen (voorbijgaan) | to pass (vt) | [tə pɑːs] |

| stap (de) | step | [step] |
| te voet (bw) | on foot | [ɒn 'fʊt] |

blokkeren (de weg ~)	to block (vt)	[tə blɒk]
slagboom (de)	boom barrier	['buːm ˌbærɪə(r)]
doodlopende straat (de)	dead end	[ˌded 'end]

191. De wet overtreden. Criminelen. Deel 1

bandiet (de)	bandit	['bændɪt]
misdaad (de)	crime	[kraɪm]
misdadiger (de)	criminal	['krɪmɪnəl]

dief (de)	thief	[θiːf]
stelen (ww)	to steal (vt)	[tə stiːl]
stelen (de)	stealing	['stiːlɪŋ]
diefstal (de)	theft	[θeft]

kidnappen (ww)	to kidnap (vt)	[tə 'kɪdnæp]
kidnapping (de)	kidnapping	['kɪdnæpɪŋ]
kidnapper (de)	kidnapper	['kɪdnæpə(r)]

| losgeld (het) | ransom | ['rænsəm] |
| eisen losgeld (ww) | to demand ransom | [tə dɪ'mɑːnd 'rænsəm] |

overvallen (ww)	to rob (vt)	[tə rɒb]
overval (de)	robbery	['rɒbərɪ]
overvaller (de)	robber	['rɒbə(r)]

afpersen (ww)	to extort (vt)	[tə ɪk'stɔːt]
afperser (de)	extortionist	[ɪk'stɔːʃənɪst]
afpersing (de)	extortion	[ɪk'stɔːʃən]

vermoorden (ww)	to murder, to kill	[tə 'mɜːdə(r)], [tə kɪl]
moord (de)	murder	['mɜːdə(r)]
moordenaar (de)	murderer	['mɜːdərə(r)]

schot (het)	gunshot	['gʌnʃɒt]
een schot lossen	to fire a shot	[tə ˌfaɪə ə 'ʃɒt]
neerschieten (ww)	to shoot to death	[tə ʃuːt tə deθ]
schieten (ww)	to shoot (vi)	[tə ʃuːt]
schieten (het)	shooting	['ʃuːtɪŋ]

ongeluk (gevecht, enz.)	incident	['ɪnsɪdənt]
gevecht (het)	fight, brawl	[faɪt], [brɔːl]
Help!	Help!	[help]

slachtoffer (het)	victim	['vɪktɪm]
beschadigen (ww)	to damage (vt)	[tə 'dæmɪdʒ]
schade (de)	damage	['dæmɪdʒ]
lijk (het)	dead body	[ded 'bɒdɪ]
zwaar (~ misdrijf)	grave	[greɪv]

aanvallen (ww)	to attack (vt)	[tə ə'tæk]
slaan (iemand ~)	to beat (vt)	[tə bi:t]
in elkaar slaan (toetakelen)	to beat ... up	[tə bi:t ... ʌp]
ontnemen (beroven)	to take (vt)	[tə teɪk]
steken (met een mes)	to stab to death	[tə stæb tə deθ]
verminken (ww)	to maim (vt)	[tə meɪm]
verwonden (ww)	to wound (vt)	[tə wu:nd]

chantage (de)	blackmail	['blæk͵meɪl]
chanteren (ww)	to blackmail (vt)	[tə 'blæk͵meɪl]
chanteur (de)	blackmailer	['blæk͵meɪlə(r)]

afpersing (de)	protection racket	[prə'tekʃən 'rækɪt]
afperser (de)	racketeer	[͵rækə'tɪə(r)]
gangster (de)	gangster	['gæŋstə(r)]
maffia (de)	mafia, Mob	['mæfɪə], [mɒb]

kruimeldief (de)	pickpocket	['pɪk͵pɒkɪt]
inbreker (de)	burglar	['bɜ:glə]
smokkelen (het)	smuggling	['smʌglɪŋ]
smokkelaar (de)	smuggler	['smʌglə(r)]

namaak (de)	forgery	['fɔ:dʒərɪ]
namaken (ww)	to forge (vt)	[tə fɔ:dʒ]
namaak-, vals (bn)	fake, forged	[feɪk], [fɔ:dʒd]

192. De wet overtreden. Criminelen. Deel 2

verkrachting (de)	rape	[reɪp]
verkrachten (ww)	to rape (vt)	[tə reɪp]
verkrachter (de)	rapist	['reɪpɪst]
maniak (de)	maniac	['meɪnɪæk]

prostituee (de)	prostitute	['prɒstɪtju:t]
prostitutie (de)	prostitution	[͵prɒstɪ'tju:ʃən]
pooier (de)	pimp	[pɪmp]

drugsverslaafde (de)	drug addict	['drʌg͵ædɪkt]
drugshandelaar (de)	drug dealer	['drʌg ͵di:lə(r)]

opblazen (ww)	to blow up (vt)	[tə bləʊ ʌp]
explosie (de)	explosion	[ɪk'spləʊʒən]
in brand steken (ww)	to set fire	[tə set 'faɪə(r)]
brandstichter (de)	arsonist	['ɑ:sənɪst]

terrorisme (het)	terrorism	['terərɪzəm]
terrorist (de)	terrorist	['terərɪst]
gijzelaar (de)	hostage	['hɒstɪdʒ]

bedriegen (ww)	to swindle (vt)	[tə 'swındəl]
bedrog (het)	swindle, deception	['swındəl], [dı'sepʃən]
oplichter (de)	swindler	['swındlə(r)]

omkopen (ww)	to bribe (vt)	[tə braıb]
omkoperij (de)	bribery	['braıbərı]
smeergeld (het)	bribe	[braıb]

vergif (het)	poison	['pɔızən]
vergiftigen (ww)	to poison (vt)	[tə 'pɔızən]
vergif innemen (ww)	to poison oneself	[tə 'pɔızən wʌn'self]

| zelfmoord (de) | suicide | ['su:ısaıd] |
| zelfmoordenaar (de) | suicide | ['su:ısaıd] |

bedreigen (bijv. met een pistool)	to threaten (vt)	[tə 'θretən]
bedreiging (de)	threat	[θret]
een aanslag plegen	to make an attempt	[tə meık ən ə'tempt]
aanslag (de)	attempt	[ə'tempt]

| stelen (een auto) | to steal (vt) | [tə sti:l] |
| kapen (een vliegtuig) | to hijack (vt) | [tə 'haıdʒæk] |

| wraak (de) | revenge | [rı'vendʒ] |
| wreken (ww) | to avenge (vt) | [tə ə'vendʒ] |

martelen (gevangenen)	to torture (vt)	[tə 'tɔ:tʃə(r)]
foltering (de)	torture	['tɔ:tʃə(r)]
folteren (ww)	to torment (vt)	[tə tɔ:'ment]

piraat (de)	pirate	['paırət]
straatschender (de)	hooligan	['hu:lıgən]
gewapend (bn)	armed	[ɑ:md]
geweld (het)	violence	['vaıələns]
onwettig (strafbaar)	illegal	[ı'li:gəl]

| spionage (de) | spying | ['spaııŋ] |
| spioneren (ww) | to spy (vi) | [tə spaı] |

193. Politie. Wet. Deel 1

| gerecht (het) | justice | ['dʒʌstıs] |
| gerechtshof (het) | court | [kɔ:t] |

rechter (de)	judge	[dʒʌdʒ]
jury (de)	jurors	['dʒuərəz]
juryrechtspraak (de)	jury trial	['dʒuərı 'traıəl]
berechten (ww)	to judge (vt)	[tə dʒʌdʒ]

advocaat (de)	lawyer, attorney	['lɔ:jə(r)], [ə't3:nı]
beklaagde (de)	accused	[ə'kju:zd]
beklaagdenbank (de)	dock	[dɒk]
beschuldiging (de)	charge	[tʃɑ:dʒ]

beschuldigde (de)	accused	[ə'kjuːzd]
vonnis (het)	sentence	['sentəns]
veroordelen	to sentence (vt)	[tə 'sentəns]
(in een rechtszaak)		

| straffen (ww) | to punish (vt) | [tə 'pʌnɪʃ] |
| bestraffing (de) | punishment | ['pʌnɪʃmənt] |

boete (de)	fine	[faɪn]
levenslange opsluiting (de)	life imprisonment	[laɪf ɪm'prɪzənmənt]
doodstraf (de)	death penalty	['deθ ˌpenəltɪ]
elektrische stoel (de)	electric chair	[ɪ'lektrɪk 'tʃeə(r)]
schavot (het)	gallows	['gæləʊz]

| executeren (ww) | to execute (vt) | [tə 'eksɪkjuːt] |
| executie (de) | execution | [ˌeksɪ'kjuːʃən] |

| gevangenis (de) | prison, jail | ['prɪzən], [dʒeɪl] |
| cel (de) | cell | [sel] |

konvooi (het)	escort	['eskɔːt]
gevangenisbewaker (de)	prison guard	['prɪzən gɑːd]
gedetineerde (de)	prisoner	['prɪzənə(r)]

| handboeien (mv.) | handcuffs | ['hændkʌfs] |
| handboeien omdoen | to handcuff (vt) | [tə 'hændkʌf] |

ontsnapping (de)	prison break	['prɪzən breɪk]
ontsnappen (ww)	to break out (vi)	[tə breɪk 'aʊt]
verdwijnen (ww)	to disappear (vi)	[tə ˌdɪsə'pɪə(r)]
vrijlaten (uit de gevangenis)	to release (vt)	[tə rɪ'liːs]
amnestie (de)	amnesty	['æmnəstɪ]

politie (de)	police	[pə'liːs]
politieagent (de)	police officer	[pə'liːs'ɒfɪsə(r)]
politiebureau (het)	police station	[pə'liːs 'steɪʃən]
knuppel (de)	billy club	['bɪlɪ klʌb]
megafoon (de)	bullhorn	['bʊlhɔːn]

patrouilleerwagen (de)	patrol car	[pə'trəʊl kɑː(r)]
sirene (de)	siren	['saɪərən]
de sirene aansteken	to turn on the siren	[tə tɜːn ˌɒn ðə 'saɪərən]
geloei (het) van de sirene	siren call	['saɪərən kɔːl]

plaats delict (de)	crime scene	[kraɪm siːn]
getuige (de)	witness	['wɪtnɪs]
vrijheid (de)	freedom	['friːdəm]
handlanger (de)	accomplice	[ə'kʌmplɪs]
spoor (het)	trace	[treɪs]

194. Politie. Wet. Deel 2

| opsporing (de) | search | [sɜːtʃ] |
| opsporen (ww) | to look for ... | [tə lʊk fɔː(r)] |

verdenking (de)	suspicion	[sə'spıʃən]
verdacht (bn)	suspicious	[sə'spıʃəs]
aanhouden (stoppen)	to stop (vt)	[tə stɒp]
tegenhouden (ww)	to detain (vt)	[tə dı'teın]

strafzaak (de)	case	[keıs]
onderzoek (het)	investigation	[ın,vestı'geıʃən]
detective (de)	detective	[dı'tektıv]
onderzoeksrechter (de)	investigator	[ın'vestı,geıtə(r)]
versie (de)	hypothesis	[haı'pɒθısıs]

motief (het)	motive	['məutıv]
verhoor (het)	interrogation	[ın,terə'geıʃən]
ondervragen (door de politie)	to interrogate (vt)	[tə ın'terəgeıt]
ondervragen (omstanders ~)	to question (vt)	[tə 'kwestʃən]
controle (de)	check	[tʃek]

razzia (de)	round-up	[raund∧p]
huiszoeking (de)	search	[sɜ:tʃ]
achtervolging (de)	chase	[tʃeıs]
achtervolgen (ww)	to pursue, to chase	[tə pə'sju:], [tə tʃeıs]
opsporen (ww)	to track (vt)	[tə træk]

arrest (het)	arrest	[ə'rest]
arresteren (ww)	to arrest (vt)	[tə ə'rest]
vangen, aanhouden (een dief, enz.)	to catch (vt)	[tə kætʃ]
aanhouding (de)	capture	['kæptʃə(r)]

document (het)	document	['dɒkjumənt]
bewijs (het)	proof	[pru:f]
bewijzen (ww)	to prove (vt)	[tə pru:v]
voetspoor (het)	footprint	['futprınt]
vingerafdrukken (mv.)	fingerprints	['fıŋgəprınts]
bewijs (het)	piece of evidence	[pi:s ɒf 'evıdəns]

alibi (het)	alibi	['ælıbaı]
onschuldig (bn)	innocent	['ınəsənt]
onrecht (het)	injustice	[ın'dʒ∧stıs]
onrechtvaardig (bn)	unjust, unfair	[,∧n'dʒ∧st], [,∧n'feə(r)]

crimineel (bn)	criminal	['krımınəl]
confisqueren (in beslag nemen)	to confiscate (vt)	[tə 'kɒnfıskeıt]
drug (de)	drug	[dr∧g]
wapen (het)	weapon, gun	['wepən], [g∧n]
ontwapenen (ww)	to disarm (vt)	[tə dıs'ɑ:m]
bevelen (ww)	to order (vt)	[tə 'ɔ:də(r)]
verdwijnen (ww)	to disappear (vi)	[tə ,dısə'pıə(r)]

wet (de)	law	[lɔ:]
wettelijk (bn)	legal, lawful	['li:gəl], ['lɔ:ful]
onwettelijk (bn)	illegal, illicit	[ı'li:gəl], [ı'lısıt]

verantwoordelijkheid (de)	responsibility	[rı,spɒnsə'bılıtı]
verantwoordelijk (bn)	responsible	[rı'spɒnsəbəl]

NATUUR

De Aarde. Deel 1

195. De kosmische ruimte

kosmos (de)	cosmos	['kɒzmɒs]
kosmisch (bn)	space	[speɪs]
kosmische ruimte (de)	outer space	['aʊtə speɪs]
sterrenstelsel (het)	galaxy	['gæləksɪ]
ster (de)	star	[stɑ:(r)]
sterrenbeeld (het)	constellation	[ˌkɒnstə'leɪʃən]
planeet (de)	planet	['plænɪt]
satelliet (de)	satellite	['sætəlaɪt]
meteoriet (de)	meteorite	['mi:tjəraɪt]
komeet (de)	comet	['kɒmɪt]
asteroïde (de)	asteroid	['æstərɔɪd]
baan (de)	orbit	['ɔ:bɪt]
draaien (om de zon, enz.)	to rotate (vi)	[tə rəʊ'teɪt]
atmosfeer (de)	atmosphere	['ætməˌsfɪə(r)]
Zon (de)	the Sun	[ðə sʌn]
zonnestelsel (het)	solar system	['səʊlə 'sɪstəm]
zonsverduistering (de)	solar eclipse	['səʊlə ɪ'klɪps]
Aarde (de)	the Earth	[ðɪ ɜ:θ]
Maan (de)	the Moon	[ðə mu:n]
Mars (de)	Mars	[mɑ:z]
Venus (de)	Venus	['vi:nəs]
Jupiter (de)	Jupiter	['dʒu:pɪtə(r)]
Saturnus (de)	Saturn	['sætən]
Mercurius (de)	Mercury	['mɜ:kjʊrɪ]
Uranus (de)	Uranus	['jʊərənəs]
Neptunus (de)	Neptune	['neptju:n]
Pluto (de)	Pluto	['plu:təʊ]
Melkweg (de)	Milky Way	['mɪlkɪ weɪ]
Grote Beer (de)	Great Bear	[greɪt beə(r)]
Poolster (de)	North Star	[nɔ:θ stɑ:(r)]
marsmannetje (het)	Martian	['mɑ:ʃən]
buitenaards wezen (het)	extraterrestrial	[ˌekstrətə'restrɪəl]
bovenaards (het)	alien	['eɪljən]

| vliegende schotel (de) | flying saucer | ['flaɪɪŋ 'sɔːsə(r)] |
| ruimtevaartuig (het) | spaceship | ['speɪsʃɪp] |

| ruimtestation (het) | space station | [speɪs 'steɪʃən] |
| start (de) | blast-off | [blɑːst ɒf] |

motor (de)	engine	['endʒɪn]
straalpijp (de)	nozzle	['nɒzəl]
brandstof (de)	fuel	[fjʊəl]

cabine (de)	cockpit	['kɒkpɪt]
antenne (de)	antenna	[æn'tenə]
patrijspoort (de)	porthole	['pɔːθəʊl]
zonnebatterij (de)	solar battery	['səʊlə 'bætərɪ]
ruimtepak (het)	spacesuit	['speɪssuːt]

| gewichtloosheid (de) | weightlessness | ['weɪtlɪsnɪs] |
| zuurstof (de) | oxygen | ['ɒksɪdʒən] |

| koppeling (de) | docking | ['dɒkɪŋ] |
| koppeling maken | to dock (vi, vt) | [tə dɒk] |

| observatorium (het) | observatory | [əb'zɜːvətrɪ] |
| telescoop (de) | telescope | ['telɪskəʊp] |

| waarnemen (ww) | to observe (vt) | [tə əb'zɜːv] |
| exploreren (ww) | to explore (vt) | [tə ɪk'splɔː(r)] |

196. De Aarde

Aarde (de)	the Earth	[ðɪ ɜːθ]
aardbol (de)	globe	[gləʊb]
planeet (de)	planet	['plænɪt]

atmosfeer (de)	atmosphere	['ætmə,sfɪə(r)]
aardrijkskunde (de)	geography	[dʒɪ'ɒgrəfɪ]
natuur (de)	nature	['neɪtʃə(r)]

wereldbol (de)	globe	[gləʊb]
kaart (de)	map	[mæp]
atlas (de)	atlas	['ætləs]

| Europa (het) | Europe | ['jʊərəp] |
| Azië (het) | Asia | ['eɪʒə] |

| Afrika (het) | Africa | ['æfrɪkə] |
| Australië (het) | Australia | [ɒ'streɪljə] |

Amerika (het)	America	[ə'merɪkə]
Noord-Amerika (het)	North America	[nɔːθ ə'merɪkə]
Zuid-Amerika (het)	South America	[saʊθ ə'merɪkə]

| Antarctica (het) | Antarctica | [ænt'ɑːktɪkə] |
| Arctis (de) | the Arctic | [ðə 'ɑːktɪk] |

197. Windrichtingen

noorden (het)	north	[nɔːθ]
naar het noorden	to the north	[tə ðə nɔːθ]
in het noorden	in the north	[ɪn ðə nɔːθ]
noordelijk (bn)	northern	[ˈnɔːðən]

zuiden (het)	south	[saʊθ]
naar het zuiden	to the south	[tə ðə saʊθ]
in het zuiden	in the south	[ɪn ðə saʊθ]
zuidelijk (bn)	southern	[ˈsʌðən]

westen (het)	west	[west]
naar het westen	to the west	[tə ðə west]
in het westen	in the west	[ɪn ðə west]
westelijk (bn)	western	[ˈwestən]

oosten (het)	east	[iːst]
naar het oosten	to the east	[tə ðɪ iːst]
in het oosten	in the east	[ɪn ðɪ iːst]
oostelijk (bn)	eastern	[ˈiːstən]

198. Zee. Oceaan

zee (de)	sea	[siː]
oceaan (de)	ocean	[ˈəʊʃən]
golf (baai)	gulf	[gʌlf]
straat (de)	straits	[streɪts]

grond (vaste grond)	solid ground	[ˈsɒlɪd graʊnd]
continent (het)	continent	[ˈkɒntɪnənt]
eiland (het)	island	[ˈaɪlənd]
schiereiland (het)	peninsula	[pəˈnɪnsjʊlə]
archipel (de)	archipelago	[ˌɑːkɪˈpelɪgəʊ]

baai, bocht (de)	bay	[beɪ]
haven (de)	harbor	[ˈhɑːbə(r)]
lagune (de)	lagoon	[ləˈguːn]
kaap (de)	cape	[keɪp]

atol (de)	atoll	[ˈætɒl]
rif (het)	reef	[riːf]
koraal (het)	coral	[ˈkɒrəl]
koraalrif (het)	coral reef	[ˈkɒrəl riːf]

diep (bn)	deep	[diːp]
diepte (de)	depth	[depθ]
diepzee (de)	abyss	[əˈbɪs]
trog (bijv. Marianentrog)	trench	[trentʃ]

stroming (de)	current	[ˈkʌrənt]
omspoelen (ww)	to surround (vt)	[tə səˈraʊnd]
oever (de)	shore	[ʃɔː(r)]

kust (de)	coast	[kəʊst]
vloed (de)	high tide	[haɪ taɪd]
eb (de)	low tide	[ləʊ taɪd]
ondiepte (ondiep water)	sandbank	['sændbæŋk]
bodem (de)	bottom	['bɒtəm]
golf (hoge ~)	wave	[weɪv]
golfkam (de)	crest	[krest]
schuim (het)	froth	[frɒθ]
storm (de)	storm	[stɔːm]
orkaan (de)	hurricane	['hʌrɪkən]
tsunami (de)	tsunami	[tsuːˈnɑːmɪ]
windstilte (de)	calm	[kɑːm]
kalm (bijv. ~e zee)	quiet, calm	['kwaɪət], [kɑːm]
pool (de)	pole	[pəʊl]
polair (bn)	polar	['pəʊlə(r)]
breedtegraad (de)	latitude	['lætɪtjuːd]
lengtegraad (de)	longitude	['lɒndʒɪtjuːd]
parallel (de)	parallel	['pærəlel]
evenaar (de)	equator	[ɪˈkweɪtə(r)]
hemel (de)	sky	[skaɪ]
horizon (de)	horizon	[həˈraɪzən]
lucht (de)	air	[eə]
vuurtoren (de)	lighthouse	['laɪthaʊs]
duiken (ww)	to dive (vi)	[tə daɪv]
zinken (ov. een boot)	to sink (vi)	[tə sɪŋk]
schatten (mv.)	treasures	['treʒəz]

199. Namen van zeeën en oceanen

Atlantische Oceaan (de)	Atlantic Ocean	[ətˈlæntɪk 'əʊʃən]
Indische Oceaan (de)	Indian Ocean	['ɪndɪən 'əʊʃən]
Stille Oceaan (de)	Pacific Ocean	[pəˈsɪfɪk 'əʊʃən]
Noordelijke IJszee (de)	Arctic Ocean	['ɑrktɪk 'əʊʃən]
Zwarte Zee (de)	Black Sea	[blæk siː]
Rode Zee (de)	Red Sea	[red siː]
Gele Zee (de)	Yellow Sea	[jeləʊ 'siː]
Witte Zee (de)	White Sea	[waɪt siː]
Kaspische Zee (de)	Caspian Sea	['kæspɪən siː]
Dode Zee (de)	Dead Sea	[ˌded 'siː]
Middellandse Zee (de)	Mediterranean Sea	[ˌmedɪtəˈreɪnɪən siː]
Egeïsche Zee (de)	Aegean Sea	[iːˈdʒiːən siː]
Adriatische Zee (de)	Adriatic Sea	[ˌeɪdrɪˈætɪk siː]
Arabische Zee (de)	Arabian Sea	[əˈreɪbɪən siː]
Japanse Zee (de)	Sea of Japan	['siː əv dʒəˈpæn]

| Beringzee (de) | Bering Sea | ['berɪŋ si:] |
| Zuid-Chinese Zee (de) | South China Sea | [saʊθ 'tʃaɪnə si:] |

Koraalzee (de)	Coral Sea	['kɒrəl si:]
Tasmanzee (de)	Tasman Sea	['tæzmən si:]
Caribische Zee (de)	Caribbean Sea	['kæ'rɪbɪən si:]

| Barentszzee (de) | Barents Sea | ['bærənts si:] |
| Karische Zee (de) | Kara Sea | ['kɑːrə si:] |

Noordzee (de)	North Sea	[nɔ:θ si:]
Baltische Zee (de)	Baltic Sea	['bɔːltɪk si:]
Noorse Zee (de)	Norwegian Sea	[nɔ:'wi:dʒən si:]

200. Bergen

berg (de)	mountain	['maʊntɪn]
bergketen (de)	mountain range	['maʊntɪn reɪndʒ]
gebergte (het)	mountain ridge	['maʊntɪn rɪdʒ]

bergtop (de)	summit, top	['sʌmɪt], [tɒp]
bergpiek (de)	peak	[pi:k]
voet (ov. de berg)	foot	[fʊt]
helling (de)	slope	[sləʊp]

vulkaan (de)	volcano	[vɒl'kenəʊ]
actieve vulkaan (de)	active volcano	['æktɪv vɒl'kenəʊ]
uitgedoofde vulkaan (de)	dormant volcano	['dɔ:mənt vɒl'kenəʊ]

uitbarsting (de)	eruption	[ɪ'rʌpʃən]
krater (de)	crater	['kreɪtə(r)]
magma (het)	magma	['mægmə]
lava (de)	lava	['lɑ:və]
gloeiend (~e lava)	molten	['məʊltən]

kloof (canyon)	canyon	['kænjən]
bergkloof (de)	gorge	[gɔ:dʒ]
spleet (de)	crevice	['krevɪs]
afgrond (de)	abyss	[ə'bɪs]

bergpas (de)	pass, col	[pɑ:s], [kɒl]
plateau (het)	plateau	['plætəʊ]
klip (de)	cliff	[klɪf]
heuvel (de)	hill	[hɪl]

gletsjer (de)	glacier	['gleɪʃə(r)]
waterval (de)	waterfall	['wɔ:təfɔ:l]
geiser (de)	geyser	['gaɪzə(r)]
meer (het)	lake	[leɪk]

vlakte (de)	plain	[pleɪn]
landschap (het)	landscape	['lændskeɪp]
echo (de)	echo	['ekəʊ]
alpinist (de)	alpinist	['ælpɪnɪst]

bergbeklimmer (de)	rock climber	[rɒk 'klaɪmə(r)]
trotseren (berg ~)	conquer (vt)	['kɒŋkə(r)]
beklimming (de)	climb	[klaɪm]

201. Bergen namen

Alpen (de)	Alps	[ælps]
Mont Blanc (de)	Mont Blanc	[ˌmɔ̃'blɑ̃]
Pyreneeën (de)	Pyrenees	[ˌpɪrə'niːz]

Karpaten (de)	Carpathians	[kɑː'peɪθɪənz]
Oeralgebergte (het)	Ural Mountains	['jʊərəl 'maʊntɪnz]
Kaukasus (de)	Caucasus	['kɔːkəsəs]
Elbroes (de)	Elbrus	[ˌelbə'ruːs]

Altaj (de)	Altai	[ˌɑːl'taɪ]
Tiensjan (de)	Tien Shan	[tjɛn'ʃɑːn]
Pamir (de)	Pamir Mountains	[pə'mɪə 'maʊntɪnz]
Himalaya (de)	Himalayas	[ˌhɪmə'leɪəz]
Everest (de)	Everest	['evərɪst]

| Andes (de) | Andes | ['ændiːz] |
| Kilimanjaro (de) | Kilimanjaro | [ˌkɪlɪmən'dʒɑːrəʊ] |

202. Rivieren

rivier (de)	river	['rɪvə(r)]
bron (~ van een rivier)	spring	[sprɪŋ]
riverbedding (de)	riverbed	['rɪvəbed]
riverbekken (het)	basin	['beɪsən]
uitmonden in ...	to flow into ...	[tə fləʊ 'ɪntʊ]

| zijrivier (de) | tributary | ['trɪbjʊtrɪ] |
| oever (de) | bank | [bæŋk] |

stroming (de)	current, stream	['kʌrənt], [striːm]
stroomafwaarts (bw)	downstream	['daʊnˌstriːm]
stroomopwaarts (bw)	upstream	[ˌʌp'striːm]

overstroming (de)	inundation	[ˌɪnʌn'deɪʃən]
overstroming (de)	flooding	['flʌdɪŋ]
buiten zijn oevers treden	to overflow (vi)	[tə ˌəʊvə'fləʊ]
overstromen (ww)	to flood (vt)	[tə flʌd]

| zandbank (de) | shallows | ['ʃæləʊz] |
| stroomversnelling (de) | rapids | ['ræpɪdz] |

dam (de)	dam	[dæm]
kanaal (het)	canal	[kə'næl]
spaarbekken (het)	artificial lake	[ˌɑːtɪ'fɪʃəl leɪk]
sluis (de)	sluice, lock	[sluːs], [lɒk]
waterlichaam (het)	water body	['wɔːtə 'bɒdɪ]

moeras (het)	swamp, bog	[swɒmp], [bɒg]
broek (het)	marsh	[mɑːʃ]
draaikolk (de)	whirlpool	['wɜːlpuːl]

stroom (de)	stream	[striːm]
drink- (abn)	drinking	['drɪŋkɪŋ]
zoet (~ water)	fresh	[freʃ]

| IJs (het) | ice | [aɪs] |
| bevriezen (rivier, enz.) | to freeze over | [tə friːz 'əʊvə(r)] |

203. Namen van rivieren

| Seine (de) | Seine | [seɪn] |
| Loire (de) | Loire | [lwɑːr] |

Theems (de)	Thames	[temz]
Rijn (de)	Rhine	[raɪn]
Donau (de)	Danube	['dænjuːb]

Wolga (de)	Volga	['vɒlgə]
Don (de)	Don	[dɒn]
Lena (de)	Lena	['leɪnə]

Gele Rivier (de)	Yellow River	[ˌjeləʊ 'rɪvə(r)]
Blauwe Rivier (de)	Yangtze	['jæŋtsɪ]
Mekong (de)	Mekong	['miːkɒŋ]
Ganges (de)	Ganges	['gændʒiːz]

Nijl (de)	Nile River	[naɪl 'rɪvə(r)]
Kongo (de)	Congo	['kɒŋgəʊ]
Okavango (de)	Okavango	[ˌɔkə'væŋgəʊ]
Zambezi (de)	Zambezi	[zæm'biːzɪ]
Limpopo (de)	Limpopo	[lɪm'pəʊpəʊ]

204. Bos

| bos (het) | forest | ['fɒrɪst] |
| bos- (abn) | forest | ['fɒrɪst] |

oerwoud (dicht bos)	thick forest	[θɪk 'fɒrɪst]
bosje (klein bos)	grove	[grəʊv]
open plek (de)	clearing	['klɪərɪŋ]

| struikgewas (het) | thicket | ['θɪkɪt] |
| struiken (mv.) | scrubland | ['skrʌblænd] |

| paadje (het) | footpath | ['fʊtpɑːθ] |
| ravijn (het) | gully | ['gʌlɪ] |

| boom (de) | tree | [triː] |
| blad (het) | leaf | [liːf] |

gebladerte (het)	leaves	[liːvz]
vallende bladeren (mv.)	fall of leaves	[fɔːl əv liːvz]
vallen (ov. de bladeren)	to fall (vi)	[tə fɔːl]
boomtop (de)	top	[top]

tak (de)	branch	[brɑːntʃ]
ent (de)	bough	[baʊ]
knop (de)	bud	[bʌd]
naald (de)	needle	[ˈniːdəl]
dennenappel (de)	pine cone	[paɪn kəʊn]

boom holte (de)	hollow	[ˈhɒləʊ]
nest (het)	nest	[nest]
hol (het)	burrow, animal hole	[ˈbʌrəʊ], [ˈænɪməl həʊl]

stam (de)	trunk	[trʌŋk]
wortel (bijv. boom~s)	root	[ruːt]
schors (de)	bark	[bɑːk]
mos (het)	moss	[mɒs]

ontwortelen (een boom)	to uproot (vt)	[tə ˌʌpˈruːt]
kappen (een boom ~)	to chop down	[tə tʃɒp daʊn]
ontbossen (ww)	to deforest (vt)	[tə ˌdiːˈfɒrɪst]
stronk (de)	tree stump	[triː stʌmp]

kampvuur (het)	campfire	[ˈkæmpˌfaɪə(r)]
bosbrand (de)	forest fire	[ˈfɒrɪst ˈfaɪə(r)]
blussen (ww)	to extinguish (vt)	[tə ɪkˈstɪŋgwɪʃ]

boswachter (de)	forest ranger	[ˈfɒrɪst ˈreɪndʒə]
bescherming (de)	protection	[prəˈtekʃən]
beschermen (bijv. de natuur ~)	to protect (vt)	[tə prəˈtekt]
stroper (de)	poacher	[ˈpəʊtʃə(r)]
val (de)	trap	[træp]

| plukken (vruchten, enz.) | to gather, to pick (vt) | [tə ˈgæðə(r)], [tə pɪk] |
| verdwalen (de weg kwijt zijn) | to lose one's way | [tə luːz wʌnz weɪ] |

205. Natuurlijke hulpbronnen

natuurlijke rijkdommen (mv.)	natural resources	[ˈnætʃərəl rɪˈsɔːsɪz]
delfstoffen (mv.)	minerals	[ˈmɪnərəlz]
lagen (mv.)	deposits	[dɪˈpɒzɪts]
veld (bijv. olie~)	field	[fiːld]

winnen (uit erts ~)	to mine (vt)	[tə maɪn]
winning (de)	mining	[ˈmaɪnɪŋ]
erts (het)	ore	[ɔː(r)]
mijn (bijv. kolenmijn)	mine	[maɪn]
mijnschacht (de)	mine shaft, pit	[maɪn ʃɑːft], [pɪt]
mijnwerker (de)	miner	[ˈmaɪnə(r)]
gas (het)	gas	[gæs]
gasleiding (de)	gas pipeline	[gæs ˈpaɪplaɪn]

olie (aardolie)	oil, petroleum	[ɔɪl], [pɪ'trəʊlɪəm]
olieleiding (de)	oil pipeline	[ɔɪl 'paɪplaɪn]
oliebron (de)	oil well	[ɔɪl wel]
boortoren (de)	derrick	['derɪk]
tanker (de)	tanker	['tæŋkə(r)]
zand (het)	sand	[sænd]
kalksteen (de)	limestone	['laɪmstəʊn]
grind (het)	gravel	['grævəl]
veen (het)	peat	[pi:t]
klei (de)	clay	[kleɪ]
steenkool (de)	coal	[kəʊl]
IJzer (het)	iron	['aɪrən]
goud (het)	gold	[gəʊld]
zilver (het)	silver	['sɪlvə(r)]
nikkel (het)	nickel	['nɪkəl]
koper (het)	copper	['kɒpə(r)]
zink (het)	zinc	[zɪŋk]
mangaan (het)	manganese	['mæŋgəni:z]
kwik (het)	mercury	['mɜːkjʊrɪ]
lood (het)	lead	[led]
mineraal (het)	mineral	['mɪnərəl]
kristal (het)	crystal	['krɪstəl]
marmer (het)	marble	['mɑːbəl]
uraan (het)	uranium	[jʊ'reɪnjəm]

De Aarde. Deel 2

206. Weer

weer (het)	weather	['weðə(r)]
weersvoorspelling (de)	weather forecast	['weðə 'fɔːkɑːst]
temperatuur (de)	temperature	['temprətʃə(r)]
thermometer (de)	thermometer	[θə'mɒmɪtə(r)]
barometer (de)	barometer	[bə'rɒmɪtə(r)]
vochtig (bn)	humid	['hjuːmɪd]
vochtigheid (de)	humidity	[hjuːˈmɪdətɪ]
hitte (de)	heat	[hiːt]
heet (bn)	hot, torrid	[hɒt], ['tɒrɪd]
het is heet	it's hot	[ɪts hɒt]
het is warm	it's warm	[ɪts wɔːm]
warm (bn)	warm	[wɔːm]
het is koud	it's cold	[ɪts kəʊld]
koud (bn)	cold	[kəʊld]
zon (de)	sun	[sʌn]
schijnen (de zon)	to shine (vi)	[tə ʃaɪn]
zonnig (~e dag)	sunny	['sʌnɪ]
opgaan (ov. de zon)	to come up (vi)	[tə kʌm ʌp]
ondergaan (ww)	to set (vi)	[tə set]
wolk (de)	cloud	[klaʊd]
bewolkt (bn)	cloudy	['klaʊdɪ]
regenwolk (de)	rain cloud	[reɪn klaʊd]
somber (bn)	somber	['sɒmbə(r)]
regen (de)	rain	[reɪn]
het regent	it's raining	[ɪts 'reɪnɪŋ]
regenachtig (bn)	rainy	['reɪnɪ]
motregenen (ww)	to drizzle (vi)	[tə 'drɪzəl]
plensbui (de)	pouring rain	['pɔːrɪŋ reɪn]
stortbui (de)	downpour	['daʊnpɔː(r)]
hard (bn)	heavy	['hevɪ]
plas (de)	puddle	['pʌdəl]
nat worden (ww)	to get wet	[tə get wet]
mist (de)	fog, mist	[fɒg], [mɪst]
mistig (bn)	foggy	['fɒgɪ]
sneeuw (de)	snow	[snəʊ]
het sneeuwt	it's snowing	[ɪts snəʊɪŋ]

207. Zwaar weer. Natuurrampen

noodweer (storm)	thunderstorm	['θʌndəstɔ:m]
bliksem (de)	lightning	['laɪtnɪŋ]
flitsen (ww)	to flash (vi)	[tə flæʃ]
donder (de)	thunder	['θʌndə(r)]
donderen (ww)	to thunder (vi)	[tə 'θʌndə(r)]
het dondert	it's thundering	[ɪts 'θʌndərɪŋ]
hagel (de)	hail	[heɪl]
het hagelt	it's hailing	[ɪts heɪlɪŋ]
overstromen (ww)	to flood (vt)	[tə flʌd]
overstroming (de)	flood	[flʌd]
aardbeving (de)	earthquake	['ɜ:θkweɪk]
aardschok (de)	tremor, quake	['tremə(r)], [kweɪk]
epicentrum (het)	epicenter	['epɪsentə(r)]
uitbarsting (de)	eruption	[ɪ'rʌpʃən]
lava (de)	lava	['lɑ:və]
wervelwind (de)	twister	['twɪstə(r)]
tyfoon (de)	typhoon	[taɪ'fu:n]
orkaan (de)	hurricane	['hʌrɪkən]
storm (de)	storm	[stɔ:m]
tsunami (de)	tsunami	[tsu:'nɑ:mɪ]
cycloon (de)	cyclone	['saɪkləʊn]
onweer (het)	bad weather	[bæd 'weðə(r)]
brand (de)	fire	['faɪə(r)]
ramp (de)	disaster	[dɪ'zɑ:stə(r)]
meteoriet (de)	meteorite	['mi:tjəraɪt]
lawine (de)	avalanche	['ævəlɑ:nʃ]
sneeuwverschuiving (de)	snowslide	['snəʊslaɪd]
sneeuwjacht (de)	blizzard	['blɪzəd]
sneeuwstorm (de)	snowstorm	['snəʊstɔ:m]

208. Geluiden. Geluiden

stilte (de)	quiet, silence	['kwaɪət], ['saɪləns]
geluid (het)	sound	[saʊnd]
lawaai (het)	noise	[nɔɪz]
lawaai maken (ww)	to make noise	[tə ˌmeɪk 'nɔɪz]
lawaaierig (bn)	noisy	['nɔɪzɪ]
luid (~ spreken)	loudly	['laʊdlɪ]
luid (bijv. ~e stem)	loud	[laʊd]
aanhoudend (voortdurend)	constant	['kɒnstənt]
schreeuw (de)	shout	[ʃaʊt]

schreeuwen (ww)	**to shout** (vi)	[tə ʃaʊt]
gefluister (het)	**whisper**	[ˈwɪspə(r)]
fluisteren (ww)	**to whisper** (vi, vt)	[tə ˈwɪspə(r)]
geblaf (het)	**barking**	[ˈbɑːkɪŋ]
blaffen (ww)	**to bark** (vi)	[tə bɑːk]
gekreun (het)	**groan**	[grəʊn]
kreunen (ww)	**to groan** (vi)	[tə grəʊn]
hoest (de)	**cough**	[kɒf]
hoesten (ww)	**to cough** (vi)	[tə kɒf]
gefluit (het)	**whistle**	[ˈwɪsəl]
fluiten (op het fluitje blazen)	**to whistle** (vi)	[tə ˈwɪsəl]
geklop (het)	**knock**	[nɒk]
kloppen (aan een deur)	**to knock** (vi)	[tə nɒk]
kraken (hout, ijs)	**to crack** (vi)	[tə kræk]
gekraak (het)	**crack**	[kræk]
sirene (de)	**siren**	[ˈsaɪərən]
fluit (stoom ~)	**whistle**	[ˈwɪsəl]
fluiten (schip, trein)	**to whistle** (vi)	[tə ˈwɪsəl]
toeter (de)	**honk**	[hɒŋk]
toeteren (ww)	**to honk** (vi)	[tə hɒŋk]

209. Winter

winter (de)	**winter**	[ˈwɪntə(r)]
winter- (abn)	**winter**	[ˈwɪntə(r)]
in de winter (bw)	**in winter**	[ɪn ˈwɪntə(r)]
sneeuw (de)	**snow**	[snəʊ]
het sneeuwt	**it's snowing**	[ɪts snəʊɪŋ]
sneeuwval (de)	**snowfall**	[ˈsnəʊfɔːl]
sneeuwhoop (de)	**snowdrift**	[ˈsnəʊdrɪft]
sneeuwvlok (de)	**snowflake**	[ˈsnəʊfleɪk]
sneeuwbal (de)	**snowball**	[ˈsnəʊbɔːl]
sneeuwman (de)	**snowman**	[ˈsnəʊmæn]
IJspegel (de)	**icicle**	[ˈaɪsɪkəl]
december (de)	**December**	[dɪˈsembə(r)]
januari (de)	**January**	[ˈdʒænjʊərɪ]
februari (de)	**February**	[ˈfebrʊərɪ]
vorst (de)	**severe frost**	[sɪˈvɪə frɒst]
vries- (abn)	**frosty**	[ˈfrɒstɪ]
onder nul (bw)	**below zero**	[bɪˈləʊ ˈzɪərəʊ]
eerste vorst (de)	**first frost**	[fɜːst frɒst]
rijp (de)	**hoarfrost**	[ˈhɔːˌfrɒst]
koude (de)	**cold**	[kəʊld]
het is koud	**it's cold**	[ɪts kəʊld]

| bontjas (de) | fur coat | ['fɜːˌkəʊt] |
| wanten (mv.) | mittens | ['mɪtənz] |

ziek worden (ww)	to get sick	[tə get sɪk]
verkoudheid (de)	cold	[kəʊld]
verkouden raken (ww)	to catch a cold	[tə kætʃ ə 'kəʊld]

IJs (het)	ice	[aɪs]
IJzel (de)	black ice	[blæk 'aɪs]
bevriezen (rivier, enz.)	to freeze over	[tə friːz 'əʊvə(r)]
IJsschol (de)	ice floe	['aɪs fləʊ]

ski's (mv.)	skis	[skiːz]
skiër (de)	skier	['skiːə(r)]
skiën (ww)	to ski (vi)	[tə skiː]
schaatsen (ww)	to skate (vi)	[tə skeɪt]

Fauna

210. Zoogdieren. Roofdieren

roofdier (het)	predator	['predətə(r)]
tijger (de)	tiger	['taɪgə(r)]
leeuw (de)	lion	['laɪən]
wolf (de)	wolf	[wʊlf]
vos (de)	fox	[fɒks]
jaguar (de)	jaguar	['dʒægjʊə(r)]
luipaard (de)	leopard	['lepəd]
jachtluipaard (de)	cheetah	['tʃiːtə]
panter (de)	black panther	[blæk 'pænθə(r)]
poema (de)	puma	['pjuːmə]
sneeuwluipaard (de)	snow leopard	[snəʊ 'lepəd]
lynx (de)	lynx	[lɪnks]
coyote (de)	coyote	[kɔɪ'əʊtɪ]
jakhals (de)	jackal	['dʒækəl]
hyena (de)	hyena	[haɪ'iːnə]

211. Wilde dieren

dier (het)	animal	['ænɪməl]
beest (het)	beast	[biːst]
eekhoorn (de)	squirrel	['skwɜːrəl]
egel (de)	hedgehog	['hedʒhɒg]
haas (de)	hare	[heə(r)]
konijn (het)	rabbit	['ræbɪt]
das (de)	badger	['bædʒə(r)]
wasbeer (de)	raccoon	[rə'kuːn]
hamster (de)	hamster	['hæmstə(r)]
marmot (de)	marmot	['mɑːmət]
mol (de)	mole	[məʊl]
muis (de)	mouse	[maʊs]
rat (de)	rat	[ræt]
vleermuis (de)	bat	[bæt]
hermelijn (de)	ermine	['ɜːmɪn]
sabeldier (het)	sable	['seɪbəl]
marter (de)	marten	['mɑːtɪn]
wezel (de)	weasel	['wiːzəl]
nerts (de)	mink	[mɪŋk]

| bever (de) | beaver | ['bi:və(r)] |
| otter (de) | otter | ['ɒtə(r)] |

paard (het)	horse	[hɔ:s]
eland (de)	moose	[mu:s]
hert (het)	deer	[dɪə(r)]
kameel (de)	camel	['kæməl]

bizon (de)	bison	['baɪsən]
oeros (de)	aurochs	['ɔ:rɒks]
buffel (de)	buffalo	['bʌfələʊ]

zebra (de)	zebra	['zi:brə]
antilope (de)	antelope	['æntɪləʊp]
ree (de)	roe deer	[rəʊ dɪə(r)]
damhert (het)	fallow deer	['fæləʊ dɪə(r)]
gems (de)	chamois	['ʃæmwɑ:]
everzwijn (het)	wild boar	[ˌwaɪld 'bɔ:(r)]

walvis (de)	whale	[weɪl]
rob (de)	seal	[si:l]
walrus (de)	walrus	['wɔ:lrəs]
zeehond (de)	fur seal	['fɜ:ˌsi:l]
dolfijn (de)	dolphin	['dɒlfɪn]

beer (de)	bear	[beə]
IJsbeer (de)	polar bear	['pəʊlə ˌbeə(r)]
panda (de)	panda	['pændə]

aap (de)	monkey	['mʌŋkɪ]
chimpansee (de)	chimpanzee	[ˌtʃɪmpæn'zi:]
orang-oetan (de)	orangutan	[ɒˌrænu:'tæn]
gorilla (de)	gorilla	[gə'rɪlə]
makaak (de)	macaque	[mə'kɑ:k]
gibbon (de)	gibbon	['gɪbən]

olifant (de)	elephant	['elɪfənt]
neushoorn (de)	rhinoceros	[raɪ'nɒsərəs]
giraffe (de)	giraffe	[dʒɪ'rɑ:f]
nijlpaard (het)	hippopotamus	[ˌhɪpə'pɒtəməs]

| kangoeroe (de) | kangaroo | [ˌkæŋgə'ru:] |
| koala (de) | koala | [kəʊ'ɑ:lə] |

mangoest (de)	mongoose	['mɒŋgu:s]
chinchilla (de)	chinchilla	[ˌtʃɪn'tʃɪlə]
stinkdier (het)	skunk	[skʌŋk]
stekelvarken (het)	porcupine	['pɔ:kjʊpaɪn]

212. Huisdieren

poes (de)	cat	[kæt]
kater (de)	tomcat	['tɒmkæt]
hond (de)	dog	[dɒg]

paard (het)	horse	[hɔːs]
hengst (de)	stallion	['stælɪən]
merrie (de)	mare	[meə(r)]

koe (de)	cow	[kaʊ]
stier (de)	bull	[bʊl]
os (de)	ox	[ɒks]

schaap (het)	sheep	[ʃiːp]
ram (de)	ram	[ræm]
geit (de)	goat	[gəʊt]
bok (de)	he-goat	['hiː gəʊt]

| ezel (de) | donkey | ['dɒŋkɪ] |
| muilezel (de) | mule | [mjuːl] |

varken (het)	pig	[pɪg]
biggetje (het)	piglet	['pɪglɪt]
konijn (het)	rabbit	['ræbɪt]

| kip (de) | hen | [hen] |
| haan (de) | rooster | ['ruːstə(r)] |

eend (de)	duck	[dʌk]
woerd (de)	drake	[dreɪk]
gans (de)	goose	[guːs]

| kalkoen haan (de) | tom turkey | [tɒm 'tɜːkɪ] |
| kalkoen (de) | turkey | ['tɜːkɪ] |

huisdieren (mv.)	domestic animals	[də'mestɪk 'ænɪməlz]
tam (bijv. hamster)	tame	[teɪm]
temmen (tam maken)	to tame (vt)	[tə teɪm]
fokken (bijv. paarden ~)	to breed (vt)	[tə briːd]

boerderij (de)	farm	[fɑːm]
gevogelte (het)	poultry	['pəʊltrɪ]
rundvee (het)	cattle	['kætəl]
kudde (de)	herd	[hɜːd]

paardenstal (de)	stable	['steɪbəl]
zwijnenstal (de)	pigsty	['pɪgstaɪ]
koeienstal (de)	cowshed	['kaʊʃed]
konijnenhok (het)	rabbit hutch	['ræbɪt ˌhʌtʃ]
kippenhok (het)	hen house	['henˌhaʊs]

213. Honden. Hondenrassen

hond (de)	dog	[dɒg]
herdershond (de)	sheepdog	['ʃiːpdɒg]
Duitse herdershond (de)	German shepherd dog	['dʒɜːmən 'ʃepəd dɒg]
poedel (de)	poodle	['puːdəl]
teckel (de)	dachshund	['dækshʊnd]
buldog (de)	bulldog	['bʊldɒg]

boxer (de)	boxer	['bɒksə(r)]
mastiff (de)	mastiff	['mæstɪf]
rottweiler (de)	rottweiler	['rɒt‚vaɪlə(r)]
doberman (de)	Doberman	['dəʊbəmən]

basset (de)	basset	['bæsɪt]
bobtail (de)	bobtail	['bɒbteɪl]
dalmatiër (de)	Dalmatian	[dæl'meɪʃən]
cockerspaniël (de)	cocker spaniel	['kɒkə 'spænjəl]

| newfoundlander (de) | Newfoundland | ['nju:fəndlənd] |
| sint-bernard (de) | Saint Bernard | [seɪnt 'bɜ:nəd] |

poolhond (de)	husky	['hʌskɪ]
chowchow (de)	Chow Chow	[tʃaʊ tʃaʊ]
spits (de)	spitz	[spɪts]
mopshond (de)	pug	[pʌg]

214. Dierengeluiden

geblaf (het)	barking	['bɑ:kɪŋ]
blaffen (ww)	to bark (vi)	[tə bɑ:k]
miauwen (ww)	to meow (vi)	[tə mi:'aʊ]
spinnen (katten)	to purr (vi)	[tə pɜ:(r)]

loeien (ov. een koe)	to moo (vi)	[tə mu:]
brullen (stier)	to bellow (vi)	[tə 'beləʊ]
grommen (ov. de honden)	to growl (vi)	[tə graʊl]

gehuil (het)	howl	[haʊl]
huilen (wolf, enz.)	to howl (vi)	[tə haʊl]
janken (ov. een hond)	to whine (vi)	[tə waɪn]

mekkeren (schapen)	to bleat (vi)	[tə bli:t]
knorren (varkens)	to grunt (vi)	[tə grʌnt]
gillen (bijv. varken)	to squeal (vi)	[tə skwi:l]

kwaken (kikvorsen)	to croak (vi)	[tə krəʊk]
zoemen (hommel, enz.)	to buzz (vi)	[tə bʌz]
tjirpen (sprinkhanen)	to chirp (vi)	[tə tʃɜ:p]

215. Jonge dieren

jong (het)	cub	[kʌb]
poesje (het)	kitten	['kɪtən]
muisje (het)	baby mouse	['beɪbɪ maʊs]
puppy (de)	pup, puppy	[pʌp], ['pʌpɪ]

jonge haas (de)	leveret	['levərɪt]
konijntje (het)	baby rabbit	['beɪbɪ 'ræbɪt]
wolfje (het)	wolf cub	['wʊlf kʌb]
vosje (het)	fox cub	[fɒks kʌb]

beertje (het)	bear cub	[beə kʌb]
leeuwenjong (het)	lion cub	['laɪən kʌb]
tijgertje (het)	tiger cub	['taɪgə kʌb]
olifantenjong (het)	elephant calf	['elɪfənt 'kɑːf]

biggetje (het)	piglet	['pɪglɪt]
kalf (het)	calf	[kɑːf]
geitje (het)	kid	[kɪd]
lam (het)	lamb	[læm]
reekalf (het)	fawn	[fɔːn]
jonge kameel (de)	young camel	[jʌŋ 'kæməl]

| slangenjong (het) | baby snake | ['beɪbɪ sneɪk] |
| kikkertje (het) | baby frog | ['beɪbɪ frɒg] |

vogeltje (het)	nestling	['neslɪŋ]
kuiken (het)	chick	[tʃɪk]
eendje (het)	duckling	['dʌklɪŋ]

216. Vogels

vogel (de)	bird	[bɜːd]
duif (de)	pigeon	['pɪdʒɪn]
mus (de)	sparrow	['spærəʊ]
koolmees (de)	tit	[tɪt]
ekster (de)	magpie	['mægpaɪ]

raaf (de)	raven	['reɪvən]
kraai (de)	crow	[krəʊ]
kauw (de)	jackdaw	['dʒækdɔː]
roek (de)	rook	[rʊk]

eend (de)	duck	[dʌk]
gans (de)	goose	[guːs]
fazant (de)	pheasant	['fezənt]

arend (de)	eagle	['iːgəl]
havik (de)	hawk	[hɔːk]
valk (de)	falcon	['fɔːlkən]
gier (de)	vulture	['vʌltʃə]
condor (de)	condor	['kɒndɔː(r)]

zwaan (de)	swan	[swɒn]
kraanvogel (de)	crane	[kreɪn]
ooievaar (de)	stork	[stɔːk]

papegaai (de)	parrot	['pærət]
kolibrie (de)	hummingbird	['hʌmɪŋˌbɜːd]
pauw (de)	peacock	['piːkɒk]

struisvogel (de)	ostrich	['ɒstrɪtʃ]
reiger (de)	heron	['herən]
flamingo (de)	flamingo	[fləˈmɪŋgəʊ]
pelikaan (de)	pelican	['pelɪkən]

nachtegaal (de)	nightingale	['naɪtɪŋgeɪl]
zwaluw (de)	swallow	['swɒləʊ]

lijster (de)	thrush	[θrʌʃ]
zanglijster (de)	song thrush	[sɒŋ θrʌʃ]
merel (de)	blackbird	['blæk‚bɜːd]

gierzwaluw (de)	swift	[swɪft]
leeuwerik (de)	lark	[lɑːk]
kwartel (de)	quail	[kweɪl]

specht (de)	woodpecker	['wʊd‚pekə(r)]
koekoek (de)	cuckoo	['kʊkuː]
uil (de)	owl	[aʊl]
oehoe (de)	eagle owl	['iːgəl aʊl]
auerhoen (het)	wood grouse	[wʊd graʊs]
korhoen (het)	black grouse	[blæk graʊs]
patrijs (de)	partridge	['pɑːtrɪdʒ]

spreeuw (de)	starling	['stɑːlɪŋ]
kanarie (de)	canary	[kə'neərɪ]
hazelhoen (het)	hazel grouse	['heɪzəl graʊs]
vink (de)	chaffinch	['tʃæfɪntʃ]
goudvink (de)	bullfinch	['bʊlfɪntʃ]

meeuw (de)	seagull	['siːgʌl]
albatros (de)	albatross	['ælbətrɒs]
pinguïn (de)	penguin	['peŋgwɪn]

217. Vogels. Zingen en geluiden

fluiten, zingen (ww)	to sing (vi)	[tə sɪŋ]
schreeuwen (dieren, vogels)	to call (vi)	[tə kɔːl]
kraaien (ov. een haan)	to crow (vi)	[tə krəʊ]
kukeleku	cock-a-doodle-doo	[‚kɒkəduː'dəl'duː]

klokken (hen)	to cluck (vi)	[tə klʌk]
krassen (kraai)	to caw (vi)	[tə kɔː]
kwaken (eend)	to quack (vi)	[tə kwæk]
piepen (kuiken)	to cheep (vi)	[tə tʃiːp]
tjilpen (bijv. een mus)	to chirp, to twitter	[tə tʃɜːp], [tə 'twɪtə(r)]

218. Vis. Zeedieren

brasem (de)	bream	[briːm]
karper (de)	carp	[kɑːp]
baars (de)	perch	[pɜːtʃ]
meerval (de)	catfish	['kætfɪʃ]
snoek (de)	pike	[paɪk]

zalm (de)	salmon	['sæmən]
steur (de)	sturgeon	['stɜːdʒən]

haring (de)	herring	['herɪŋ]
atlantische zalm (de)	Atlantic salmon	[ət'læntɪk 'sæmən]
makreel (de)	mackerel	['mækərəl]
platvis (de)	flatfish	['flætfɪʃ]

snoekbaars (de)	pike perch	[paɪk pɜːtʃ]
kabeljauw (de)	cod	[kɒd]
tonijn (de)	tuna	['tuːnə]
forel (de)	trout	[traʊt]

paling (de)	eel	[iːl]
sidderrog (de)	electric ray	[ɪ'lektrɪk reɪ]
murene (de)	moray eel	['mɒreɪ iːl]
piranha (de)	piranha	[pɪ'rɑːnə]

haai (de)	shark	[ʃɑːk]
dolfijn (de)	dolphin	['dɒlfɪn]
walvis (de)	whale	[weɪl]

krab (de)	crab	[kræb]
kwal (de)	jellyfish	['dʒelɪfɪʃ]
octopus (de)	octopus	['ɒktəpəs]

zeester (de)	starfish	['stɑːfɪʃ]
zee-egel (de)	sea urchin	[siː 'ɜːtʃɪn]
zeepaardje (het)	seahorse	['siːhɔːs]

oester (de)	oyster	['ɔɪstə(r)]
garnaal (de)	shrimp	[ʃrɪmp]
kreeft (de)	lobster	['lɒbstə(r)]
langoest (de)	spiny lobster	['spaɪnɪ 'lɒbstə(r)]

219. Amfibieën. Reptielen

| slang (de) | snake | [sneɪk] |
| giftig (slang) | venomous | ['venəməs] |

adder (de)	viper	['vaɪpə(r)]
cobra (de)	cobra	['kəʊbrə]
python (de)	python	['paɪθən]
boa (de)	boa	['bəʊə]

ringslang (de)	grass snake	['grɑːs ˌsneɪk]
ratelslang (de)	rattle snake	['rætəl sneɪk]
anaconda (de)	anaconda	[ænə'kɒndə]

hagedis (de)	lizard	['lɪzəd]
leguaan (de)	iguana	[ɪ'gwɑːnə]
varaan (de)	monitor lizard	['mɒnɪtə 'lɪzəd]
salamander (de)	salamander	['sæləˌmændə(r)]
kameleon (de)	chameleon	[kə'miːlɪən]
schorpioen (de)	scorpion	['skɔːpɪən]
schildpad (de)	turtle	['tɜːtəl]
kikker (de)	frog	[frɒg]

| pad (de) | toad | [təʊd] |
| krokodil (de) | crocodile | ['krɒkədaɪl] |

220. Insecten

insect (het)	insect, bug	['ɪnsekt], [bʌg]
vlinder (de)	butterfly	['bʌtəflaɪ]
mier (de)	ant	[ænt]
vlieg (de)	fly	[flaɪ]
mug (de)	mosquito	[mə'ski:təʊ]
kever (de)	beetle	['bi:təl]

wesp (de)	wasp	[wɒsp]
bij (de)	bee	[bi:]
hommel (de)	bumblebee	['bʌmbəlbi:]
horzel (de)	gadfly	['gædflaɪ]

| spin (de) | spider | ['spaɪdə(r)] |
| spinnenweb (het) | spider's web | ['spaɪdəz web] |

libel (de)	dragonfly	['drægənflaɪ]
sprinkhaan (de)	grasshopper	['grɑ:s,hɒpə(r)]
nachtvlinder (de)	moth	[mɒθ]

kakkerlak (de)	cockroach	['kɒkrəʊtʃ]
mijt (de)	tick	[tɪk]
vlo (de)	flea	[fli:]
kriebelmug (de)	midge	[mɪdʒ]

treksprinkhaan (de)	locust	['ləʊkəst]
slak (de)	snail	[sneɪl]
krekel (de)	cricket	['krɪkɪt]
glimworm (de)	lightning bug	['laɪtnɪŋ bʌg]
lieveheersbeestje (het)	ladybug	['leɪdɪbʌg]
meikever (de)	cockchafer	['kɒk,tʃeɪfə(r)]

bloedzuiger (de)	leech	[li:tʃ]
rups (de)	caterpillar	['kætəpɪlə(r)]
aardworm (de)	earthworm	['ɜ:θwɜ:m]
larve (de)	larva	['lɑ:və]

221. Dieren. Lichaamsdelen

snavel (de)	beak	[bi:k]
vleugels (mv.)	wings	[wɪŋz]
poot (ov. een vogel)	foot	[fʊt]
verenkleed (het)	feathering	['feðərɪŋ]
veer (de)	feather	['feðə(r)]
kuifje (het)	crest	[krest]

| kieuwen (mv.) | gills | [dʒɪls] |
| kuit, dril (de) | spawn | [spɔ:n] |

larve (de)	larva	['lɑ:və]
vin (de)	fin	[fɪn]
schubben (mv.)	scales	[skeɪlz]

slagtand (de)	fang	[fæŋ]
poot (bijv. ~ van een kat)	paw	[pɔ:]
muil (de)	muzzle	['mʌzəl]
bek (mond van dieren)	mouth	[mauθ]
staart (de)	tail	[teɪl]
snorharen (mv.)	whiskers	['wɪskəz]

| hoef (de) | hoof | [hu:f] |
| hoorn (de) | horn | [hɔ:n] |

schild (schildpad, enz.)	carapace	['kærəpeɪs]
schelp (de)	shell	[ʃel]
eierschaal (de)	shell	[ʃel]

| vacht (de) | hair | [heə(r)] |
| huid (de) | pelt | [pelt] |

222. Acties van de dieren

| vliegen (ww) | to fly (vi) | [tə flaɪ] |
| cirkelen (vogel) | to fly in circles | [tə flaɪ ɪn 'sɜ:kəlz] |

| wegvliegen (ww) | to fly away | [tə flaɪ ə'weɪ] |
| klapwieken (ww) | to flap the wings | [tə flæp ðə wɪŋz] |

| pikken (vogels) | to peck (vi) | [tə pek] |
| broeden (de eend zit te ~) | to sit on eggs | [tə sɪt ɒn egz] |

| uitbroeden (ww) | to hatch out (vi) | [tə hætʃ aut] |
| een nest bouwen | to build the nest | [tə bɪld ðə nest] |

kruipen (ww)	to slither, to crawl (vi)	[tə 'slɪðə(r)], [tə krɔ:l]
steken (bij)	to sting, to bite	[tə stɪŋ], [tə baɪt]
bijten (de hond, enz.)	to bite (vt)	[tə baɪt]

snuffelen (ov. de dieren)	to sniff (vt)	[tə snɪf]
blaffen (ww)	to bark (vi)	[tə bɑ:k]
sissen (slang)	to hiss (vi)	[tə hɪs]

| doen schrikken (ww) | to scare (vt) | [tə skeə(r)] |
| aanvallen (ww) | to attack (vt) | [tə ə'tæk] |

knagen (ww)	to gnaw (vt)	[tə nɔ:]
schrammen (ww)	to scratch (vt)	[tə skrætʃ]
zich verbergen (ww)	to hide (vi)	[tə haɪd]

spelen (ww)	to play (vi)	[tə pleɪ]
jagen (ww)	to hunt (vi, vt)	[tə hʌnt]
winterslapen	to hibernate (vi)	[tə 'haɪbəneɪt]
uitsterven (dinosauriërs, enz.)	to go extinct	[tə gəʊ ɪk'stɪŋkt]

223. Dieren. Leefomgevingen

leefgebied (het)	habitat	['hæbɪtæt]
migratie (de)	migration	[maɪ'greɪʃən]
berg (de)	mountain	['maʊntɪn]
rif (het)	reef	[ri:f]
klip (de)	cliff	[klɪf]
bos (het)	forest	['fɒrɪst]
jungle (de)	jungle	['dʒʌŋgəl]
savanne (de)	savanna	[sə'vænə]
toendra (de)	tundra	['tʌndrə]
steppe (de)	steppe	[step]
woestijn (de)	desert	['dezət]
oase (de)	oasis	[əʊ'eɪsɪs]
zee (de)	sea	[si:]
meer (het)	lake	[leɪk]
oceaan (de)	ocean	['əʊʃən]
moeras (het)	swamp	[swɒmp]
zoetwater- (abn)	freshwater	['freʃˌwɔ:tə(r)]
vijver (de)	pond	[pɒnd]
rivier (de)	river	['rɪvə(r)]
berenhol (het)	den	[den]
nest (het)	nest	[nest]
boom holte (de)	hollow	['hɒləʊ]
hol (het)	burrow	['bʌrəʊ]
mierenhoop (de)	anthill	['ænthɪl]

224. Dierverzorging

dierentuin (de)	zoo	[zu:]
natuurreservaat (het)	nature preserve	['neɪtʃə rɪ'zɜ:v]
fokkerij (de)	breed club	['bri:d ˌklʌb]
openluchtkooi (de)	open-air cage	['əʊpən eə keɪdʒ]
kooi (de)	cage	[keɪdʒ]
hondenhok (het)	kennel	['kenəl]
duiventil (de)	dovecot	['dʌvkɒt]
aquarium (het)	aquarium	[ə'kweərɪəm]
dolfinarium (het)	dolphinarium	[ˌdɒlfɪ'neərɪəm]
fokken (bijv. honden ~)	to breed (vt)	[tə bri:d]
nakomelingen (mv.)	brood, litter	[bru:d], ['lɪtə(r)]
temmen (tam maken)	to tame (vt)	[tə teɪm]
voeding (de)	feed	[fi:d]
voederen (ww)	to feed (vt)	[tə fi:d]
dresseren (ww)	to train (vt)	[tə treɪn]

dierenwinkel (de)	**pet store**	['pet stɔ:]
muilkorf (de)	**muzzle**	['mʌzəl]
halsband (de)	**collar**	['kɒlə(r)]
naam (ov. een dier)	**name**	[neɪm]
stamboom (honden met ~)	**pedigree**	['pedɪgri:]

225. Dieren. Diversen

meute (wolven)	**pack**	[pæk]
zwerm (vogels)	**flock**	[flɒk]
school (vissen)	**shoal**	[ʃəʊl]
kudde (wilde paarden)	**herd of horses**	[hɜːd əv hɔːsɪz]

mannetje (het)	**male**	[meɪl]
vrouwtje (het)	**female**	['fiːmeɪl]

hongerig (bn)	**hungry**	['hʌŋgrɪ]
wild (bn)	**wild**	[waɪld]
gevaarlijk (bn)	**dangerous**	['deɪndʒərəs]

226. Paarden

paard (het)	**horse**	[hɔːs]
ras (het)	**breed**	[briːd]

veulen (het)	**foal, colt**	[fəʊl], [kəʊlt]
merrie (de)	**mare**	[meə(r)]

mustang (de)	**mustang**	['mʌstæŋ]
pony (de)	**pony**	['pəʊnɪ]
koudbloed (de)	**draft horse**	[drɑːft hɔːs]

manen (mv.)	**mane**	[meɪn]
staart (de)	**tail**	[teɪl]

hoef (de)	**hoof**	[huːf]
hoefijzer (het)	**horseshoe**	['hɔːsʃuː]
beslaan (ww)	**to shoe** (vt)	[tə ʃuː]
paardensmid (de)	**blacksmith**	['blækˌsmɪθ]

zadel (het)	**saddle**	['sædəl]
stijgbeugel (de)	**stirrup**	['stɪrəp]
breidel (de)	**bridle**	['braɪdəl]
leidsels (mv.)	**reins**	[reɪns]
zweep (de)	**whip**	[wɪp]

ruiter (de)	**rider**	['raɪdə(r)]
inrijden (ww)	**to break in** (vt)	[tə breɪk ɪn]
zadelen (ww)	**to saddle up** (vt)	[tə 'sædəl ʌp]
een paard bestijgen	**to mount a horse**	[tə maʊnt ə hɔːs]
galop (de)	**gallop**	['gæləp]
galopperen (ww)	**to gallop** (vi)	[tə 'gæləp]

draf (de)	trot	[trɒt]
in draf (bw)	at a trot	[ət ə trɒt]
draven (ww)	to go at a trot	[tə gəʊ ət ə trɒt]
renpaard (het)	racehorse	['reɪshɔːs]
paardenrace (de)	horse racing	[hɔːs 'reɪsɪŋ]
paardenstal (de)	stable	['steɪbəl]
voederen (ww)	to feed (vt)	[tə fiːd]
hooi (het)	hay	[heɪ]
water geven (ww)	to water (vt)	[tə 'wɔːtə(r)]
wassen (paard ~)	to wash (vt)	[tə wɒʃ]
kluisteren (met hobbles)	to hobble (vt)	[tə 'hɒbəl]
paardenkar (de)	horse-drawn cart	[hɔːs drɔːn kɑːt]
grazen (gras eten)	to graze (vi)	[tə greɪz]
hinniken (ww)	to neigh (vi)	[tə neɪ]
een trap geven	to kick (vi)	[tə kɪk]

Flora

227. Bomen

boom (de)	tree	[tri:]
loof- (abn)	deciduous	[dɪ'sɪdjʊəs]
dennen- (abn)	coniferous	[kə'nɪfərəs]
groenblijvend (bn)	evergreen	['evəgri:n]

appelboom (de)	apple tree	['æpəl ˌtri:]
perenboom (de)	pear tree	['peə ˌtri:]
pruimelaar (de)	plum tree	['plʌm tri:]

berk (de)	birch	[bɜ:tʃ]
eik (de)	oak	[əʊk]
linde (de)	linden tree	['lɪndən tri:]
esp (de)	aspen	['æspən]
esdoorn (de)	maple	['meɪpəl]

spar (de)	spruce	[spru:s]
den (de)	pine	[paɪn]
lariks (de)	larch	[lɑ:tʃ]
zilverspar (de)	fir	[fɜ:(r)]
ceder (de)	cedar	['si:də(r)]

populier (de)	poplar	['pɒplə(r)]
lijsterbes (de)	rowan	['rəʊən]
wilg (de)	willow	['wɪləʊ]
els (de)	alder	['ɔ:ldə(r)]

beuk (de)	beech	[bi:tʃ]
iep (de)	elm	[elm]
es (de)	ash	[æʃ]
kastanje (de)	chestnut	['tʃesnʌt]

magnolia (de)	magnolia	[mæg'nəʊlɪə]
palm (de)	palm tree	[pɑ:m tri:]
cipres (de)	cypress	['saɪprəs]

mangrove (de)	mangrove	['mæŋgrəʊv]
baobab (apenbroodboom)	baobab	['beɪəʊˌbæb]
eucalyptus (de)	eucalyptus	[ˌju:kə'lɪptəs]
mammoetboom (de)	sequoia	[sɪ'kwɔɪə]

228. Heesters

| struik (de) | bush | [bʊʃ] |
| heester (de) | shrub | [ʃrʌb] |

wijnstok (de)	grapevine	['greɪpvaɪn]
wijngaard (de)	vineyard	['vɪnjəd]
frambozenstruik (de)	raspberry bush	['rɑːzbərɪ bʊʃ]
rode bessenstruik (de)	redcurrant bush	['redkʌrənt bʊʃ]
kruisbessenstruik (de)	gooseberry bush	['gʊzbərɪ ˌbʊʃ]
acacia (de)	acacia	[əˈkeɪʃə]
zuurbes (de)	barberry	['bɑːbərɪ]
jasmijn (de)	jasmine	['dʒæzmɪn]
jeneverbes (de)	juniper	['dʒuːnɪpə(r)]
rozenstruik (de)	rosebush	['rəʊzbʊʃ]
hondsroos (de)	dog rose	['dɒg ˌrəʊz]

229. Champignons

paddenstoel (de)	mushroom	['mʌʃrʊm]
eetbare paddenstoel (de)	edible mushroom	['edɪbəl 'mʌʃrʊm]
giftige paddenstoel (de)	toadstool	['təʊdstuːl]
hoed (de)	cap	[kæp]
steel (de)	stipe	[staɪp]
gewoon eekhoorntjesbrood (het)	cep	[sep]
rosse populierenboleet (de)	orange-cap boletus	['ɒrɪndʒ kæp bəˈliːtəs]
berkenboleet (de)	birch bolete	[bɜːtʃ bəˈliːtə]
cantharel (de)	chanterelle	[ʃɒntəˈrel]
russula (de)	russula	['rʌsjʊlə]
morille (de)	morel	[məˈrel]
vliegenzwam (de)	fly agaric	[flaɪ ˈægərɪk]
groene knolzwam (de)	death cap	['deθ ˌkæp]

230. Vruchten. Bessen

vrucht (de)	fruit	[fruːt]
vruchten (mv.)	fruits	[fruːts]
appel (de)	apple	['æpəl]
peer (de)	pear	[peə(r)]
pruim (de)	plum	[plʌm]
aardbei (de)	strawberry	['strɔːbərɪ]
druif (de)	grape	[greɪp]
framboos (de)	raspberry	['rɑːzbərɪ]
zwarte bes (de)	blackcurrant	[ˌblækˈkʌrənt]
rode bes (de)	redcurrant	['redkʌrənt]
kruisbes (de)	gooseberry	['gʊzbərɪ]
veenbes (de)	cranberry	['krænbərɪ]
sinaasappel (de)	orange	['ɒrɪndʒ]
mandarijn (de)	mandarin	['mændərɪn]

ananas (de)	pineapple	['paɪn,æpəl]
banaan (de)	banana	[bə'nɑ:nə]
dadel (de)	date	[deɪt]

citroen (de)	lemon	['lemən]
abrikoos (de)	apricot	['eɪprɪkɒt]
perzik (de)	peach	[pi:tʃ]
kiwi (de)	kiwi	['ki:wi:]
grapefruit (de)	grapefruit	['greɪpfru:t]

bes (de)	berry	['berɪ]
bessen (mv.)	berries	['berɪ:z]
vossenbes (de)	cowberry	['kaʊberɪ]
bosaardbei (de)	field strawberry	[ˌfi:ld 'strɔ:berɪ]
bosbes (de)	bilberry	['bɪlberɪ]

231. Bloemen. Planten

| bloem (de) | flower | ['flaʊə(r)] |
| boeket (het) | bouquet | [bʊ'keɪ] |

roos (de)	rose	[rəʊz]
tulp (de)	tulip	['tju:lɪp]
anjer (de)	carnation	[kɑ:'neɪʃən]
gladiool (de)	gladiolus	[ˌglædɪ'əʊləs]

korenbloem (de)	cornflower	['kɔ:nflaʊə(r)]
klokje (het)	bluebell	['blu:bel]
paardenbloem (de)	dandelion	['dændɪlaɪən]
kamille (de)	camomile	['kæməmaɪl]

aloë (de)	aloe	['æləʊ]
cactus (de)	cactus	['kæktəs]
ficus (de)	rubber plant, ficus	['rʌbə plɑ:nt], ['faɪkəs]

lelie (de)	lily	['lɪlɪ]
geranium (de)	geranium	[dʒɪ'reɪnjəm]
hyacint (de)	hyacinth	['haɪəsɪnθ]

mimosa (de)	mimosa	[mɪ'məʊzə]
narcis (de)	narcissus	[nɑ:'sɪsəs]
Oostindische kers (de)	nasturtium	[nəs'tɜ:ʃəm]

orchidee (de)	orchid	['ɔ:kɪd]
pioenroos (de)	peony	['pi:ənɪ]
viooltje (het)	violet	['vaɪələt]

driekleurig viooltje (het)	pansy	['pænzɪ]
vergeet-mij-nietje (het)	forget-me-not	[fə'get mi ˌnɒt]
madeliefje (het)	daisy	['deɪzɪ]

papaver (de)	poppy	['pɒpɪ]
hennep (de)	hemp	[hemp]
munt (de)	mint	[mɪnt]

| lelietje-van-dalen (het) | lily of the valley | ['lılı əv ðə 'vælı] |
| sneeuwklokje (het) | snowdrop | ['snəʊdrɒp] |

brandnetel (de)	nettle	['netəl]
veldzuring (de)	sorrel	['sɒrəl]
waterlelie (de)	water lily	['wɔːtə 'lılı]
varen (de)	fern	[fɜːn]
korstmos (het)	lichen	['laıkən]

oranjerie (de)	tropical greenhouse	['trɒpıkəl 'griːnhaʊs]
gazon (het)	lawn	[lɔːn]
bloemperk (het)	flowerbed	['flaʊəbed]

plant (de)	plant	[plɑːnt]
gras (het)	grass	[grɑːs]
grasspriet (de)	blade of grass	[bleıd əv grɑːs]

blad (het)	leaf	[liːf]
bloemblad (het)	petal	['petəl]
stengel (de)	stem	[stem]
knol (de)	tuber	['tjuːbə(r)]

| scheut (de) | young plant | [jʌŋ plɑːnt] |
| doorn (de) | thorn | [θɔːn] |

bloeien (ww)	to blossom (vi)	[tə 'blɒsəm]
verwelken (ww)	to fade (vi)	[tə feıd]
geur (de)	smell	[smel]
snijden (bijv. bloemen ~)	to cut (vt)	[tə kʌt]
plukken (bloemen ~)	to pick (vt)	[tə pık]

232. Granen, graankorrels

graan (het)	grain	[greın]
graangewassen (mv.)	cereal crops	['sıərıəl krɒps]
aar (de)	ear	[ıə(r)]

tarwe (de)	wheat	[wiːt]
rogge (de)	rye	[raı]
haver (de)	oats	[əʊts]

| gierst (de) | millet | ['mılıt] |
| gerst (de) | barley | ['bɑːlı] |

maïs (de)	corn	[kɔːn]
rijst (de)	rice	[raıs]
boekweit (de)	buckwheat	['bʌkwiːt]

| erwt (de) | pea | [piː] |
| boon (de) | kidney bean | ['kıdnı biːn] |

soja (de)	soy	[sɔı]
linze (de)	lentil	['lentıl]
bonen (mv.)	beans	[biːnz]

233. Groenten. Groene groenten

groenten (mv.)	vegetables	['vedʒtəbəlz]
verse kruiden (mv.)	greens	[gri:nz]
tomaat (de)	tomato	[tə'meɪtəʊ]
augurk (de)	cucumber	['kju:kʌmbə(r)]
wortel (de)	carrot	['kærət]
aardappel (de)	potato	[pə'teɪtəʊ]
ui (de)	onion	['ʌnjən]
knoflook (de)	garlic	['gɑ:lɪk]
kool (de)	cabbage	['kæbɪdʒ]
bloemkool (de)	cauliflower	['kɒlɪˌflaʊə(r)]
spruitkool (de)	Brussels sprouts	['brʌsəlz ˌspraʊts]
broccoli (de)	broccoli	['brɒkəlɪ]
rode biet (de)	beetroot	['bi:tru:t]
aubergine (de)	eggplant	['egplɑ:nt]
courgette (de)	zucchini	[zu:'ki:nɪ]
pompoen (de)	pumpkin	['pʌmpkɪn]
knolraap (de)	turnip	['tɜ:nɪp]
peterselie (de)	parsley	['pɑ:slɪ]
dille (de)	dill	[dɪl]
sla (de)	lettuce	['letɪs]
selderij (de)	celery	['selərɪ]
asperge (de)	asparagus	[ə'spærəgəs]
spinazie (de)	spinach	['spɪnɪdʒ]
erwt (de)	pea	[pi:]
bonen (mv.)	beans	[bi:nz]
maïs (de)	corn	[kɔ:n]
boon (de)	kidney bean	['kɪdnɪ bi:n]
peper (de)	pepper	['pepə(r)]
radijs (de)	radish	['rædɪʃ]
artisjok (de)	artichoke	['ɑ:tɪʃəʊk]

REGIONALE AARDRIJKSKUNDE

Landen. Nationaliteiten

234. West-Europa

Europa (het)	Europe	['juərəp]
Europese Unie (de)	European Union	[juərə'pi:ən 'ju:nıən]
Europeaan (de)	European	[juərə'pi:ən]
Europees (bn)	European	[juərə'pi:ən]
Oostenrijk (het)	Austria	['ɒstrıə]
Oostenrijker (de)	Austrian	['ɒstrıən]
Oostenrijkse (de)	Austrian	['ɒstrıən]
Oostenrijks (bn)	Austrian	['ɒstrıən]
Groot-Brittannië (het)	Great Britain	[greıt 'brıtən]
Engeland (het)	England	['ınglənd]
Engelsman (de)	British	['brıtıʃ]
Engelse (de)	British	['brıtıʃ]
Engels (bn)	English, British	['ıŋglıʃ], ['brıtıʃ]
België (het)	Belgium	['beldʒəm]
Belg (de)	Belgian	['beldʒən]
Belgische (de)	Belgian	['beldʒən]
Belgisch (bn)	Belgian	['beldʒən]
Duitsland (het)	Germany	['dʒɜ:mənı]
Duitser (de)	German	['dʒɜ:mən]
Duitse (de)	German	['dʒɜ:mən]
Duits (bn)	German	['dʒɜ:mən]
Nederland (het)	Netherlands	['neðələndz]
Holland (het)	Holland	['hɒlənd]
Nederlander (de)	Dutchman	['dʌtʃmən]
Nederlandse (de)	Dutchwoman	['dʌtʃˌwʊmən]
Nederlands (bn)	Dutch	[dʌtʃ]
Griekenland (het)	Greece	[gri:s]
Griek (de)	Greek	[gri:k]
Griekse (de)	Greek	[gri:k]
Grieks (bn)	Greek	[gri:k]
Denemarken (het)	Denmark	['denmɑ:k]
Deen (de)	Dane	[deın]
Deense (de)	Dane	[deın]
Deens (bn)	Danish	['deınıʃ]
Ierland (het)	Ireland	['aıələnd]
Ier (de)	Irishman	['aırıʃmən]

| Ierse (de) | Irishwoman | [ˈaɪrɪʃˌwʊmən] |
| Iers (bn) | Irish | [ˈaɪrɪʃ] |

IJsland (het)	Iceland	[ˈaɪslənd]
IJslander (de)	Icelander	[ˈaɪsləndə(r)]
IJslandse (de)	Icelander	[ˈaɪsləndə(r)]
IJslands (bn)	Icelandic	[aɪsˈlændɪk]

Spanje (het)	Spain	[speɪn]
Spanjaard (de)	Spaniard	[ˈspænjəd]
Spaanse (de)	Spaniard	[ˈspænjəd]
Spaans (bn)	Spanish	[ˈspænɪʃ]

Italië (het)	Italy	[ˈɪtəlɪ]
Italiaan (de)	Italian	[ɪˈtæljən]
Italiaanse (de)	Italian	[ɪˈtæljən]
Italiaans (bn)	Italian	[ɪˈtæljən]

Cyprus (het)	Cyprus	[ˈsaɪprəs]
Cyprioot (de)	Cypriot	[ˈsɪprɪət]
Cypriotische (de)	Cypriot	[ˈsɪprɪət]
Cypriotisch (bn)	Cypriot	[ˈsɪprɪət]

Malta (het)	Malta	[ˈmɔːltə]
Maltees (de)	Maltese	[ˌmɔːlˈtiːz]
Maltese (de)	Maltese	[ˌmɔːlˈtiːz]
Maltees (bn)	Maltese	[ˌmɔːlˈtiːz]

Noorwegen (het)	Norway	[ˈnɔːweɪ]
Noor (de)	Norwegian	[nɔːˈwiːdʒən]
Noorse (de)	Norwegian	[nɔːˈwiːdʒən]
Noors (bn)	Norwegian	[nɔːˈwiːdʒən]

Portugal (het)	Portugal	[ˈpɔːtʃʊgəl]
Portugees (de)	Portuguese	[ˌpɔːtʃʊˈgiːz]
Portugese (de)	Portuguese	[ˌpɔːtʃʊˈgiːz]
Portugees (bn)	Portuguese	[ˌpɔːtʃʊˈgiːz]

Finland (het)	Finland	[ˈfɪnlənd]
Fin (de)	Finn	[fɪn]
Finse (de)	Finn	[fɪn]
Fins (bn)	Finnish	[ˈfɪnɪʃ]

Frankrijk (het)	France	[frɑːns]
Fransman (de)	Frenchman	[ˈfrentʃmən]
Française (de)	Frenchwoman	[ˈfrentʃˌwʊmən]
Frans (bn)	French	[frentʃ]

Zweden (het)	Sweden	[ˈswiːdən]
Zweed (de)	Swede	[swiːd]
Zweedse (de)	Swede	[swiːd]
Zweeds (bn)	Swedish	[ˈswiːdɪʃ]

Zwitserland (het)	Switzerland	[ˈswɪtsələnd]
Zwitser (de)	Swiss	[swɪs]
Zwitserse (de)	Swiss	[swɪs]

Zwitsers (bn)	Swiss	[swɪs]
Schotland (het)	Scotland	['skɒtlənd]
Schot (de)	Scottish	['skɒtɪʃ]
Schotse (de)	Scottish	['skɒtɪʃ]
Schots (bn)	Scottish	['skɒtɪʃ]

Vaticaanstad (de)	Vatican	['vætɪkən]
Liechtenstein (het)	Liechtenstein	['lɪktənstaɪn]
Luxemburg (het)	Luxembourg	['lʌksəmbɜːg]
Monaco (het)	Monaco	['mɒnəkəʊ]

235. Centraal- en Oost-Europa

Albanië (het)	Albania	[æl'beɪnɪə]
Albanees (de)	Albanian	[æl'beɪnɪən]
Albanese (de)	Albanian	[æl'beɪnɪən]
Albanees (bn)	Albanian	[æl'beɪnɪən]

Bulgarije (het)	Bulgaria	[bʌl'geərɪə]
Bulgaar (de)	Bulgarian	[bʌl'geərɪən]
Bulgaarse (de)	Bulgarian	[bʌl'geərɪən]
Bulgaars (bn)	Bulgarian	[bʌl'geərɪən]

Hongarije (het)	Hungary	['hʌŋgərɪ]
Hongaar (de)	Hungarian	[hʌŋ'geərɪən]
Hongaarse (de)	Hungarian	[hʌŋ'geərɪən]
Hongaars (bn)	Hungarian	[hʌŋ'geərɪən]

Letland (het)	Latvia	['lætvɪə]
Let (de)	Latvian	['lætvɪən]
Letse (de)	Latvian	['lætvɪən]
Lets (bn)	Latvian	['lætvɪən]

Litouwen (het)	Lithuania	[ˌlɪθjuˈeɪnjə]
Litouwer (de)	Lithuanian	[ˌlɪθjuˈeɪnjən]
Litouwse (de)	Lithuanian	[ˌlɪθjuˈeɪnjən]
Litouws (bn)	Lithuanian	[ˌlɪθjuˈeɪnjən]

Polen (het)	Poland	['pəʊlənd]
Pool (de)	Pole	[pəʊl]
Poolse (de)	Pole	[pəʊl]
Pools (bn)	Polish	['pəʊlɪʃ]

Roemenië (het)	Romania	[ruːˈmeɪnɪə]
Roemeen (de)	Romanian	[ruːˈmeɪnɪən]
Roemeense (de)	Romanian	[ruːˈmeɪnɪən]
Roemeens (bn)	Romanian	[ruːˈmeɪnɪən]

Servië (het)	Serbia	['sɜːbɪə]
Serviër (de)	Serbian	['sɜːbɪən]
Servische (de)	Serbian	['sɜːbɪən]
Servisch (bn)	Serbian	['sɜːbɪən]
Slowakije (het)	Slovakia	[slə'vækɪə]
Slowaak (de)	Slovak	['sləʊvæk]

| Slowaakse (de) | Slovak | [ˈsləʊvæk] |
| Slowaakse (bn) | Slovak | [ˈsləʊvæk] |

Kroatië (het)	Croatia	[krəʊˈeɪʃə]
Kroaat (de)	Croatian	[krəʊˈeɪʃən]
Kroatische (de)	Croatian	[krəʊˈeɪʃən]
Kroatisch (bn)	Croatian	[krəʊˈeɪʃən]

Tsjechië (het)	Czech Republic	[tʃek rɪˈpʌblɪk]
Tsjech (de)	Czech	[tʃek]
Tsjechische (de)	Czech	[tʃek]
Tsjechisch (bn)	Czech	[tʃek]

Estland (het)	Estonia	[eˈstəʊnjə]
Est (de)	Estonian	[eˈstəʊnjən]
Estse (de)	Estonian	[eˈstəʊnjən]
Ests (bn)	Estonian	[eˈstəʊnjən]

Bosnië en Herzegovina (het)	Bosnia-Herzegovina	[ˈbɒznɪə ˌheətsəgəˈviːnə]
Macedonië (het)	Macedonia	[ˌmæsɪˈdəʊnɪə]
Slovenië (het)	Slovenia	[sləˈviːnɪə]
Montenegro (het)	Montenegro	[ˌmɒntɪˈniːgrəʊ]

236. Voormalige USSR landen

Azerbeidzjan (het)	Azerbaijan	[ˌæzəbaɪˈdʒɑːn]
Azerbeidzjaan (de)	Azerbaijani	[ˌæzəbaɪˈdʒɑːnɪ]
Azerbeidjaanse (de)	Azerbaijani	[ˌæzəbaɪˈdʒɑːnɪ]
Azerbeidjaans (bn)	Azerbaijani	[ˌæzəbaɪˈdʒɑːnɪ]

Armenië (het)	Armenia	[ɑːˈmiːnɪə]
Armeen (de)	Armenian	[ɑːˈmiːnɪən]
Armeense (de)	Armenian	[ɑːˈmiːnɪən]
Armeens (bn)	Armenian	[ɑːˈmiːnɪən]

Wit-Rusland (het)	Belarus	[ˌbeləˈruːs]
Wit-Rus (de)	Belarusian	[ˌbeləˈrʌʃən]
Wit-Russische (de)	Belarusian	[ˌbeləˈrʌʃən]
Wit-Russisch (bn)	Belarusian	[ˌbeləˈrʌʃən]

Georgië (het)	Georgia	[ˈdʒɔːdʒə]
Georgiër (de)	Georgian	[ˈdʒɔːdʒən]
Georgische (de)	Georgian	[ˈdʒɔːdʒən]
Georgisch (bn)	Georgian	[ˈdʒɔːdʒən]

Kazakstan (het)	Kazakhstan	[ˌkæzækˈstɑːn]
Kazak (de)	Kazakh	[ˈkæzæk]
Kazakse (de)	Kazakh	[ˈkæzæk]
Kazakse (bn)	Kazakh	[ˈkæzæk]

Kirgizië (het)	Kirghizia	[kɜːˈgɪzɪə]
Kirgiziër (de)	Kirghiz	[kɜːˈgɪz]
Kirgizische (de)	Kirghiz	[kɜːˈgɪz]
Kirgizische (bn)	Kirghiz	[kɜːˈgɪz]

Moldavië (het)	**Moldavia**	[mɒl'deɪvɪə]
Moldaviër (de)	**Moldavian**	[mɒl'deɪvɪən]
Moldavische (de)	**Moldavian**	[mɒl'deɪvɪən]
Moldavisch (bn)	**Moldavian**	[mɒl'deɪvɪən]
Rusland (het)	**Russia**	['rʌʃə]
Rus (de)	**Russian**	['rʌʃən]
Russin (de)	**Russian**	['rʌʃən]
Russisch (bn)	**Russian**	['rʌʃən]
Tadzjikistan (het)	**Tajikistan**	[tɑːˌdʒɪkɪ'stɑːn]
Tadzjiek (de)	**Tajik**	[tɑː'dʒɪːk]
Tadzjiekse (de)	**Tajik**	[tɑː'dʒɪːk]
Tadzjieks (bn)	**Tajik**	[tɑː'dʒɪːk]
Turkmenistan (het)	**Turkmenistan**	[ˌtɜːkmenɪ'stɑːn]
Turkmeen (de)	**Turkmen**	['tɜːkmən]
Turkmeense (de)	**Turkmen**	['tɜːkmən]
Turkmeens (bn)	**Turkmenian**	[ˌtɜːk'menɪən]
Oezbekistan (het)	**Uzbekistan**	[ʊzˌbekɪ'stɑːn]
Oezbeek (de)	**Uzbek**	['ʊzbek]
Oezbeekse (de)	**Uzbek**	['ʊzbek]
Oezbeeks (bn)	**Uzbek**	['ʊzbek]
Oekraïne (het)	**Ukraine**	[juː'kreɪn]
Oekraïner (de)	**Ukrainian**	[juː'kreɪnjən]
Oekraïense (de)	**Ukrainian**	[juː'kreɪnjən]
Oekraïens (bn)	**Ukrainian**	[juː'kreɪnjən]

237. Azië

Azië (het)	**Asia**	['eɪʒə]
Aziatisch (bn)	**Asian**	['eɪʒən]
Vietnam (het)	**Vietnam**	[ˌvjet'nɑːm]
Vietnamees (de)	**Vietnamese**	[ˌvjetnə'miːz]
Vietnamese (de)	**Vietnamese**	[ˌvjetnə'miːz]
Vietnamees (bn)	**Vietnamese**	[ˌvjetnə'miːz]
India (het)	**India**	['ɪndɪə]
Indiër (de)	**Indian**	['ɪndɪən]
Indische (de)	**Indian**	['ɪndɪən]
Indisch (bn)	**Indian**	['ɪndɪən]
Israël (het)	**Israel**	['ɪzreɪəl]
Israëliër (de)	**Israeli**	[ɪz'reɪlɪ]
Israëlische (de)	**Israeli**	[ɪz'reɪlɪ]
Israëlisch (bn)	**Israeli**	[ɪz'reɪlɪ]
Jood (etniciteit)	**Jew**	[dʒuː]
Jodin (de)	**Jewess**	['dʒuːɪs]
Joods (bn)	**Jewish**	['dʒuːɪʃ]
China (het)	**China**	['tʃaɪnə]

Chinees (de)	Chinese	[ˌtʃaɪˈniːz]
Chinese (de)	Chinese	[ˌtʃaɪˈniːz]
Chinees (bn)	Chinese	[ˌtʃaɪˈniːz]

Koreaan (de)	Korean	[kəˈrɪən]
Koreaanse (de)	Korean	[kəˈrɪən]
Koreaans (bn)	Korean	[kəˈrɪən]

Libanon (het)	Lebanon	[ˈlebənən]
Libanees (de)	Lebanese	[ˌlebəˈniːz]
Libanese (de)	Lebanese	[ˌlebəˈniːz]
Libanees (bn)	Lebanese	[ˌlebəˈniːz]

Mongolië (het)	Mongolia	[mɒŋˈɡəʊlɪə]
Mongool (de)	Mongolian	[mɒŋˈɡəʊlɪən]
Mongoolse (de)	Mongolian	[mɒŋˈɡəʊlɪən]
Mongools (bn)	Mongolian	[mɒŋˈɡəʊlɪən]

Maleisië (het)	Malaysia	[məˈleɪzɪə]
Maleisiër (de)	Malaysian	[məˈleɪzɪən]
Maleisische (de)	Malaysian	[məˈleɪzɪən]
Maleisisch (bn)	Malaysian	[məˈleɪzɪən]

Pakistan (het)	Pakistan	[ˈpækɪstæn]
Pakistaan (de)	Pakistani	[ˌpækɪˈstænɪ]
Pakistaanse (de)	Pakistani	[ˌpækɪˈstænɪ]
Pakistaans (bn)	Pakistani	[ˌpækɪˈstænɪ]

Saoedi-Arabië (het)	Saudi Arabia	[ˈsaʊdɪ əˈreɪbɪə]
Arabier (de)	Arab	[ˈærəb]
Arabische (de)	Arab	[ˈærəb]
Arabisch (bn)	Arabian	[əˈreɪbɪən]

Thailand (het)	Thailand	[ˈtaɪlænd]
Thai (de)	Thai	[taɪ]
Thaise (de)	Thai	[taɪ]
Thai (bn)	Thai	[taɪ]

Taiwan (het)	Taiwan	[ˌtaɪˈwɑːn]
Taiwanees (de)	Taiwanese	[ˌtaɪwəˈniːz]
Taiwanese (de)	Taiwanese	[ˌtaɪwəˈniːz]
Taiwanees (bn)	Taiwanese	[ˌtaɪwəˈniːz]

Turkije (het)	Turkey	[ˈtɜːkɪ]
Turk (de)	Turk	[tɜːk]
Turkse (de)	Turk	[tɜːk]
Turks (bn)	Turkish	[ˈtɜːkɪʃ]

Japan (het)	Japan	[dʒəˈpæn]
Japanner (de)	Japanese	[ˌdʒæpəˈniːz]
Japanse (de)	Japanese	[ˌdʒæpəˈniːz]
Japans (bn)	Japanese	[ˌdʒæpəˈniːz]

Afghanistan (het)	Afghanistan	[æfˈgænɪˌstæn]
Bangladesh (het)	Bangladesh	[ˌbæŋɡləˈdeʃ]
Indonesië (het)	Indonesia	[ˌɪndəˈniːzjə]

Jordanië (het)	**Jordan**	[ˈdʒɔːdən]
Irak (het)	**Iraq**	[ɪˈrɑːk]
Iran (het)	**Iran**	[ɪˈrɑːn]
Cambodja (het)	**Cambodia**	[kæmˈbəʊdjə]
Koeweit (het)	**Kuwait**	[kʊˈweɪt]
Laos (het)	**Laos**	[laʊs]
Myanmar (het)	**Myanmar**	[ˌmaɪænˈmɑː(r)]
Nepal (het)	**Nepal**	[nɪˈpɔːl]
Verenigde Arabische Emiraten	**United Arab Emirates**	[juːˈnaɪtɪd ˈærəb ˈemərəts]
Syrië (het)	**Syria**	[ˈsɪrɪə]
Palestijnse autonomie (de)	**Palestine**	[ˈpæləˌstaɪn]
Zuid-Korea (het)	**South Korea**	[saʊθ kəˈrɪə]
Noord-Korea (het)	**North Korea**	[nɔːθ kəˈrɪə]

238. Noord-Amerika

Verenigde Staten van Amerika	**United States of America**	[juːˈnaɪtɪd steɪts əv əˈmerɪkə]
Amerikaan (de)	**American**	[əˈmerɪkən]
Amerikaanse (de)	**American**	[əˈmerɪkən]
Amerikaans (bn)	**American**	[əˈmerɪkən]
Canada (het)	**Canada**	[ˈkænədə]
Canadees (de)	**Canadian**	[kəˈneɪdjən]
Canadese (de)	**Canadian**	[kəˈneɪdjən]
Canadees (bn)	**Canadian**	[kəˈneɪdjən]
Mexico (het)	**Mexico**	[ˈmeksɪkəʊ]
Mexicaan (de)	**Mexican**	[ˈmeksɪkən]
Mexicaanse (de)	**Mexican**	[ˈmeksɪkən]
Mexicaans (bn)	**Mexican**	[ˈmeksɪkən]

239. Midden- en Zuid-Amerika

Argentinië (het)	**Argentina**	[ˌɑːdʒənˈtiːnə]
Argentijn (de)	**Argentinian**	[ˌɑːdʒənˈtɪnɪən]
Argentijnse (de)	**Argentinian**	[ˌɑːdʒənˈtɪnɪən]
Argentijns (bn)	**Argentinian**	[ˌɑːdʒənˈtɪnɪən]
Brazilië (het)	**Brazil**	[brəˈzɪl]
Braziliaan (de)	**Brazilian**	[brəˈzɪljən]
Braziliaanse (de)	**Brazilian**	[brəˈzɪljən]
Braziliaans (bn)	**Brazilian**	[brəˈzɪljən]
Colombia (het)	**Colombia**	[kəˈlɒmbɪə]
Colombiaan (de)	**Colombian**	[kəˈlɒmbɪən]
Colombiaanse (de)	**Colombian**	[kəˈlɒmbɪən]
Colombiaans (bn)	**Colombian**	[kəˈlɒmbɪən]
Cuba (het)	**Cuba**	[ˈkjuːbə]

Cubaan (de)	Cuban	[ˈkjuːbən]
Cubaanse (de)	Cuban	[ˈkjuːbən]
Cubaans (bn)	Cuban	[ˈkjuːbən]

Chili (het)	Chile	[ˈtʃɪlɪ]
Chileen (de)	Chilean	[ˈtʃɪlɪən]
Chileense (de)	Chilean	[ˈtʃɪlɪən]
Chileens (bn)	Chilean	[ˈtʃɪlɪən]

Bolivia (het)	Bolivia	[bəˈlɪvɪə]
Venezuela (het)	Venezuela	[ˌvenɪˈzweɪlə]
Paraguay (het)	Paraguay	[ˈpærəgwaɪ]
Peru (het)	Peru	[pəˈruː]
Suriname (het)	Suriname	[ˌsʊərɪˈnæm]
Uruguay (het)	Uruguay	[ˈjʊərəgwaɪ]
Ecuador (het)	Ecuador	[ˈekwədɔː(r)]

Bahama's (mv.)	The Bahamas	[ðə bəˈhɑːməz]
Haïti (het)	Haiti	[ˈheɪtɪ]
Dominicaanse Republiek (de)	Dominican Republic	[dəˈmɪnɪkən rɪˈpʌblɪk]
Panama (het)	Panama	[ˈpænəmɑː]
Jamaica (het)	Jamaica	[dʒəˈmeɪkə]

240. Afrika

Egypte (het)	Egypt	[ˈiːdʒɪpt]
Egyptenaar (de)	Egyptian	[ɪˈdʒɪpʃən]
Egyptische (de)	Egyptian	[ɪˈdʒɪpʃən]
Egyptisch (bn)	Egyptian	[ɪˈdʒɪpʃən]

Marokko (het)	Morocco	[məˈrɒkəʊ]
Marokkaan (de)	Moroccan	[məˈrɒkən]
Marokkaanse (de)	Moroccan	[məˈrɒkən]
Marokkaans (bn)	Moroccan	[məˈrɒkən]

Tunesië (het)	Tunisia	[tjuːˈnɪzɪə]
Tunesiër (de)	Tunisian	[tjuːˈnɪzɪən]
Tunesische (de)	Tunisian	[tjuːˈnɪzɪən]
Tunesisch (bn)	Tunisian	[tjuːˈnɪzɪən]

Ghana (het)	Ghana	[ˈgɑːnə]
Zanzibar (het)	Zanzibar	[ˌzænzɪˈbɑː(r)]
Kenia (het)	Kenya	[ˈkenjə]
Libië (het)	Libya	[ˈlɪbɪə]
Madagaskar (het)	Madagascar	[ˌmædəˈgæskə(r)]

Namibië (het)	Namibia	[nəˈmɪbɪə]
Senegal (het)	Senegal	[ˌsenɪˈgɔːl]
Tanzania (het)	Tanzania	[ˌtænzəˈnɪə]
Zuid-Afrika (het)	South Africa	[saʊθ ˈæfrɪkə]

Afrikaan (de)	African	[ˈæfrɪkən]
Afrikaanse (de)	African	[ˈæfrɪkən]
Afrikaans (bn)	African	[ˈæfrɪkən]

241. Australië. Oceanië

Australië (het)	**Australia**	[ɒ'streɪljə]
Australiër (de)	**Australian**	[ɒ'streɪljən]
Australische (de)	**Australian**	[ɒ'streɪljən]
Australisch (bn)	**Australian**	[ɒ'streɪljən]
Nieuw-Zeeland (het)	**New Zealand**	[nju: 'zi:lənd]
Nieuw-Zeelander (de)	**New Zealander**	[nju: 'zi:ləndə]
Nieuw-Zeelandse (de)	**New Zealander**	[nju: 'zi:ləndə]
Nieuw-Zeelands (bn)	**New Zealand**	[nju: 'zi:lənd]
Tasmanië (het)	**Tasmania**	[tæz'meɪnjə]
Frans-Polynesië	**French Polynesia**	[frentʃ ˌpɒlɪ'ni:zjə]

242. Steden

Amsterdam	**Amsterdam**	[ˌæmstə'dæm]
Ankara	**Ankara**	['æŋkərə]
Athene	**Athens**	['æθɪnz]
Bagdad	**Baghdad**	[bæg'dæd]
Bangkok	**Bangkok**	[ˌbæŋ'kɒk]
Barcelona	**Barcelona**	[ˌbɑ:sɪ'ləʊnə]
Beiroet	**Beirut**	[ˌbeɪ'ru:t]
Berlijn	**Berlin**	[bɜ:'lɪn]
Boedapest	**Budapest**	[ˌbju:də'pest]
Boekarest	**Bucharest**	[ˌbu:kə'rest]
Bombay, Mumbai	**Bombay, Mumbai**	[ˌbɒm'beɪ], [mʊm'baɪ]
Bonn	**Bonn**	[bɒn]
Bordeaux	**Bordeaux**	[bɔ:'dəʊ]
Bratislava	**Bratislava**	[ˌbrætɪ'slɑ:və]
Brussel	**Brussels**	['brʌsəlz]
Caïro	**Cairo**	['kaɪərəʊ]
Calcutta	**Calcutta**	[kæl'kʌtə]
Chicago	**Chicago**	[ʃɪ'kɑ:gəʊ]
Dar Es Salaam	**Dar-es-Salaam**	[ˌdɑ:ressə'lɑ:m]
Delhi	**Delhi**	['delɪ]
Den Haag	**The Hague**	[ðə heɪg]
Dubai	**Dubai**	[ˌdu:'baɪ]
Dublin	**Dublin**	['dʌblɪn]
Düsseldorf	**Düsseldorf**	[ˌdju:səl'dɔ:f]
Florence	**Florence**	['flɒrəns]
Frankfort	**Frankfurt**	['fræŋkfɜt]
Genève	**Geneva**	[dʒɪ'ni:və]
Hamburg	**Hamburg**	['hæmbɜ:g]
Hanoi	**Hanoi**	[hæ'nɔɪ]
Havana	**Havana**	[hə'vænə]
Helsinki	**Helsinki**	[hel'sɪŋkɪ]

Hiroshima	Hiroshima	[hɪ'rɒʃɪmə]
Hongkong	Hong Kong	[ˌhɒŋ'kɒŋ]
Istanbul	Istanbul	[ˌɪstæn'bʊl]
Jeruzalem	Jerusalem	[dʒə'ruːsələm]
Kiev	Kiev	['kiːev]

Kopenhagen	Copenhagen	[ˌkəʊpən'heɪgən]
Kuala Lumpur	Kuala Lumpur	[ˌkwɑːlə'lʊmˌpʊə(r)]
Lissabon	Lisbon	['lɪzbən]
Londen	London	['lʌndən]
Los Angeles	Los Angeles	[lɒs'ændʒɪliːz]

Lyon	Lyons	[liːɔ̃]
Madrid	Madrid	[mə'drɪd]
Marseille	Marseille	[mɑː'seɪ]
Mexico-Stad	Mexico City	['meksɪkəʊ 'sɪtɪ]
Miami	Miami	[maɪ'æmɪ]

Montreal	Montreal	[ˌmɒntrɪ'ɔːl]
Moskou	Moscow	['mɒskəʊ]
München	Munich	['mjuːnɪk]
Nairobi	Nairobi	[naɪ'rəʊbɪ]
Napels	Naples	['neɪpəlz]

New York	New York	[njuː 'jɔːk]
Nice	Nice	['niːs]
Oslo	Oslo	['ɒzləʊ]
Ottawa	Ottawa	['ɒtəwə]
Parijs	Paris	['pærɪs]

Peking	Beijing	[ˌbeɪ'dʒɪŋ]
Praag	Prague	[prɑːg]
Rio de Janeiro	Rio de Janeiro	['riːəʊ də dʒə'nɪərəʊ]
Rome	Rome	[rəʊm]
Seoel	Seoul	[səʊl]
Singapore	Singapore	[ˌsɪŋə'pɔː(r)]

Sint-Petersburg	Saint Petersburg	[sənt 'piːtəzbɜːg]
Sjanghai	Shanghai	[ʃæŋ'haɪ]
Stockholm	Stockholm	['stɒkhəʊm]
Sydney	Sydney	['sɪdnɪ]
Taipei	Taipei	[taɪ'peɪ]
Tokio	Tokyo	['təʊkjəʊ]

Toronto	Toronto	[tə'rɒntəʊ]
Venetië	Venice	['venɪs]
Warschau	Warsaw	['wɔːsɔː]
Washington	Washington	['wɒʃɪŋtən]
Wenen	Vienna	[vɪ'enə]

243. Politiek. Overheid. Deel 1

| politiek (de) | politics | ['pɒlətɪks] |
| politiek (bn) | political | [pə'lɪtɪkəl] |

politicus (de)	politician	[ˌpolɪ'tɪʃən]
staat (land)	state	[steɪt]
burger (de)	citizen	['sɪtɪzən]
staatsburgerschap (het)	citizenship	['sɪtɪzənʃɪp]

| nationaal wapen (het) | national emblem | ['næʃənəl 'embləm] |
| volkslied (het) | national anthem | ['næʃənəl 'ænθəm] |

regering (de)	government	['gʌvənmənt]
staatshoofd (het)	head of state	[hed əv steɪt]
parlement (het)	parliament	['pɑːləmənt]
partij (de)	party	['pɑːtɪ]'

| kapitalisme (het) | capitalism | ['kæpɪtəlɪzəm] |
| kapitalistisch (bn) | capitalist | ['kæpɪtəlɪst] |

| socialisme (het) | socialism | ['səuʃəlɪzəm] |
| socialistisch (bn) | socialist | ['səuʃəlɪst] |

communisme (het)	communism	['komjunɪzəm]
communistisch (bn)	communist	['komjunɪst]
communist (de)	communist	['komjunɪst]

democratie (de)	democracy	[dɪ'mokrəsɪ]
democraat (de)	democrat	['deməkræt]
democratisch (bn)	democratic	[ˌdemə'krætɪk]
democratische partij (de)	Democratic party	[ˌdemə'krætɪk 'pɑːtɪ]

liberaal (de)	liberal	['lɪbərəl]
liberaal (bn)	liberal	['lɪbərəl]
conservator (de)	conservative	[kən'sɜːvətɪv]
conservatief (bn)	conservative	[kən'sɜːvətɪv]

republiek (de)	republic	[rɪ'pʌblɪk]
republikein (de)	republican	[rɪ'pʌblɪkən]
Republikeinse Partij (de)	Republican party	[rɪ'pʌblɪkən 'pɑːtɪ]

verkiezing (de)	poll, elections	[pəul], [ɪ'lekʃənz]
kiezen (ww)	to elect (vt)	[tə ɪ'lekt]
kiezer (de)	elector, voter	[ɪ'lektə(r)], ['vəutə(r)]
verkiezingscampagne (de)	election campaign	[ɪ'lekʃən kæm'peɪn]

stemming (de)	voting	['vəutɪŋ]
stemmen (ww)	to vote (vi)	[tə vəut]
stemrecht (het)	right to vote	['raɪt tə ˌvəut]

kandidaat (de)	candidate	['kændɪdət]
zich kandideren	to be a candidate	[tə bi ə 'kændɪdət]
campagne (de)	campaign	[kæm'peɪn]

| oppositie- (abn) | opposition | [ˌopə'zɪʃən] |
| oppositie (de) | opposition | [ˌopə'zɪʃən] |

bezoek (het)	visit	['vɪzɪt]
officieel bezoek (het)	official visit	[ə'fɪʃəl 'vɪzɪt]
internationaal (bn)	international	[ˌɪntə'næʃənəl]

| onderhandelingen (mv.) | negotiations | [nɪˌɡəʊʃɪˈeɪʃənz] |
| onderhandelen (ww) | to negotiate (vi) | [tə nɪˈɡəʊʃɪeɪt] |

244. Politiek. Overheid. Deel 2

maatschappij (de)	society	[səˈsaɪətɪ]
grondwet (de)	constitution	[ˌkɒnstɪˈtjuːʃən]
macht (politieke ~)	power	[ˈpaʊə(r)]
corruptie (de)	corruption	[kəˈrʌpʃən]

| wet (de) | law | [lɔː] |
| wettelijk (bn) | legal | [ˈliːɡəl] |

| rechtvaardigheid (de) | justice | [ˈdʒʌstɪs] |
| rechtvaardig (bn) | just, fair | [dʒʌst], [feə(r)] |

comité (het)	committee	[kəˈmɪtɪ]
wetsvoorstel (het)	bill	[bɪl]
begroting (de)	budget	[ˈbʌdʒɪt]
beleid (het)	policy	[ˈpɒləsɪ]
hervorming (de)	reform	[rɪˈfɔːm]
radicaal (bn)	radical	[ˈrædɪkəl]

macht (vermogen)	power	[ˈpaʊə(r)]
machtig (bn)	powerful	[ˈpaʊəfʊl]
aanhanger (de)	supporter	[səˈpɔːtə(r)]
invloed (de)	influence	[ˈɪnfluəns]

regime (het)	regime	[reɪˈʒiːm]
conflict (het)	conflict	[ˈkɒnflɪkt]
samenzwering (de)	conspiracy	[kənˈspɪrəsɪ]
provocatie (de)	provocation	[ˌprɒvəˈkeɪʃən]

omverwerpen (ww)	to overthrow (vt)	[tə ˌəʊvəˈθrəʊ]
omverwerping (de)	overthrow	[ˈəʊvəθrəʊ]
revolutie (de)	revolution	[ˌrevəˈluːʃən]

| staatsgreep (de) | coup d'état | [ˌkuː deɪˈtaː] |
| militaire coup (de) | military coup | [ˈmɪlɪtərɪ kuː] |

crisis (de)	crisis	[ˈkraɪsɪs]
economische recessie (de)	economic recession	[ˌiːkəˈnɒmɪk rɪˈseʃən]
betoger (de)	demonstrator	[ˈdemənˌstreɪtə(r)]
betoging (de)	demonstration	[ˌdemənˈstreɪʃən]
krijgswet (de)	martial law	[ˈmaːʃəl lɔː]
militaire basis (de)	military base	[ˈmɪlɪtərɪ beɪs]

| stabiliteit (de) | stability | [stəˈbɪlətɪ] |
| stabiel (bn) | stable | [ˈsteɪbəl] |

uitbuiting (de)	exploitation	[ˌeksplɔɪˈteɪʃən]
uitbuiten (ww)	to exploit (vt)	[tə ɪkˈsplɔɪt]
racisme (het)	racism	[ˈreɪsɪzəm]
racist (de)	racist	[ˈreɪsɪst]

| fascisme (het) | fascism | ['fæʃɪzəm] |
| fascist (de) | fascist | ['fæʃɪst] |

245. Landen. Diversen

vreemdeling (de)	foreigner	['fɒrənə(r)]
buitenlands (bn)	foreign	['fɒrən]
in het buitenland (bw)	abroad	[ə'brɔːd]

emigrant (de)	emigrant	['emɪgrənt]
emigratie (de)	emigration	[,emɪ'greɪʃən]
emigreren (ww)	to emigrate (vi)	[tə 'emɪgreɪt]

Westen (het)	the West	[ðə west]
Oosten (het)	the East	[ði iːst]
Verre Oosten (het)	the Far East	[ðə 'fɑːriːst]

beschaving (de)	civilization	[,sɪvɪlaɪ'zeɪʃən]
mensheid (de)	humanity	[hjuː'mænətɪ]
wereld (de)	world	[wɜːld]
vrede (de)	peace	[piːs]
wereld- (abn)	worldwide	['wɜːldwaɪd]

vaderland (het)	homeland	['həʊmlænd]
volk (het)	people	['piːpəl]
bevolking (de)	population	[,pɒpjʊ'leɪʃən]
mensen (mv.)	people	['piːpəl]
natie (de)	nation	['neɪʃən]
generatie (de)	generation	[dʒenə'reɪʃən]
gebied (bijv. bezette ~en)	territory	['terətrɪ]
regio, streek (de)	region	['riːdʒən]
deelstaat (de)	state	[steɪt]

traditie (de)	tradition	[trə'dɪʃən]
gewoonte (de)	custom	['kʌstəm]
ecologie (de)	ecology	[ɪ'kɒlədʒɪ]

Indiaan (de)	Indian	['ɪndɪən]
zigeuner (de)	Gipsy	['dʒɪpsɪ]
zigeunerin (de)	Gipsy	['dʒɪpsɪ]
zigeuner- (abn)	Gipsy	['dʒɪpsɪ]

rijk (het)	empire	['empaɪə(r)]
kolonie (de)	colony	['kɒlənɪ]
slavernij (de)	slavery	['sleɪvərɪ]
invasie (de)	invasion	[ɪn'veɪʒən]
hongersnood (de)	famine	['fæmɪn]

246. Grote religieuze groepen. Bekentenissen

| religie (de) | religion | [rɪ'lɪdʒən] |
| religieus (bn) | religious | [rɪ'lɪdʒəs] |

geloof (het)	belief	[bɪ'li:f]
geloven (ww)	to believe (vi)	[tə bɪ'li:v]
gelovige (de)	believer	[bɪ'li:və(r)]

| atheïsme (het) | atheism | ['eɪθɪɪzəm] |
| atheïst (de) | atheist | ['eɪθɪɪst] |

christendom (het)	Christianity	[ˌkrɪstɪ'ænətɪ]
christen (de)	Christian	['krɪstʃən]
christelijk (bn)	Christian	['krɪstʃən]

katholicisme (het)	Catholicism	[kə'θɒlɪsɪzəm]
katholiek (de)	Catholic	['kæθlɪk]
katholiek (bn)	Catholic	['kæθlɪk]

protestantisme (het)	Protestantism	['prɒtɪstənˌtɪzəm]
Protestante Kerk (de)	Protestant Church	['prɒtɪstənt tʃɜ:tʃ]
protestant (de)	Protestant	['prɒtɪstənt]

orthodoxie (de)	Orthodoxy	['ɔ:θədɒksɪ]
Orthodoxe Kerk (de)	Orthodox Church	['ɔ:θədɒks tʃɜ:tʃ]
orthodox	Orthodox	['ɔ:θədɒks]

presbyterianisme (het)	Presbyterianism	[ˌprezbɪ'tɪərɪənɪzəm]
Presbyteriaanse Kerk (de)	Presbyterian Church	[ˌprezbɪ'tɪərɪən tʃɜ:tʃ]
presbyteriaan (de)	Presbyterian	[ˌprezbɪ'tɪərɪən]

| lutheranisme (het) | Lutheranism | ['lu:θərənɪzəm] |
| lutheraan (de) | Lutheran | ['lu:θərən] |

| baptisme (het) | Baptist Church | ['bæptɪst tʃɜ:tʃ] |
| baptist (de) | Baptist | ['bæptɪst] |

Anglicaanse Kerk (de)	Anglican Church	['æŋglɪkən tʃɜ:tʃ]
anglicaan (de)	Anglican	['æŋglɪkən]
mormonisme (het)	Mormonism	['mɔ:mənɪzəm]
mormoon (de)	Mormon	['mɔ:mən]

| Jodendom (het) | Judaism | ['dʒu:deɪˌɪzəm] |
| jood (aanhanger van het Jodendom) | Jew | [dʒu:] |

| boeddhisme (het) | Buddhism | ['bʊdɪzəm] |
| boeddhist (de) | Buddhist | ['bʊdɪst] |

| hindoeïsme (het) | Hinduism | ['hɪndu:ɪzəm] |
| hindoe (de) | Hindu | ['hɪndu:] |

islam (de)	Islam	['ɪzlɑ:m]
islamiet (de)	Muslim	['mʊzlɪm]
islamitisch (bn)	Muslim	['mʊzlɪm]

sjiisme (het)	Shiah Islam	['ʃi:ə 'ɪzlɑ:m]
sjiiet (de)	Shiite	['ʃi:aɪt]
soennisme (het)	Sunni Islam	['sʌnɪ 'ɪzlɑ:m]
soenniet (de)	Sunnite	['sʌnaɪt]

247. Religies. Priesters

priester (de)	priest	[priːst]
paus (de)	the Pope	[ðə pəʊp]
monnik (de)	monk, friar	[mʌŋk], [ˈfraɪə(r)]
non (de)	nun	[nʌn]
pastoor (de)	pastor	[ˈpɑːstə(r)]
abt (de)	abbot	[ˈæbət]
vicaris (de)	vicar	[ˈvɪkə(r)]
bisschop (de)	bishop	[ˈbɪʃəp]
kardinaal (de)	cardinal	[ˈkɑːdɪnəl]
predikant (de)	preacher	[ˈpriːtʃə(r)]
preek (de)	preaching	[ˈpriːtʃɪŋ]
kerkgangers (mv.)	parishioners	[pəˈrɪʃənəz]
gelovige (de)	believer	[bɪˈliːvə(r)]
atheïst (de)	atheist	[ˈeɪθɪɪst]

248. Geloof. Christendom. Islam

Adam	Adam	[ˈædəm]
Eva	Eve	[iːv]
God (de)	God	[gɒd]
Heer (de)	the Lord	[ðə lɔːd]
Almachtige (de)	the Almighty	[ði ɔːlˈmaɪtɪ]
zonde (de)	sin	[sɪn]
zondigen (ww)	to sin (vi)	[tə sɪn]
zondaar (de)	sinner	[ˈsɪnə(r)]
zondares (de)	sinner	[ˈsɪnə(r)]
hel (de)	hell	[hel]
paradijs (het)	paradise	[ˈpærədaɪs]
Jezus	Jesus	[ˈdʒiːzəs]
Jezus Christus	Jesus Christ	[ˈdʒiːzəs kraɪst]
Heilige Geest (de)	the Holy Spirit	[ðə ˈhəʊlɪ ˈspɪrɪt]
Verlosser (de)	the Savior	[ðə ˈseɪvjə(r)]
Maagd Maria (de)	the Virgin Mary	[ðə ˈvɜːdʒɪn ˈmeərɪ]
duivel (de)	the Devil	[ðə ˈdevəl]
duivels (bn)	devil's	[ˈdevəlz]
Satan	Satan	[ˈseɪtən]
satanisch (bn)	satanic	[səˈtænɪk]
engel (de)	angel	[ˈeɪndʒəl]
beschermengel (de)	guardian angel	[ˈgɑːdjən ˈeɪndʒəl]
engelachtig (bn)	angelic	[ænˈdʒelɪk]

apostel (de)	apostle	[ə'pɒsəl]
aartsengel (de)	archangel	['ɑːkˌeɪndʒəl]
antichrist (de)	the Antichrist	[ði 'æntɪˌkraɪst]

Kerk (de)	Church	[tʃɜːtʃ]
bijbel (de)	Bible	['baɪbəl]
bijbels (bn)	biblical	['bɪblɪkəl]

Oude Testament (het)	Old Testament	[əʊld 'testəmənt]
Nieuwe Testament (het)	New Testament	[nju: 'testəmənt]
evangelie (het)	Gospel	['gɒspəl]
Heilige Schrift (de)	Holy Scripture	['həʊlɪ 'skrɪptʃə(r)]
Hemel, Hemelrijk (de)	heaven	['hevən]

gebod (het)	Commandment	[kə'mɑːndmənt]
profeet (de)	prophet	['prɒfɪt]
profetie (de)	prophecy	['prɒfɪsɪ]

Allah	Allah	['ælə]
Mohammed	Mohammed	[mə'hæmɪd]
Koran (de)	the Koran	[ðə kə'rɑːn]

moskee (de)	mosque	[mɒsk]
moellah (de)	mullah	['mʌlə]
gebed (het)	prayer	[preə(r)]
bidden (ww)	to pray (vi, vt)	[tə preɪ]

pelgrimstocht (de)	pilgrimage	['pɪlgrɪmɪdʒ]
pelgrim (de)	pilgrim	['pɪlgrɪm]
Mekka	Mecca	['mekə]

kerk (de)	church	[tʃɜːtʃ]
tempel (de)	temple	['tempəl]
kathedraal (de)	cathedral	[kə'θiːdrəl]
gotisch (bn)	Gothic	['gɒθɪk]
synagoge (de)	synagogue	['sɪnəgɒg]
moskee (de)	mosque	[mɒsk]

kapel (de)	chapel	['tʃæpəl]
abdij (de)	abbey	['æbɪ]
nonnenklooster (het)	convent	['kɒnvənt]
mannenklooster (het)	monastery	['mɒnəstərɪ]

klok (de)	bell	[bel]
klokkentoren (de)	bell tower	[bel 'taʊə(r)]
luiden (klokken)	to ring (vi)	[tə rɪŋ]

kruis (het)	cross	[krɒs]
koepel (de)	cupola	['kjuːpələ]
icoon (de)	icon	['aɪkɒn]

ziel (de)	soul	[səʊl]
lot, noodlot (het)	fate	[feɪt]
kwaad (het)	evil	['iːvəl]
goed (het)	good	[gʊd]
vampier (de)	vampire	['væmpaɪə(r)]

heks (de)	witch	[wɪtʃ]
demoon (de)	demon	['diːmən]
duivel (de)	devil	['devəl]
geest (de)	spirit	['spɪrɪt]

| verzoeningsleer (de) | redemption | [rɪ'dempʃən] |
| vrijkopen (ww) | to redeem (vt) | [tə rɪ'diːm] |

mis (de)	church service, mass	[tʃɜːtʃ 'sɜːvɪs], [mæs]
de mis opdragen	to say mass	[tə seɪ mæs]
biecht (de)	confession	[kən'feʃən]
biechten (ww)	to confess (vi)	[tə kən'fes]

heilige (de)	saint	[seɪnt]
heilig (bn)	sacred	['seɪkrɪd]
wijwater (het)	holy water	['həʊlɪ 'wɔːtə(r)]

ritueel (het)	ritual	['rɪtʃʊəl]
ritueel (bn)	ritual	['rɪtʃʊəl]
offerande (de)	sacrifice	['sækrɪfaɪs]

bijgeloof (het)	superstition	[ˌsuːpə'stɪʃən]
bijgelovig (bn)	superstitious	[ˌsuːpə'stɪʃəs]
hiernamaals (het)	afterlife	['ɑːftəlaɪf]
eeuwige leven (het)	eternal life	[ɪ'tɜːnəl laɪf]

DIVERSEN

249. Diverse nuttige woorden

achtergrond (de)	background	['bækgraʊnd]
balans (de)	balance	['bæləns]
basis (de)	base	[beɪs]
begin (het)	beginning	[bɪ'ɡɪnɪŋ]
beurt (wie is aan de ~?)	turn	[tɜ:n]
categorie (de)	category	['kætəɡərɪ]
comfortabel (~ bed, enz.)	comfortable	['kʌmfətəbəl]
compensatie (de)	compensation	[ˌkɒmpen'seɪʃən]
deel (gedeelte)	part	[pɑ:t]
deeltje (het)	particle	['pɑ:tɪkəl]
ding (object, voorwerp)	thing	[θɪŋ]
dringend (bn, urgent)	urgent	['ɜ:dʒənt]
dringend (bw, met spoed)	urgently	['ɜ:dʒəntlɪ]
effect (het)	effect	[ɪ'fekt]
eigenschap (kwaliteit)	property, quality	['prɒpətɪ], ['kwɒlɪtɪ]
einde (het)	end	[end]
element (het)	element	['elɪmənt]
feit (het)	fact	[fækt]
fout (de)	mistake	[mɪ'steɪk]
geheim (het)	secret	['si:krɪt]
graad (mate)	degree	[dɪ'gri:]
groei (ontwikkeling)	growth	[grəʊθ]
hindernis (de)	barrier	['bærɪə(r)]
hinderpaal (de)	obstacle	['ɒbstəkəl]
hulp (de)	help	[help]
ideaal (het)	ideal	[aɪ'dɪəl]
inspanning (de)	effort	['efət]
keuze (een grote ~)	choice	[tʃɔɪs]
labyrint (het)	labyrinth	['læbərɪnθ]
manier (de)	way	[weɪ]
moment (het)	moment	['məʊmənt]
nut (bruikbaarheid)	utility	[ju:'tɪlətɪ]
onderscheid (het)	difference	['dɪfrəns]
ontwikkeling (de)	development	[dɪ'veləpmənt]
oplossing (de)	solution	[sə'lu:ʃən]
origineel (het)	original	[ɒ'rɪdʒɪnəl]
pauze (de)	pause	[pɔ:z]
positie (de)	position	[pə'zɪʃən]
principe (het)	principle	['prɪnsɪpəl]

probleem (het)	problem	['prɒbləm]
proces (het)	process	['prəʊses]
reactie (de)	reaction	[rɪ'ækʃən]

reden (om ~ van)	cause	[kɔːz]
risico (het)	risk	[rɪsk]
samenvallen (het)	coincidence	[kəʊ'ɪnsɪdəns]
serie (de)	series	['sɪəriːz]

situatie (de)	situation	[ˌsɪtjʊ'eɪʃən]
soort (bijv. ~ sport)	kind	[kaɪnd]
standaard (bn)	standard	['stændəd]
standaard (de)	standard	['stændəd]
stijl (de)	style	[staɪl]

stop (korte onderbreking)	stop, pause	[stɒp], [pɔːz]
systeem (het)	system	['sɪstəm]
tabel (bijv. ~ van Mendelejev)	table, chart	['teɪbəl], [tʃɑːt]
tempo (langzaam ~)	tempo, rate	['tempəʊ], [reɪt]
term (medische ~en)	term	[tɜːm]

type (soort)	type	[taɪp]
variant (de)	variant	['veərɪənt]
veelvuldig (bn)	frequent	['friːkwənt]
vergelijking (de)	comparison	[kəm'pærɪsən]
voorbeeld (het goede ~)	example	[ɪg'zɑːmpəl]

voortgang (de)	progress	['prəʊgres]
voorwerp (ding)	object	['ɒbdʒɪkt]
vorm (uiterlijke ~)	shape	[ʃeɪp]
waarheid (de)	truth	[truːθ]
zone (de)	zone	[zəʊn]

250. Beperkende bijwoorden. Bijvoeglijke naamwoorden. Deel 1

accuraat (uurwerk, enz.)	meticulous	[mɪ'tɪkjʊləs]
achter- (abn)	back, rear	[bæk], [rɪə(r)]
additioneel (bn)	additional	[ə'dɪʃənəl]

arm (bijv. ~e landen)	poor	[pʊə(r)]
begrijpelijk (bn)	clear	[klɪə(r)]
belangrijk (bn)	important	[ɪm'pɔːtənt]
belangrijkst (bn)	the most important	[ðə məʊst ɪm'pɔːtənt]

beleefd (bn)	polite	[pə'laɪt]
beperkt (bn)	limited	['lɪmɪtɪd]
betekenisvol (bn)	significant	[sɪg'nɪfɪkənt]
bijziend (bn)	near-sighted	[ˌnɪə'saɪtɪd]
binnen- (abn)	interior	[ɪn'tɪərɪə(r)]

bitter (bn)	bitter	['bɪtə(r)]
blind (bn)	blind	[blaɪnd]
breed (een ~e straat)	wide	[waɪd]
breekbaar (porselein, glas)	fragile	['frædʒəl]

buiten- (abn)	exterior	[ɪk'stɪərɪə(r)]
buitenlands (bn)	foreign	['fɒrən]
burgerlijk (bn)	civil	['sɪvəl]
centraal (bn)	central	['sentrəl]
dankbaar (bn)	grateful	['greɪtfʊl]
dicht (~e mist)	dense	[dens]

dicht (bijv. ~e mist)	thick	[θɪk]
dicht (in de ruimte)	close	[kləʊs]
dichtbij (bn)	nearby	['nɪəbaɪ]
dichtstbijzijnd (bn)	the nearest	[ðə 'nɪərəst]

diepvries (~product)	frozen	['frəʊzən]
dik (bijv. muur)	thick	[θɪk]
dof (~ licht)	dim, faint	[dɪm], [feɪnt]
dom (dwaas)	stupid	['stju:pɪd]

donker (bijv. ~e kamer)	dark	[dɑ:k]
dood (bn)	dead	[ded]
doorzichtig (bn)	transparent	[træns'pærənt]
droevig (~ blik)	sad	[sæd]
droog (bn)	dry	[draɪ]

dun (persoon)	thin	[θɪn]
duur (bn)	expensive	[ɪk'spensɪv]
eender (bn)	the same, equal	[ðə seɪm], ['i:kwəl]
eenvoudig (bn)	easy	['i:zɪ]
eenvoudig (bn)	simple, easy	['sɪmpəl], ['i:zɪ]

eeuwenoude (~ beschaving)	ancient	['eɪnʃənt]
enorm (bn)	huge	[hju:dʒ]
geboorte- (stad, land)	native	['neɪtɪv]
gebruind (bn)	tan	[tæn]

gelijkend (bn)	similar	['sɪmɪlə(r)]
gelukkig (bn)	happy	['hæpɪ]
gesloten (bn)	closed	[kləʊzd]
getaand (bn)	swarthy	['swɔ:ðɪ]

gevaarlijk (bn)	dangerous	['deɪndʒərəs]
gewoon (bn)	ordinary	['ɔ:dənrɪ]
gezamenlijk (~ besluit)	joint	[dʒɔɪnt]
glad (~ oppervlak)	smooth	[smu:ð]
glad (~ oppervlak)	even	['i:vən]

goed (bn)	good	[gʊd]
goedkoop (bn)	cheap	[tʃi:p]
gratis (bn)	free	[fri:]
groot (bn)	big	[bɪg]

hard (niet zacht)	hard	[hɑ:d]
heel (volledig)	whole	[həʊl]
heet (bn)	hot	[hɒt]
hongerig (bn)	hungry	['hʌŋgrɪ]
hoofd- (abn)	main, principal	[meɪn], ['prɪnsɪpəl]
hoogste (bn)	the highest	[ðə 'haɪəst]

| huidig (courant) | present | ['prezənt] |
| jong (bn) | young | [jʌŋ] |

juist, correct (bn)	right, correct	[raɪt], [kə'rekt]
kalm (bn)	calm, quiet	[kɑːm], ['kwaɪət]
kinder- (abn)	children's	['tʃɪldrənz]
klein (bn)	small	[smɔːl]
koel (~ weer)	cool	[kuːl]

kort (kortstondig)	short	[ʃɔːt]
kort (niet lang)	short	[ʃɔːt]
koud (~ water, weer)	cold	[kəʊld]
kunstmatig (bn)	artificial	[ˌɑːtɪ'fɪʃəl]

laatst (bn)	last, final	[lɑːst], ['faɪnəl]
lang (een ~ verhaal)	long	[lɒŋ]
langdurig (bn)	prolonged	[prə'lɒŋd]
lastig (~ probleem)	difficult	['dɪfɪkəlt]

leeg (glas, kamer)	empty	['emptɪ]
lekker (bn)	tasty	['teɪstɪ]
licht (kleur)	light	[laɪt]
licht (niet veel weegt)	light	[laɪt]

linker (bn)	left	[left]
luid (bijv. ~e stem)	loud	[laʊd]
mager (bn)	skinny	['skɪnɪ]
mat (bijv. ~ verf)	matt, matte	[mæt]
moe (bn)	tired	['taɪəd]

moeilijk (~ besluit)	difficult	['dɪfɪkəlt]
mogelijk (bn)	possible	['pɒsəbəl]
mooi (bn)	beautiful	['bjuːtɪfʊl]
mysterieus (bn)	mysterious	[mɪ'stɪərɪəs]

naburig (bn)	neighboring	['neɪbərɪŋ]
nalatig (bn)	careless	['keəlɪs]
nat (~te kleding)	wet	[wet]
nerveus (bn)	nervous	['nɜːvəs]
niet groot (bn)	not big	[nɒt bɪg]

niet moeilijk (bn)	not difficult	[nɒt 'dɪfɪkəlt]
nieuw (bn)	new	[njuː]
nodig (bn)	needed	[niːdəd]
normaal (bn)	normal	['nɔːməl]

251. Beperkende bijwoorden. Bijvoeglijke naamwoorden. Deel 2

onbegrijpelijk (bn)	incomprehensible	[ˌɪnkɒmprɪ'hensəbəl]
onbelangrijk (bn)	insignificant	[ˌɪnsɪg'nɪfɪkənt]
onbeweeglijk (bn)	immobile	[ɪ'məʊbaɪl]
onbewolkt (bn)	cloudless	['klaʊdlɪs]
ondergronds (geheim)	clandestine	[klæn'destɪn]
ondiep (bn)	shallow	['ʃæləʊ]

onduidelijk (bn)	unclear	[ˌʌn'klɪə(r)]
onervaren (bn)	inexperienced	[ˌɪnɪk'spɪərɪənst]
onmogelijk (bn)	impossible	[ɪm'pɒsəbəl]
onontbeerlijk (bn)	indispensable	[ˌɪndɪ'spensəbəl]
onophoudelijk (bn)	continuous	[kən'tɪnjʊəs]
ontkennend (bn)	negative	['negətɪv]
open (bn)	open	['əʊpən]
openbaar (bn)	public	['pʌblɪk]
origineel (ongewoon)	original	[ɒ'rɪdʒɪnəl]
oud (~ huis)	old	[əʊld]
overdreven (bn)	excessive	[ɪk'sesɪv]
permanent (bn)	permanent	['pɜ:mənənt]
persoonlijk (bn)	personal	['pɜ:sənəl]
plat (bijv. ~ scherm)	flat	[flæt]
prachtig (~ paleis, enz.)	beautiful	['bju:tɪfʊl]
precies (bn)	exact	[ɪg'zækt]
prettig (bn)	nice	[naɪs]
privé (bn)	private	['praɪvɪt]
punctueel (bn)	punctual	['pʌŋktʃʊəl]
rauw (niet gekookt)	raw	[rɔ:]
recht (weg, straat)	straight	[streɪt]
rechter (bn)	right	[raɪt]
rijp (fruit)	ripe	[raɪp]
riskant (bn)	risky	['rɪskɪ]
ruim (een ~ huis)	spacious	['speɪʃəs]
rustig (bn)	quiet	['kwaɪət]
scherp (bijv. ~ mes)	sharp	[ʃɑ:p]
schoon (niet vies)	clean	[kli:n]
slecht (bn)	bad	[bæd]
slim (verstandig)	clever	['klevə(r)]
smal (~le weg)	narrow	['nærəʊ]
snel (vlug)	fast, quick	[fɑ:st], [kwɪk]
somber (bn)	gloomy	['glu:mɪ]
speciaal (bn)	special	['speʃəl]
sterk (bn)	strong	[strɒŋ]
stevig (bn)	solid	['sɒlɪd]
straatarm (bn)	destitute	['destɪtju:t]
strak (schoenen, enz.)	tight	[taɪt]
teder (liefderijk)	tender	['tendə(r)]
tegenovergesteld (bn)	opposite	['ɒpəzɪt]
tevreden (bn)	contented	[kən'tentɪd]
tevreden (klant, enz.)	satisfied	['sætɪsfaɪd]
treurig (bn)	sad	[sæd]
tweedehands (bn)	second hand	['sekənd ˌhænd]
uitstekend (bn)	excellent	['eksələnt]
uitstekend (bn)	superb	[su:'pɜ:b]
uniek (bn)	unique	[ju:'ni:k]

veilig (niet gevaarlijk)	**safe**	[seɪf]
ver (in de ruimte)	**distant**	['dɪstənt]

verenigbaar (bn)	**compatible**	[kəm'pætəbəl]
vermoeiend (bn)	**tiring**	['taɪərɪŋ]
verplicht (bn)	**obligatory**	[ə'blɪgətrɪ]
vers (~ brood)	**fresh**	[freʃ]

verst (meest afgelegen)	**far**	[fɑː(r)]
vettig (voedsel)	**fatty**	['fætɪ]
vijandig (bn)	**hostile**	['hɒstəl]
vloeibaar (bn)	**liquid**	['lɪkwɪd]
vochtig (bn)	**humid**	['hjuːmɪd]
vol (helemaal gevuld)	**full**	[fʊl]

volgend (~ jaar)	**next**	[nekst]
voorbij (bn)	**past**	[pɑːst]
voornaamste (bn)	**principal**	['prɪnsɪpəl]
vorig (~ jaar)	**last**	[lɑːst]
vorig (bijv. ~e baas)	**previous**	['priːvjəs]

vriendelijk (aardig)	**nice**	[naɪs]
vriendelijk (goedhartig)	**good**	[gʊd]
vrij (bn)	**free**	[friː]
vrolijk (bn)	**cheerful**	['tʃɪəfʊl]
vruchtbaar (~ land)	**fertile**	['fɜːtaɪl]

vuil (niet schoon)	**dirty**	['dɜːtɪ]
waarschijnlijk (bn)	**probable**	['prɒbəbəl]
warm (bn)	**warm**	[wɔːm]
wettelijk (bn)	**legal**	['liːgəl]
zacht (bijv. ~ kussen)	**soft**	[sɒft]

zacht (bn)	**low**	[ləʊ]
zeldzaam (bn)	**rare**	[reə(r)]
ziek (bn)	**ill, sick**	[ɪl], [sɪk]
zoet (~ water)	**fresh**	[freʃ]
zoet (bn)	**sweet**	[swiːt]

zonnig (~e dag)	**sunny**	['sʌnɪ]
zorgzaam (bn)	**caring**	['keərɪŋ]
zout (de soep is ~)	**salty**	['sɔːltɪ]
zuur (smaak)	**sour**	['saʊə(r)]
zwaar (~ voorwerp)	**heavy**	['hevɪ]

DE 500 BELANGRIJKSTE WERKWOORDEN

252. Werkwoorden A-C

aaien (bijv. een konijn ~)	to stroke (vt)	[tə strəʊk]
aanbevelen (ww)	to recommend (vt)	[tə ˌrekə'mend]
aandringen (ww)	to insist (vi, vt)	[tə ɪn'sɪst]
aankomen (ov. de treinen)	to arrive (vi)	[tə ə'raɪv]
aanleggen (bijv. bij de pier)	to berth, to moor	[tə bɜːθ], [tə mɔː(r)]
aanraken (met de hand)	to touch (vt)	[tə tʌtʃ]
aansteken (kampvuur, enz.)	to light (vt)	[tə laɪt]
aanstellen	to appoint (vt)	[tə ə'pɔɪnt]
(in functie plaatsen)		
aanvallen (mil.)	to attack (vt)	[tə ə'tæk]
aanvoelen (gevaar ~)	to sense (vt)	[tə sens]
aanvoeren (leiden)	to head (vt)	[tə hed]
aanwijzen (de weg ~)	to point (vt)	[tə pɔɪnt]
aanzetten (computer, enz.)	to switch on (vt)	[tə swɪtʃ ɒn]
ademen (ww)	to breathe (vi)	[tə briːð]
adverteren (ww)	to advertise (vt)	[tə 'ædvətaɪz]
adviseren (ww)	to advise (vt)	[tə əd'vaɪz]
afdalen (on.ww.)	to come down	[tə kʌm daʊn]
afgunstig zijn (ww)	to be envious	[tə bi 'envɪəs]
afhakken (ww)	to chop off	[tə tʃɒp ɒf]
afhangen van ...	to depend on ...	[tə dɪ'pend ɒn]
afluisteren (ww)	to eavesdrop (vi)	[tə 'iːvzdrɒp]
afnemen (verwijderen)	to take off (vt)	[tə teɪk ɒf]
afrukken (ww)	to tear off, to rip off (vt)	[tə teər ɒf], [tə rɪp ɒf]
afslaan (naar rechts ~)	to turn (vi)	[tə tɜːn]
afsnijden (ww)	to cut off	[tə kʌt 'ɒf]
afzeggen (ww)	to cancel (vt)	[tə 'kænsəl]
amputeren (ww)	to amputate (vt)	[tə 'æmpjuteɪt]
amuseren (ww)	to entertain (vt)	[tə ˌentə'teɪn]
antwoorden (ww)	to answer (vi, vt)	[tə 'ɑːnsə(r)]
applaudisseren (ww)	to applaud (vi, vt)	[tə ə'plɔːd]
aspireren (iets willen worden)	to aspire (vi)	[tə ə'spaɪə(r)]
assisteren (ww)	to assist (vt)	[tə ə'sɪst]
bang zijn (ww)	to be afraid	[tə bi ə'freɪd]
barsten (plafond, enz.)	to crack (vi)	[tə kræk]
bedienen (in restaurant)	to serve (vt)	[tə sɜːv]
bedreigen	to threaten (vt)	[tə 'θretən]
(bijv. met een pistool)		

bedriegen (ww)	to deceive (vi, vt)	[tə dɪˈsiːv]
beduiden (betekenen)	to signify, to mean	[tə ˈsɪgnɪfaɪ], [tə miːn]
bedwingen (ww)	to restrain (vt)	[tə rɪˈstreɪn]
beëindigen (ww)	to finish (vt)	[tə ˈfɪnɪʃ]

begeleiden (vergezellen)	to accompany (vt)	[tə əˈkʌmpənɪ]
begieten (water geven)	to water (vt)	[tə ˈwɔːtə(r)]
beginnen (ww)	to start (vt)	[tə stɑːt]
begrijpen (ww)	to understand (vt)	[tə ˌʌndəˈstænd]
behandelen (patiënt, ziekte)	to treat (vt)	[tə triːt]

beheren (managen)	to manage (vt)	[tə ˈmænɪdʒ]
beïnvloeden (ww)	to influence (vt)	[tə ˈɪnfluəns]
bekennen (misdadiger)	to confess (vi)	[tə kənˈfes]
beledigen (met scheldwoorden)	to insult (vt)	[tə ɪnˈsʌlt]

beledigen (ww)	to offend (vt)	[tə əˈfend]
beloven (ww)	to promise (vt)	[tə ˈprɒmɪs]
beperken (de uitgaven ~)	to limit (vt)	[tə ˈlɪmɪt]
bereiken (doel ~, enz.)	to attain (vt)	[tə əˈteɪn]

bereiken (plaats van bestemming ~)	to reach (vt)	[tə riːtʃ]
beschermen (bijv. de natuur ~)	to protect (vt)	[tə prəˈtekt]
beschuldigen (ww)	to accuse (vt)	[tə əˈkjuːz]
beslissen (~ iets te doen)	to decide (vt)	[tə dɪˈsaɪd]

besmet worden (met ...)	to get infected with ...	[tə get ɪnˈfektɪd wɪð]
besmetten (ziekte overbrengen)	to infect (vt)	[tə ɪnˈfekt]
bespreken (spreken over)	to discuss (vt)	[tə dɪsˈkʌs]
bestaan (een ~ voeren)	to live (vi)	[tə lɪv]

bestellen (eten ~)	to order (vi, vt)	[tə ˈɔːdə(r)]
bestraffen (een stout kind ~)	to punish (vt)	[tə ˈpʌnɪʃ]
betalen (ww)	to pay (vi, vt)	[tə peɪ]
betekenen (beduiden)	to mean (vt)	[tə miːn]

betreuren (ww)	to regret (vi)	[tə rɪˈgret]
bevallen (prettig vinden)	to like (vt)	[tə laɪk]
bevelen (mil.)	to order (vt)	[tə ˈɔːdə(r)]
bevredigen (ww)	to satisfy (vt)	[tə ˈsætɪsfaɪ]

bevrijden (stad, enz.)	to liberate (vt)	[tə ˈlɪbəreɪt]
bewaren (oude brieven, enz.)	to keep (vt)	[tə kiːp]
bewaren (vrede, leven)	to preserve (vt)	[tə prɪˈzɜːv]
bewijzen (ww)	to prove (vt)	[tə pruːv]

bewonderen (ww)	to admire (vi)	[tə ədˈmaɪə(r)]
bezitten (ww)	to own (vt)	[tə əʊn]
bezorgd zijn (ww)	to be worried	[tə bi ˈwʌrɪd]
bezorgd zijn (ww)	to worry (vi)	[tə ˈwʌrɪ]
bidden (praten met God)	to pray (vi, vt)	[tə preɪ]
bijvoegen (ww)	to add (vt)	[tə æd]

| binden (ww) | to tie up (vt) | [tə taɪ ʌp] |
| binnengaan (een kamer ~) | to enter (vt) | [tə 'entə(r)] |

blazen (ww)	to blow (vi)	[tə bləʊ]
blozen (zich schamen)	to blush (vi)	[tə blʌʃ]
blussen (brand ~)	to extinguish (vt)	[tə ɪk'stɪŋgwɪʃ]
boos maken (ww)	to make angry	[tə meɪk 'æŋgrɪ]

boos zijn (ww)	to be angry with ...	[tə bi: 'æŋgrɪ wɪð]
breken	to snap (vi)	[tə snæp]
(on.ww., van een touw)		
breken (speelgoed, enz.)	to break (vt)	[tə breɪk]
brengen (iets ergens ~)	to bring sth	[tə brɪŋ]

charmeren (ww)	to charm (vt)	[tə tʃɑ:m]
citeren (ww)	to quote (vt)	[tə kwəʊt]
compenseren (ww)	to compensate (vt)	[tə 'kɒmpenseɪt]
compliceren (ww)	to complicate (vt)	[tə 'kɒmplɪkeɪt]

componeren (muziek ~)	to compose (vt)	[tə kəm'pəʊz]
compromitteren (ww)	to compromise (vt)	[tə 'kɒmprəmaɪz]
concurreren (ww)	to compete (vi)	[tə kəm'pi:t]
controleren (ww)	to control (vt)	[tə kən'trəʊl]

coöpereren (samenwerken)	to cooperate (vi)	[tə kəʊ'ɒpə,reɪt]
coördineren (ww)	to coordinate (vt)	[tə kəʊ'ɔ:dɪneɪt]
corrigeren (fouten ~)	to correct (vt)	[tə kə'rekt]
creëren (ww)	to create (vt)	[tə kri:'eɪt]

253. Werkwoorden D-K

danken (ww)	to thank (vt)	[tə θæŋk]
de was doen	to do the laundry	[tə du: ðə 'lɔ:ndrɪ]
de weg wijzen	to direct (vt)	[tə dɪ'rekt]
deelnemen (ww)	to participate (vi)	[tə pɑ:'tɪsɪpeɪt]
delen (wisk.)	to divide (vt)	[tə dɪ'vaɪd]

denken (ww)	to think (vi, vt)	[tə θɪŋk]
doden (ww)	to kill (vt)	[tə kɪl]
doen (ww)	to do (vt)	[tə du:]
dresseren (ww)	to train (vt)	[tə treɪn]

drinken (ww)	to drink (vi, vt)	[tə drɪŋk]
drogen (klederen, haar)	to dry (vt)	[tə draɪ]
dromen (in de slaap)	to dream (vi)	[tə dri:m]
dromen (over vakantie ~)	to dream (vi)	[tə dri:m]
duiken (ww)	to dive (vi)	[tə daɪv]

durven (ww)	to dare (vi)	[tə deə(r)]
duwen (ww)	to push (vt)	[tə pʊʃ]
een auto besturen	to drive a car	[tə draɪv ə kɑ:]
een bad geven	to give a bath	[tə gɪv ə bɑ:θ]
een bad nemen	to take a bath	[tə teɪk ə bɑ:θ]
een conclusie trekken	to draw a conclusion	[tə drɔ: ə kən'klu:ʒən]

een foto maken (ww)	to take pictures	[tə ˌteɪk ˈpɪktʃəz]
eisen (met klem vragen)	to demand (vt)	[tə dɪˈmɑːnd]
erkennen (schuld)	to acknowledge (vt)	[tə əkˈnɒlɪdʒ]
erven (ww)	to inherit (vt)	[tə ɪnˈherɪt]
eten (ww)	to eat (vi, vt)	[tə iːt]
excuseren (vergeven)	to excuse (vt)	[tə ɪkˈskjuːz]
existeren (bestaan)	to exist (vi)	[tə ɪgˈzɪst]
feliciteren (ww)	to congratulate (vt)	[tə kənˈgrætʃʊleɪt]
gaan (te voet)	to go (vi)	[tə gəʊ]
gaan slapen	to go to bed	[tə gəʊ tə bed]
gaan zitten (ww)	to sit down (vi)	[tə sɪt daʊn]
gaan zwemmen	to go for a swim	[tə gəʊ fɔrə swɪm]
garanderen (garantie geven)	to guarantee (vt)	[tə ˌgærənˈtiː]
gebruiken (bijv. een potlood ~)	to make use of ...	[tə meɪk juːz əv ...]
gebruiken (woord, uitdrukking)	to use (vt)	[tə juːz]
geconserveerd zijn (ww)	to be preserved	[tə bi prɪˈzɜːvd]
gedateerd zijn (ww)	to date from	[tə deɪt frəm]
gehoorzamen (ww)	to obey (vi, vt)	[tə əˈbeɪ]
gelijken (op elkaar lijken)	to look like	[tə lʊk laɪk]
geloven (vinden)	to believe (vt)	[tə bɪˈliːv]
genoeg zijn (ww)	to be enough	[tə bi ɪˈnʌf]
gieten (in een beker ~)	to pour (vt)	[tə pɔː(r)]
glimlachen (ww)	to smile (vi)	[tə smaɪl]
glimmen (glanzen)	to shine (vi)	[tə ʃaɪn]
gluren (ww)	to peep, to spy on	[tə piːp], [tə spaɪ ɒn]
goed raden (ww)	to guess (vt)	[tə ges]
gooien (een steen, enz.)	to throw (vt)	[tə θrəʊ]
grappen maken (ww)	to joke, to be kidding	[tə dʒəʊk], [tə bi ˈkɪdɪŋ]
graven (tunnel, enz.)	to dig (vt)	[tə dɪg]
haasten (iemand ~)	to rush (vt)	[tə rʌʃ]
hebben (ww)	to have (vt)	[tə hæv]
helpen (hulp geven)	to help (vt)	[tə help]
herhalen (opnieuw zeggen)	to repeat (vt)	[tə rɪˈpiːt]
herinneren (ww)	to remember (vt)	[tə rɪˈmembə(r)]
herinneren aan ... (afspraak, opdracht)	to remind (vt)	[tə rɪˈmaɪnd]
herkennen (identificeren)	to recognize (vt)	[tə ˈrekəgnaɪz]
herstellen (repareren)	to repair (vt)	[tə rɪˈpeə(r)]
het haar kammen	to comb one's hair	[tə kəʊm wʌns heə]
hopen (ww)	to hope (vi, vt)	[tə həʊp]
horen (waarnemen met het oor)	to hear (vt)	[tə hɪə(r)]
houden van (muziek, enz.)	to love (vt)	[tə lʌv]
huilen (wenen)	to cry (vi)	[tə kraɪ]
huiveren (ww)	to shudder (vi)	[tə ˈʃʌdə(r)]
huren (een boot ~)	to hire (vt)	[tə ˈhaɪə(r)]

huren (huis, kamer)	to rent (vt)	[tə rent]
huren (personeel)	to hire (vt)	[tə 'haɪə(r)]
imiteren (ww)	to imitate (vt)	[tə 'ɪmɪteɪt]
importeren (ww)	to import (vt)	[tə ɪm'pɔ:t]
inenten (vaccineren)	to vaccinate (vt)	[tə 'væksɪneɪt]
informeren (informatie geven)	to inform (vt)	[tə ɪn'fɔ:m]
informeren naar ... (navraag doen)	to inquire (vt)	[tə ɪn'kwaɪə(r)]
inlassen (invoegen)	to insert (vt)	[tə ɪn'sɜ:t]
inpakken (in papier)	to wrap (vt)	[tə ræp]
inspireren (ww)	to inspire (vt)	[tə ɪn'spaɪə(r)]
instemmen (akkoord gaan)	to agree (vi)	[tə ə'gri:]
interesseren (ww)	to interest (vt)	[tə 'ɪntrəst]
irriteren (ww)	to irritate (vt)	[tə 'ɪrɪteɪt]
isoleren (ww)	to isolate (vt)	[tə 'aɪsəleɪt]
jagen (ww)	to hunt (vi, vt)	[tə hʌnt]
kalmeren (kalm maken)	to calm down (vt)	[tə kɑ:m daʊn]
kennen (kennis hebben van iemand)	to know (vt)	[tə nəʊ]
kennismaken (met ...)	to make the acquaintance	[tə meɪk ðə ə'kweɪntəns]
kiezen (ww)	to choose (vt)	[tə tʃu:z]
kijken (ww)	to look (vi)	[tə lʊk]
klaarmaken (een plan ~)	to prepare (vt)	[tə prɪ'peə(r)]
klaarmaken (het eten ~)	to make, to cook	[tə meɪk], [tə kʊk]
klagen (ww)	to complain (vi, vt)	[tə kəm'pleɪn]
kloppen (aan een deur)	to knock (vi)	[tə nɒk]
kopen (ww)	to buy (vt)	[tə baɪ]
kopieën maken	to make multiple copies	[tə meɪk 'mʌltɪpəl 'kɒpɪs]
kosten (ww)	to cost (vt)	[tə kɒst]
kunnen (ww)	can (v aux)	[kæn]
kweken (planten ~)	to grow (vt)	[tə grəʊ]

254. Werkwoorden L-R

lachen (ww)	to laugh (vi)	[tə lɑ:f]
laden (geweer, kanon)	to load (vt)	[tə ləʊd]
laden (vrachtwagen)	to load (vt)	[tə ləʊd]
laten vallen (ww)	to drop (vt)	[tə drɒp]
lenen (geld ~)	to borrow (vt)	[tə 'bɒrəʊ]
leren (lesgeven)	to teach (vt)	[tə ti:tʃ]
leven (bijv. in Frankrijk ~)	to live (vi)	[tə lɪv]
lezen (een boek ~)	to read (vi, vt)	[tə ri:d]
lid worden (ww)	to join (vt)	[tə dʒɔɪn]
liefhebben (ww)	to love (vt)	[tə lʌv]
liegen (ww)	to lie (vi)	[tə laɪ]
liggen (op de tafel ~)	to be lying	[tə bi 'laɪɪŋ]

liggen (persoon)	to lie (vi)	[tə laɪ]
lijden (pijn voelen)	to suffer (vi)	[tə 'sʌfə(r)]
losbinden (ww)	to untie (vt)	[tə ˌʌn'taɪ]
luisteren (ww)	to listen (vi)	[tə 'lɪsən]
lunchen (ww)	to have lunch	[tə hæv lʌntʃ]
markeren (op de kaart, enz.)	to mark (vt)	[tə mɑːk]
melden (nieuws ~)	to inform (vt)	[tə ɪn'fɔːm]
memoriseren (ww)	to memorize (vt)	[tə 'meməraɪz]
mengen (ww)	to mix (vt)	[tə mɪks]
mikken op (ww)	to aim (vt)	[tə eɪm]
minachten (ww)	to despise (vt)	[tə dɪ'spaɪz]
moeten (ww)	must (v aux)	[mʌst]
morsen (koffie, enz.)	to spill (vt)	[tə spɪl]
naderen (dichterbij komen)	to approach (vt)	[tə ə'prəʊtʃ]
neerlaten (ww)	to lower (vt)	[tə 'ləʊə(r)]
nemen (ww)	to take (vt)	[tə teɪk]
nodig zijn (ww)	to be needed	[tə bi 'niːdɪd]
noemen (ww)	to name, to call (vt)	[tə neɪm], [tə kɔːl]
noteren (opschrijven)	to note (vt)	[tə nəʊt]
omhelzen (ww)	to hug (vt)	[tə hʌg]
omkeren (steen, voorwerp)	to turn over (vt)	[tə 'tɜːnˌəʊvə(r)]
onderhandelen (ww)	to negotiate (vi)	[tə nɪ'gəʊʃieɪt]
ondernemen (ww)	to undertake (vt)	[tə ˌʌndə'teɪk]
onderschatten (ww)	to underestimate (vt)	[tə ˌʌndə'restɪmeɪt]
onderscheiden (een ereteken geven)	to award (vt)	[tə ə'wɔːd]
onderstrepen (ww)	to underline (vt)	[tə ˌʌndə'laɪn]
ondertekenen (ww)	to sign (vt)	[tə saɪn]
onderwijzen (ww)	to instruct (vt)	[tə ɪn'strʌkt]
onderzoeken (alle feiten, enz.)	to examine (vt)	[tə ɪg'zæmɪn]
ongerust maken (ww)	to worry (vt)	[tə 'wʌri]
onmisbaar zijn (ww)	to be required	[tə bi rɪ'kwaɪəd]
ontbijten (ww)	to have breakfast	[tə hæv 'brekfəst]
ontdekken (bijv. nieuw land)	to discover (vt)	[tə dɪ'skʌvə(r)]
ontkennen (ww)	to deny (vt)	[tə dɪ'naɪ]
ontlopen (gevaar, taak)	to avoid (vt)	[tə ə'vɔɪd]
ontnemen (ww)	to deprive (vt)	[tə dɪ'praɪv]
ontwerpen (machine, enz.)	to design (vt)	[tə dɪ'zaɪn]
oorlog voeren (ww)	to be at war	[tə bi ət wɔː]
op orde brengen	to put in order	[tə pʊt ɪn 'ɔːdə(r)]
opbergen (in de kast, enz.)	to put away (vt)	[tə pʊt ə'weɪ]
opduiken (ov. een duikboot)	to surface (vi)	[tə 'sɜːfɪs]
openen (ww)	to open (vt)	[tə 'əʊpən]
ophangen (bijv. gordijnen ~)	to hang (vt)	[tə hæŋ]
ophouden (ww)	to stop (vt)	[tə stɒp]

| oplossen (een probleem ~) | to solve (vt) | [tə sɒlv] |
| opmerken (zien) | to notice (vt) | [tə 'nəʊtɪs] |

opmerken (zien)	to glimpse (vt)	[tə glɪmps]
opscheppen (ww)	to boast (vi)	[tə bəʊst]
opschrijven (op een lijst)	to enter (vt)	[tə 'entə(r)]
opschrijven (ww)	to write down	[tə ˌraɪt 'daʊn]

opstaan (uit je bed)	to get up	[tə get ʌp]
opstarten (project, enz.)	to launch (vt)	[tə lʌntʃ]
opstijgen (vliegtuig)	to take off (vi)	[tə teɪk ɒf]
optreden (resoluut ~)	to act (vi)	[tə ækt]

organiseren (concert, feest)	to organize (vt)	[tə 'ɔːɡənaɪz]
overdoen (ww)	to redo (vt)	[tə ˌriː'duː]
overheersen (dominant zijn)	to prevail (vt)	[tə prɪ'veɪl]
overschatten (ww)	to overestimate (vt)	[tə ˌəʊvər'estɪmeɪt]

overtuigd worden (ww)	to be convinced	[tə bi kən'vɪnst]
overtuigen (ww)	to convince (vt)	[tə kən'vɪns]
passen (jurk, broek)	to fit (vt)	[tə fɪt]
passeren (~ mooie dorpjes, enz.)	to pass through	[tə pɑːs θruː]

peinzen (lang nadenken)	to be lost in thought	[tə bi lɒst ɪn θɔːt]
penetreren (ww)	to penetrate (vt)	[tə 'penɪtreɪt]
plaatsen (ww)	to put (vt)	[tə pʊt]
plaatsen (zetten)	to place (vt)	[tə pleɪs]

plannen (ww)	to plan (vt)	[tə plæn]
plezier hebben (ww)	to enjoy oneself	[tə ɪn'dʒɔɪ wʌn'self]
plukken (bloemen ~)	to pick (vt)	[tə pɪk]
prefereren (verkiezen)	to prefer (vt)	[tə prɪ'fɜː(r)]

proberen (trachten)	to try (vt)	[tə traɪ]
proberen (trachten)	to have a try	[tə hæv ə traɪ]
protesteren (ww)	to protest (vi)	[tə 'prəʊtest]
provoceren (uitdagen)	to provoke (vt)	[tə prə'vəʊk]

raadplegen (dokter, enz.)	to consult (vt)	[tə kən'sʌlt]
rapporteren (ww)	to report (vt)	[tə rɪ'pɔːt]
redden (ww)	to save (vt)	[tə seɪv]
regelen (conflict)	to settle (vt)	[tə 'setəl]

reinigen (schoonmaken)	to clean (vt)	[tə kliːn]
rekenen op ...	to count on ...	[tə kaʊnt ɒn]
rennen (ww)	to run (vi)	[tə rʌn]
reserveren (een hotelkamer ~)	to reserve, to book	[tə rɪ'zɜːv], [tə bʊk]
rijden (per auto, enz.)	to go (vi)	[tə ɡəʊ]
rillen (ov. de kou)	to shiver (vi)	[tə 'ʃɪvə(r)]
riskeren (ww)	to take a risk	[tə ˌteɪk ə 'rɪsk]
roepen (met je stem)	to call (vt)	[tə kɔːl]
roepen (om hulp)	to call (vt)	[tə kɔːl]
ruiken (bepaalde geur verspreiden)	to smell (vi)	[tə smel]

ruiken (rozen)	**to smell** (vt)	[tə smel]
rusten (verpozen)	**to take a rest**	[tə teɪk ə rest]

255. Verbs S-V

samenstellen, maken (een lijst ~)	**to compile** (vt)	[tə kəm'paɪl]
schieten (ww)	**to shoot** (vi)	[tə ʃuːt]
schoonmaken (bijv. schoenen ~)	**to clean** (vt)	[tə kliːn]
schoonmaken (ww)	**to clean up**	[tə kliːn ʌp]
schrammen (ww)	**to scratch** (vt)	[tə skrætʃ]
schreeuwen (ww)	**to shout** (vi)	[tə ʃaʊt]
schrijven (ww)	**to write** (vt)	[tə raɪt]
schudden (ww)	**to shake** (vt)	[tə ʃeɪk]
selecteren (ww)	**to select** (vt)	[tə sɪ'lekt]
simplificeren (ww)	**to simplify** (vt)	[tə 'sɪmplɪfaɪ]
slaan (een hond ~)	**to beat** (vt)	[tə biːt]
sluiten (ww)	**to close** (vt)	[tə kləʊz]
smeken (bijv. om hulp ~)	**to implore** (vt)	[tə ɪm'plɔː(r)]
souperen (ww)	**to have dinner**	[tə hæv 'dɪnə(r)]
spelen (bijv. filmacteur)	**to play** (vi, vt)	[tə pleɪ]
spelen (kinderen, enz.)	**to play** (vi)	[tə pleɪ]
spreken met ...	**to talk to ...**	[tə tɔːk tuː]
spuwen (ww)	**to spit** (vi)	[tə spɪt]
stelen (ww)	**to steal** (vt)	[tə stiːl]
stemmen (verkiezing)	**to vote** (vi)	[tə vəʊt]
steunen (een goed doel, enz.)	**to support** (vt)	[tə sə'pɔːt]
stoppen (pauzeren)	**to stop** (vt)	[tə stɒp]
storen (lastigvallen)	**to disturb** (vt)	[tə dɪ'stɜːb]
strijden (tegen een vijand)	**to fight** (vi)	[tə faɪt]
strijden (ww)	**to battle** (vi)	[tə 'bætəl]
strijken (met een strijkbout)	**to iron** (vt)	[tə 'aɪrən]
studeren (bijv. wiskunde ~)	**to study** (vt)	[tə 'stʌdɪ]
sturen (zenden)	**to send** (vt)	[tə send]
tellen (bijv. geld ~)	**to count** (vt)	[tə kaʊnt]
terugkeren (ww)	**to return** (vi)	[tə rɪ'tɜːn]
terugsturen (ww)	**to send back** (vt)	[tə send bæk]
toebehoren aan ...	**to belong to ...**	[tə bɪ'lɒŋ tuː]
toegeven (zwichten)	**to give in**	[tə gɪv 'ɪn]
toenemen (on. ww)	**to increase** (vi)	[tə ɪn'kriːs]
toespreken (zich tot iemand richten)	**to address** (vt)	[tə ə'dres]
toestaan (goedkeuren)	**to allow, to permit**	[tə ə'laʊ], [tə pə'mɪt]
toestaan (ww)	**to permit** (vt)	[tə pə'mɪt]

toewijden (boek, enz.)	to dedicate (vt)	[tə 'dedɪkeɪt]
tonen (uitstallen, laten zien)	to show (vt)	[tə ʃəʊ]
trainen (ww)	to train (vt)	[tə treɪn]
transformeren (ww)	to transform (vt)	[tə træns'fɔ:m]
trekken (touw)	to pull (vt)	[tə pʊl]
trouwen (ww)	to get married	[tə get 'mærɪd]
tussenbeide komen (ww)	to intervene (vi)	[tə ˌɪntə'vi:n]
twijfelen (onzeker zijn)	to doubt (vi)	[tə daʊt]
uitdelen (pamfletten ~)	to hand out	[tə hænd aʊt]
uitdoen (licht)	to turn off (vt)	[tə tɜ:n ɒf]
uitdrukken (opinie, gevoel)	to express (vt)	[tə ɪk'spres]
uitgaan (om te dineren, enz.)	to go out	[tə gəʊ aʊt]
uitlachen (bespotten)	to mock (vi, vt)	[tə mɒk]
uitnodigen (ww)	to invite (vt)	[tə ɪn'vaɪt]
uitrusten (ww)	to equip (vt)	[tə ɪ'kwɪp]
uitsluiten (wegsturen)	to expel (vt)	[təɪk'spel]
uitspreken (ww)	to pronounce (vt)	[tə prə'naʊns]
uittorenen (boven ...)	to tower (vi)	[tə 'taʊə(r)]
uitvaren tegen (ww)	to scold (vt)	[tə skəʊld]
uitvinden (machine, enz.)	to invent (vt)	[tə ɪn'vent]
uitwissen (ww)	to rub out (vt)	[tə rʌb aʊt]
vangen (ww)	to catch (vt)	[tə kætʃ]
vastbinden aan ...	to tie to ...	[tə taɪ tu]
vechten (ww)	to fight (vi)	[tə faɪt]
veranderen (bijv. mening ~)	to change (vt)	[tə tʃeɪndʒ]
verbaasd zijn (ww)	to be surprised	[tə bi sə'praɪzd]
verbazen (verwonderen)	to surprise (vt)	[tə sə'praɪz]
verbergen (ww)	to hide (vt)	[tə haɪd]
verbieden (ww)	to forbid (vt)	[tə fə'bɪd]
verblinden (andere chauffeurs)	to blind (vt)	[tə blaɪnd]
verbouwereerd zijn (ww)	to be perplexed	[tə bi pə'plekst]
verbranden (bijv. papieren ~)	to burn (vt)	[tə bɜ:n]
verdedigen (je land ~)	to defend (vt)	[tə dɪ'fend]
verdenken (ww)	to suspect (vt)	[tə sə'spekt]
verdienen (een complimentje, enz.)	to deserve (vt)	[tə dɪ'zɜ:v]
verdragen (tandpijn, enz.)	to stand (vt)	[tə stænd]
verdrinken (in het water omkomen)	to drown (vi)	[tə draʊn]
verdubbelen (ww)	to double (vt)	[tə 'dʌbəl]
verdwijnen (ww)	to disappear (vi)	[tə ˌdɪsə'pɪə(r)]
verenigen (ww)	to unite (vt)	[tə ju:'naɪt]
vergelijken (ww)	to compare (vt)	[tə kəm'peə(r)]
vergeten (achterlaten)	to leave (vt)	[tə li:v]
vergeten (ww)	to forget (vi, vt)	[tə fə'get]
vergeven (ww)	to forgive (vt)	[tə fə'gɪv]

| vergroten (groter maken) | to increase (vt) | [tə ɪn'kriːs] |
| verklaren (uitleggen) | to explain (vt) | [tə ɪk'spleɪn] |

verklaren (volhouden)	to affirm (vt)	[tə ə'fɜːm]
verklikken (ww)	to denounce (vt)	[tə dɪ'naʊns]
verkopen (per stuk ~)	to sell (vt)	[tə sel]
verlaten (echtgenoot, enz.)	to leave, to abandon	[tə liːv], [tə ə'bændən]
verlichten (gebouw, straat)	to light up	[tə ˌlaɪt 'ʌp]

verlichten (gemakkelijker maken)	to make easier	[tə meɪk 'iːzɪə]
verliefd worden (ww)	to fall in love	[tə fɔːl ɪn lʌv]
verliezen (bagage, enz.)	to lose (vt)	[tə luːz]
vermelden (praten over)	to mention (vt)	[tə 'menʃən]

vermenigvuldigen (wisk.)	to multiply (vt)	[tə 'mʌltɪplaɪ]
verminderen (ww)	to reduce (vt)	[tə rɪ'djuːs]
vermoeid raken (ww)	to get tired	[tə get 'taɪəd]
vermoeien (ww)	to tire (vt)	[tə 'taɪə(r)]

256. Verbs V-Z

vernietigen (documenten, enz.)	to destroy (vt)	[tə dɪ'strɔɪ]
veronderstellen (ww)	to suppose (vt)	[tə sə'pəʊz]
verontwaardigd zijn (ww)	to be indignant	[tə bi ɪn'dɪgnənt]
veroordelen (in een rechtszaak)	to sentence (vt)	[tə 'sentəns]

veroorzaken ... (oorzaak zijn van ...)	to be a cause of ...	[tə bi ə kɔːz ɔv]
verplaatsen (ww)	to move (vt)	[tə muːv]
verpletteren (een insect, enz.)	to crush, to squash (vt)	[tə krʌʃ], [tə skwɒʃ]
verplichten (ww)	to force (vt)	[tə fɔːs]
verschijnen (bijv. boek)	to come out	[tə kʌm aʊt]

verschijnen (in zicht komen)	to appear (vi)	[tə ə'pɪə(r)]
verschillen (~ van iets anders)	to differ (vi)	[tə 'dɪfə(r)]
versieren (decoreren)	to decorate (vt)	[tə 'dekəreɪt]
verspreiden (pamfletten, enz.)	to distribute (vt)	[tə dɪ'strɪbjuːt]

verspreiden (reuk, enz.)	to emit (vt)	[tə ɪ'mɪt]
versterken (positie ~)	to reinforce (vt)	[tə ˌriːɪn'fɔːs]
verstommen (ww)	to stop talking	[tə stɒp 'tɔːkɪŋ]
vertalen (ww)	to translate (vt)	[tə træns'leɪt]

vertellen (verhaal ~)	to tell (vt)	[tə tel]
vertrekken (bijv. naar Mexico ~)	to leave (vi)	[tə liːv]
vertrouwen (ww)	to trust (vt)	[tə trʌst]
vervolgen (ww)	to continue (vt)	[tə kən'tɪnjuː]

verwachten (ww)	to expect (vt)	[tə ɪk'spekt]
verwarmen (ww)	to heat (vt)	[tə hi:t]
verwarren (met elkaar ~)	to confuse (vt)	[tə kən'fju:z]
verwelkomen (ww)	to greet (vt)	[tə gri:t]
verwezenlijken (ww)	to realize (vt)	[tə 'rɪəlaɪz]
verwijderen (een obstakel)	to remove (vt)	[tə rɪ'mu:v]
verwijderen (een vlek ~)	to remove (vt)	[tə rɪ'mu:v]
verwijten (ww)	to reproach (vt)	[tə rɪ'prəʊtʃ]
verwisselen (ww)	to change (vt)	[tə tʃeɪndʒ]
verzoeken (ww)	to ask (vt)	[tə ɑ:sk]
verzuimen (school, enz.)	to miss (vt)	[tə mɪs]
vies worden (ww)	to get dirty (vi)	[tə get 'dɜ:tɪ]
vinden (denken)	to think (vi, vt)	[tə θɪŋk]
vinden (ww)	to find (vt)	[tə faɪnd]
vissen (ww)	to fish (vi)	[tə fɪʃ]
vleien (ww)	to flatter (vt)	[tə 'flætə(r)]
vliegen (vogel, vliegtuig)	to fly (vi)	[tə flaɪ]
voederen (een dier voer geven)	to feed (vt)	[tə fi:d]
volgen (ww)	to follow ...	[tə 'fɒləʊ]
voorstellen (introduceren)	to present (vt)	[tə prɪ'zent]
voorstellen (Mag ik jullie ~)	to introduce (vt)	[tə ˌɪntrə'dju:s]
voorstellen (ww)	to propose (vt)	[tə prə'pəʊz]
voorzien (verwachten)	to expect (vt)	[tə ɪk'spekt]
vorderen (vooruitgaan)	to progress (vi)	[tə prə'gres]
vormen (samenstellen)	to form (vt)	[tə fɔ:m]
vullen (glas, fles)	to fill (vt)	[tə fɪl]
waarnemen (ww)	to observe (vt)	[tə əb'zɜ:v]
waarschuwen (ww)	to warn (vt)	[tə wɔ:n]
wachten (ww)	to wait (vt)	[tə weɪt]
wassen (ww)	to wash (vt)	[tə wɒʃ]
weerspreken (ww)	to object (vi, vt)	[tə əb'dʒekt]
wegdraaien (ww)	to turn away (vi)	[tə tɜ:n ə'weɪ]
wegdragen (ww)	to take away	[tə teɪk ə'weɪ]
wegen (gewicht hebben)	to weigh (vt)	[tə weɪ]
wegjagen (ww)	to drive sb away	[tə draɪv... ə'weɪ]
weglaten (woord, zin)	to omit (vt)	[tə ə'mɪt]
wegvaren (uit de haven vertrekken)	to cast off	[tə kɑ:st ɒf]
weigeren (iemand ~)	to refuse (vt)	[tə rɪ'fju:z]
wekken (ww)	to wake sb	[tə weɪk]
wensen (ww)	to desire (vt)	[tə dɪ'zaɪə(r)]
werken (ww)	to work (vi)	[tə wɜ:k]
weten (ww)	to know (vt)	[tə nəʊ]
willen (verlangen)	to want (vt)	[tə wɒnt]
wisselen (omruilen, iets ~)	to exchange sth	[tə ɪks'tʃeɪndʒ]
worden (bijv. oud ~)	to become, to get	[tə bɪ'kʌm], [tə get]

worstelen (sport)	to wrestle (vt)	[tə 'resəl]
wreken (ww)	to avenge (vt)	[tə ə'vendʒ]
zaaien (zaad strooien)	to sow (vi, vt)	[tə səʊ]
zeggen (ww)	to say (vt)	[tə seɪ]
zich baseerd op	to be based	[tə bi 'beɪst]
zich bevrijden van ... (afhelpen)	to get rid of ...	[tə get rɪd əv]
zich concentreren (ww)	to concentrate (vi)	[tə 'kɒnsəntreɪt]
zich ergeren (ww)	to get irritated	[tə get 'ɪrɪteɪtɪd]
zich gedragen (ww)	to behave (vi)	[tə bɪ'heɪv]
zich haasten (ww)	to hurry (vi)	[tə 'hʌrɪ]
zich herinneren (ww)	to remember (vt)	[tə rɪ'membə(r)]
zich herstellen (ww)	to recover (vi)	[tə rɪ'kʌvə(r)]
zich indenken (ww)	to imagine (vt)	[tə ɪ'mædʒɪn]
zich interesseren voor ...	to be interested in ...	[tə bi 'ɪntrestɪd ɪn]
zich scheren (ww)	to shave (vi)	[tə ʃeɪv]
zich trainen (ww)	to train (vi)	[tə treɪn]
zich verdedigen (ww)	to defend oneself	[tə dɪ'fend wʌn'self]
zich vergissen (ww)	to make a mistake	[tə meɪk ə mɪ'steɪk]
zich verontschuldigen	to apologize (vi)	[tə ə'pɒlədʒaɪz]
zich verspreiden (meel, suiker, enz.)	to spill out (vi)	[tə spɪl aʊt]
zich vervelen (ww)	to be bored	[tə bi bɔːd]
zijn (ww)	to be (vi)	[tə biː]
zinspelen (ww)	to insinuate (vt)	[tə ɪn'sɪnjʊeɪt]
zitten (ww)	to sit (vi)	[tə sɪt]
zoeken (ww)	to look for ...	[tə lʊk fɔː(r)]
zondigen (ww)	to sin (vi)	[tə sɪn]
zuchten (ww)	to sigh (vi)	[tə saɪ]
zwaaien (met de hand)	to wave (vt)	[tə weɪv]
zwemmen (ww)	to swim (vi)	[tə swɪm]
zwijgen (ww)	to keep silent	[tə kiːp 'saɪlənt]